Rotraud A. Perner

Der einsame Mensch

Rotraud A. Perner

Der einsame Mensch

AMALTHEA

In den Falldarstellungen wurden lebende Personen durch Vermischung mit ähnlichen Fällen anonymisiert und damit unkenntlich gemacht.

Der besseren Lesbarkeit wegen wurden überwiegend die männlichen Sprachformen verwendet und die weiblichen nur dort hervorgehoben, wo dies in der Absicht der Autorin lag.

Die Rechtschreibung in Zitaten wurde angepasst.

Gefördert durch das Land Niederösterreich

KULTUR
NIEDERÖSTERREICH

Besuchen Sie uns im Internet unter: www.amalthea.at

© 2014 by Amalthea Signum Verlag, Wien
Alle Rechte vorbehalten
Umschlaggestaltung: Elisabeth Pirker, OFFBEAT
Umschlagmotiv: iStock.com
Herstellung und Satz: Gabi Adébisi-Schuster, Wien
Gesetzt aus der Elena 10,6/14 pt
Printed in the EU
ISBN 978-3-85002-883-7

Inhalt

Prolog
Einsamkeit hat viele Gesichter ...
... und man kann mit ihr Geschäfte machen

Der Mensch lebt nicht vom Brot allein,
sondern auch von Beziehung und Anerkennung.

UWE LANGENDORF[1]

Als ich im März 2013 eingeladen wurde, ein Buch über Einsamkeit zu schreiben, war mir sofort klar, dass ich das gerne tun würde: Zwar hat sich die Zahl der Klienten und Klientinnen, die meine psychotherapeutische wie auch lebensberaterische Praxis wegen der bislang erfolglosen Bemühungen um eine dauerhafte Partnerschaft aufgesucht hatten, im letzten Jahrzehnt nicht gesteigert, doch haben im Gegenzug die Form professioneller Partnervermittlung im Internet wie auch Berichte und Werbung im Medium Fernsehen massiv zugenommen.

Wenn man bedenkt, dass die Kosten für eine Minute TV-Werbung in ORF eins und ORF 2 gegenwärtig bei durchschnittlich € 9000,– liegen, die üblichen Spots zwanzig bis dreißig Sekunden dauern und dass im Block vor besonderen Sendungen (wie beispielsweise dem Finale der Fußball-Weltmeisterschaft) der Preis für eine Minute auf € 66.000,– ansteigen kann[2], kann man erahnen, wie gut sich die mehrfach am Tag gesendeten Werbeeinschaltungen der Partnervermittlungsinstitute finanzieren.

Partnershopping
Was früher als Nothilfe in Anspruch genommen wurde, um räumliche, berufliche oder private Einschränkungen – beispielsweise durch Schüchternheit – zu überwinden und meist mit Scham- und Schuldgefühlen begleitet war, hat heute zu einer Art Einkaufsver-

halten geführt: Man informiert sich über das Angebot, probiert, vergleicht, verwirft ... und manchmal ergibt sich sogar ein Schnäppchen, von dem man nicht zu träumen gewagt hat.

Offensichtlich entwickelt sich gegenwärtig eine Marktform, die die Persönlichkeit der in diesen Markt eintretenden Personen verändert: Man wandelt sich zum Gelegenheits- oder Trophäenjäger oder zur Unikatenjägerin, und: Man legt sich eine marktkonforme Verpackung zu, egal, wie man »in echt« ist. Und manche meinen, sich als Ladenhüter in einer Art Sommerschlussverkauf anbieten zu müssen. Dahinter steht ein Gesellschaftsentwurf, der suggeriert, man müsse unbedingt gepaart sein. Die Fähigkeit zum Alleinsein beinhaltet aber als Voraussetzung, »den anderen in seinem Anspruch darauf anzuerkennen, *auch* ein isoliertes Für-sich zu sein und zu bleiben«[3]. Wir alle erwerben unsere Fähigkeiten im Kontakt mit anderen, die uns Beispiel geben, anerkennen oder kritisieren, loben oder auch strafen. Beispielsweise mit Beziehungsverweigerung.

Viele Menschen fühlen sich einsam inmitten von vielen Menschen ringsum, weil sie nach der *einen* Person Ausschau halten, von der sie eben diese Bestätigung erhoffen, dass sie selbst liebens- und lobenswert sind. Dieses Bedürfnis gehört aber zu den Bezugspersonen der frühen Kindheit – und wenn diese es nicht befriedigen konnten oder wollten, beispielsweise weil sie selbst diesen Mangel für »normal« hielten, wird weiter und weiter gesucht, und genau dadurch besteht die Gefahr der Täuschung samt dem Schmerz der Enttäuschung. Nur: Auf dem Partnermarkt gibt es keine Zurück-Garantie.

Deswegen lohnen sich wie bei jedem Markt Konsumentenschutzaktivitäten. »Den Liebesschwindlern auf der Spur« titelte Claudia Koglbauer in einer großen Tageszeitung, und: »Internetbetrug. Der ›Datendoc‹ untersucht Identitäten und knackt Fakeprofile. Die Zahl der Aufträge steigt.«[4] Es braucht Mut, sich aus der schweigenden Masse herauszulösen und zuzugeben, dass man infolge seiner Erwartungen Schaden erlitten hat. Genau dieser Mut ist aber auch der Grundstein für das Misstrauen, das man potenziellen Partnerpersonen entgegenbringen sollte.

Ich sage meinen Klientinnen bzw. Klienten immer wieder: In jedem Märchen gibt die Prinzessin dem Freier Rätsel auf – oder der Prinz verlangt Proben –, um die rechte von der falschen Person zu scheiden. Das Recht dazu haben wir heute auch, »weil wir« – Werbeslogan! – »es uns wert sind«.

Rollenvorbilder

Als kleinen Kindern wird uns suggeriert, wir dürften nicht misstrauisch sein. In einem Film der Marx Brothers kommt eine Szene vor, wo der eifersüchtige Ehemann im Wandschrank den Liebhaber seiner Frau entdeckt, und die behauptet keck, es wäre doch niemand da, um nach dem folgenden Wortgefecht zuletzt empört zu fragen: »Wem glaubst du mehr – deinen Augen oder mir?!« Welch völlig neues Widerspruchs-Modell!

Viele Menschen bedenken nicht den Unterschied zwischen Tatsachen, ihren diesbezüglichen Gefühlen und deren Bewertung. Wenn man als Kleinkind gehört hat, man sei schlimm, weil man nicht aufessen wolle, und deswegen müsse man sich entschuldigen, lernt man eine unheilvolle Verknüpfung einer Tatsache – nicht aufessen –, einer Bewertung – schlimm – und einem Gefühl – dem Schuldgefühl. Ähnliche Erlebensmuster werden durch allgegenwärtige Vorbilder in der Literatur, in Theaterstücken, Filmen, aber auch Werbesendungen im Fernsehen allein dadurch vermittelt, dass Beziehungsformen von beglückender Gemeinsamkeit als Zielpunkt einer Geschichte positiv vorgeführt werden oder deren Gegenform als Mangelsituation, die verändert werden muss. Realistische Problemlösungsmodelle sind selten – sie bieten zu wenig »Spannung«.

Die Tatsache, bei vielen Aktivitäten allein zu sein – oder sie eben deswegen gar nicht zu beginnen –, bedeutet noch lange nicht, dass man deswegen Einsamkeitsgefühle haben muss. Das wird aber oft suggeriert – von denjenigen, die davon Vorteile haben: Früher lag dieses Benefit meist in sozialer Verstärkung durch Familienverbindungen, denken wir nur an Fürstenhäuser oder Großbauern, in finanziellen Absicherungen oder einfach in der staatlichen Bevölkerungspolitik, wenn man etwa an die Klischees der UFA-Filme im Dritten Reich denkt. Wie man mit Tatsachen gestaltend umgeht, gehört zum Prinzip der *Salutogenese* (dem Aufbau und der Erhaltung von Gesundheit).

Deswegen ist es auch hilfreich, zwischen Wünschen und – realistischen bzw. unrealistischen – Erwartungen zu unterscheiden. Wünsche darf man ruhig haben – man muss nur wissen, dass ihnen kein Anspruch auf Erfüllung innewohnt.

Ebenso muss auch zwischen dem eigenen Leben und dem anderer unterschieden werden, und zusätzlich noch von den Lebensentwürfen, die einem von anderen – Eltern, Geschwistern, aber auch Freunden und Partnern, oft sogar Vorgesetzten im Beruf – aufgedrängt werden: Es sind Möglichkeiten – aber was das eigene Leben bringt, hat damit wenig zu tun.

Etwas anderes ist es hingegen, wenn beispielsweise beim Aushandeln von Arbeitsbedingungen Anforderungen gestellt werden: Vance Packard beschrieb schon 1962 in seinem Buch über die »Pyramidenkletterer« die Anforderungen, die in den USA an aufstrebende Manager und ihre Partnerinnen gestellt werden und denen sie sich zu fügen haben, wie etwa den Kontakt zu den Familien von Konkurrenten inklusive deren Kinder abzubrechen, die im Karriereverlauf überrundet wurden.[5] Frauen und Kinder sind Garanten für die Erfüllung solcher kontrollierter Zwänge, daher gelten Singles als verdächtig, weil weniger überprüfbar. Ehepartner sind leicht ausfragbare Anhängsel und Einzelgänger eben nicht – und dass sie wirklich als eine Art Geiseln in Kommunikationsprozessen genutzt werden, zeigt nicht nur die Geschichte, sondern auch die »Interviewkultur« bei Privateinladungen. Menschen »in Bindungen« sind leichter kontrollier- und steuerbar.

Nicht vergessen werden sollte in diesem Zusammenhang aber auch, dass es bis Mitte des 20. Jahrhunderts noch konkrete Heiratsverbote für bestimmte Berufe gab – und das nicht nur für römisch-katholische Priester.

Identitätsbildung

Ob man sich nur als Teil eines Paares, einer Familie, einer Religionsgemeinschaft oder politischen Partei vorstellen kann oder auch als Individuum – wörtlich: Ungeteiltes –, ist das Ergebnis eines Entwicklungsprozesses, und das bedeutet einen phasenartigen Verlauf.

In der sogenannten »ersten Trotzphase« – besser »Selbstbehauptungsphase« – spürt das circa zweijährige Kind seinen Willen und will ihn durchsetzen; kluge Eltern lassen dies wohlbedacht kommentiert auch gelegentlich zu, unkluge unterdrücken jegliches Aufbegehren (man beachte den Wortsinn!) sofort mit der Begründung, Kinder müssten ausschließlich gehorchen lernen (und wundern sich dann über spätere mangelnde Selbstverteidigung). In der »zweiten Trotzphase«, der Pubertät, prallen meist wiederum Freiheitsbestrebungen der Kinder mit Ordnungsvorstellungen der Eltern aufeinander. Das Ziel der eigenen Entwicklung, autonom zu werden, sollte aber wertgeschätzt, verständig begleitet und im ernsthaften Konfliktfall – es gibt ja auch lächerliche! – mit viel Respekt im gemeinsamen Gespräch einer Lösung zugeführt werden. (Lösung meint hier auch freiwilliges Loslassen aus Einsicht, egal von welcher Seite!)

Gerade im Konflikt zeigt sich, wie belastbar Zugehörigkeit ist – oder wie sehr die Egozentrik eines Teiles in der Partnerschaft oder Gruppe dominiert.

Viele unfreiwillige Singles spielen in der Paardynamik die Kommunikationsmuster ihrer frühkindlichen Familienvorbilder nach und behandeln den anderen unbewusst wie ein kleines Kind oder wie tyrannische Eltern. Wendet sich dieser oder diese aus psychischem Selbstschutz ab, tut sich oft eine Riesenleere von Ziellosigkeit, aber auch Mutlosigkeit auf. Mit welchen biografischen Erfahrungen das zu tun haben kann, will dieses Buch aufzeigen.

Wenn etwas wegfällt, gibt es logischerweise eine leere Stelle. Ich spreche dann – und auch später in diesem Buch – von »Entzugserscheinungen«. Diese Leere kann nach der nötigen Anpassungszeit aber auch mit Offenheit und Weite gleichgesetzt werden und Neugier auf das auslösen, was einem nunmehr begegnen mag. Um das ein bisschen zu erleichtern, füge ich zuletzt noch ein »12-Schritte-Programm aus der Einsamkeit« an – als kleines Memorandum zur verbesserten Selbstgestaltung des eigenen Verhaltens in Situationen, wo der Sog der Leere einen in die Tiefe zu ziehen droht.

1 Urgründe der Einsamkeit
Warum Einsamkeit so bedrohlich ist

Betteinsamkeit
Einschlafeinsamkeit
Träneneinsamkeit
Essenseinsamkeit
Nach-der-Schule-Einsamkeit
Freizeiteinsamkeit
Wohnungseinsamkeit
Sonntagseinsamkeit
Handwerkereinsamkeit
Alleingelassen-Einsamkeit
Kauflust
Mutlos
Ewig

IRENE SUCHY[6]

Wir alle haben eine Biografie der Einsamkeit.

Wenn man die Entstehungsgeschichte von Empfindungen, Gefühlen, Fantasien und Gedanken zurückverfolgt, gelangt man immer irgendwann einmal zu einem Punkt, wo nur »ein Einziges« vorhanden ist. Ein Urgrund. Ruhe. Aber plötzlich geschieht etwas, es erhöht sich energetische Spannung, und dann entsteht eine Art von Teilung, Abspaltung und damit auch Vermehrung: Aus dem Ursprünglichen erwächst etwas anderes, Neues. Und das macht Hoffnung. Man fühlt sich erwartungsfroh, lebendig.

Und dann hofft man auch, mit oder in dem anderen wieder zu dem ungestörten Gefühl des Eins-Seins zu gelangen, des Einig-Seins, in dem nichts fehlt, in dem man sich erfüllt fühlt.

Der umstrittene altösterreichische Psychiater und Psychoanalytiker Wilhelm Reich (1897–1957) beschreibt einen solchen biologischen Vorgang mit folgenden Worten: »Nichtlebende Substanz pulsiert nicht, lebende Substanz pulsiert. *Genau am Übergang von der Unbewegtheit zur pulsatorischen Bewegtheit ist die Lösung des Rätsels der Biogenese*[7] *zu suchen.* Diese Übergangsstelle lässt sich tatsächlich mikroskopisch beobachten und filmisch festhalten.«[8] Anders formuliert: Alles Leben ist Bewegung, und solange man noch nicht erkannt hat, wie man sich selbst in Bewegung bringen kann – wie man also »etwas anregendes anderes« in sich selbst schaffen kann –, braucht man einen Impuls von außen.

Der erste Schritt dazu besteht in der Sehnsucht, dass »etwas passiert« – dass etwas von außen herankommt, eine spendende Mutterfigur oder eine lobende Vatergestalt, ein »Deus ex Machina«[9] oder eben eine alltagstaugliche Partnerperson. In der Fantasie kann man sich dieses liebevolle Du perfekt idealisieren – solange man es nur erträumt.

In der realen Praxis wird man dann früher oder später enttäuscht – so wie es in einem Gedichtchen von Joachim Ringelnatz heißt: »Wenn man das zierlichste Näschen | Von seiner liebsten Braut | Durch ein Vergrößerungsgläschen | Näher beschaut, | Dann zeigen sich haarige Berge, | Dass einem graut.«[10]

Wen wundert's, dass viele den Schritt in die Nähe vermeiden – und dies nicht nur, weil sie nicht wissen, wie sie ihn anlegen sollen, oder weil sie von ihren wesentlichen Erziehungspersonen davor gewarnt wurden, Bindungen einzugehen, sondern auch aufgrund schlechter Erfahrungen. Eigener oder fremder. Beispielsweise der der Mutter. Denn es sollte nicht unterschätzt werden, wie sehr in der gegenwärtig so scheidungsfreudigen Zeit die immer wieder aufgenommene erfolglose Suche der Mutter nach einem beziehungsmutigen Partner verlassene Kinder beeinflusst.

Sehnsucht

Wir tragen in unserer Herzenstiefe einen Entwurf von Beglücktwerden, der aus dem passiven Versorgtwerden im Mutterleib stammt. Wenn wir dann getrennt von diesem Urquell sind, mühen wir uns mit der Methode »trial and error« – »Versuch und Irrtum« – ab, aus der primären Einsamkeit wieder in solch eine erfüllte Zweisamkeit zu kommen – und manchmal schaffen wir das auch. Für Minuten oder gar Stunden. Aber nicht auf Dauer. Denn bei allem, was lebt, zeigen sich »Wellen«: mal oben, mal unten. Beide Extreme können Angst auslösen. Dem »goldenen Mittelweg« mangelt es ja an den »erhebenden« Höhen.

Wilhelm Reich schreibt denn auch: »Die Angst der Menschen vor dem Ungewissen, Bodenlosen, dem Kosmischen ist berechtigt, zumindest verständlich.«[11] Sigmund Freuds Sichtweise lautet: »Gewollte Vereinsamung, Fernhaltung von den anderen ist der nächstliegende Schutz gegen das Leid, das einem aus menschlichen Beziehungen erwachsen kann. Man versteht: Das Glück, das man auf diesem Weg erreichen kann, ist das der Ruhe.«[12] Nur: Andauernde Ruhe bietet keinerlei Entwicklung.

Wer diese Angst vor dem Ungewissen zumindest einmal erlebt hat, hat damit auch eine Neurosignatur – ein Verschaltungsmuster von Nervenzellen im Gehirn – erworben; diese Prägung kann sich immer wieder in ähnlichen Situationen bemerkbar machen und verdichten – außer man nimmt sie bewusst wahr und erarbeitet sich autonom eine neue Konstruktion.

Dazu hilft, zwischen Befürchtungen und nachweislich realistischen Erwartungen zu unterscheiden. Erstere Geisteshaltung lähmt die Denkfunktion, letztere hilft, sich auf Widrigkeiten vorzubereiten, aber sich von möglichen Risiken nicht abhalten zu lassen.

Zu diesen Nervenverschaltungen gehört auch das sprachlose Entsetzen, wenn der heiße Hunger in den Eingeweiden tobt und niemand da ist, der »stillt« – physisch wie psychisch. Für einen Säugling bedeutet dieses Alleingelassensein Lebensgefahr; deswegen ist es so wichtig, sich auf den Nahrungsrhythmus des Winzlings einzustellen und dann auch da zu sein, um zumindest verständnisvoll (und nicht ärgerlich) zu reagieren. Später, wenn man

der Sprache und der Selbstreflexion mächtig ist, kann man auch erkennen, weshalb man oft wie ein Preisgegebener reagiert, wenn
einem die geringste respektvolle Zuwendung und Beantwortung
versagt wird: Die in dieser Ur-Notsituation erworbene Neurosignatur ist aktiviert worden.

Prägungen

Die ersten Neurosignaturen erwerben Menschen in der Geborgenheit des Mutterleibs – sofern sie nicht mit Hass- und Vernichtungs-
gedanken, Lärm- und Erschütterungswellen und anderen Stresshormonausschüttungen verstört werden. Eine gnädige Amnesie
drückt derartige vorgeburtliche Erfahrungen und ebenso die des
Geburtstraumas in die Tiefenschichten des frühkindlichen Verges-
sens; was bleibt, ist die Sehnsucht nach den Empfindungen von
Umhülltsein, Wärme und Genährtwerden ohne eigenes Zutun, die
sich später als Suche nach Umarmung, Herzenswärme und Zufuhr
von Seelenenergie bemerkbar macht.

Aus ebendiesen Gründen ist es unverantwortlich, Müttern ihre
Neugeborenen wegzunehmen, wie es manchmal von Jugendäm-
tern praktiziert wird. Selbst wenn eine Mutter psychotisch wäre
und daher eine Lebensgefahr für ihren Säugling darstellen würde,
gibt es mehr Alternativen als diese eine – man muss nur den Mut
haben, sie auszudenken und zu realisieren. »Da Verbundenheit mit
anderen Menschen die körpereigene Produktion von schmerzlin-
dernden Botenstoffen aktiviert, kommt der Fähigkeit eines Menschen, sich auf gute zwischenmenschliche Beziehungen einzulassen, eine überragende Bedeutung für das Aggressionsverhalten
zu«, weiß der Internist, Psychiater und Psychotherapeut und Pro-
fessor für Psychoneuroimmunologie am Universitätsklinikum Frei-
burg, Joachim Bauer (*1951).[13] Ein Neugeborenes, das monatelang in
Verbundenheit zum mütterlichen Organismus gewachsen ist, aus
diesem »Biotop« zu reißen, ist nicht nur unprofessionell, sondern
grausam. Und die Mutter zu zwingen abzustillen, entzieht dem

Kind Gesundheitsressourcen: Es ist in jedem Entbindungsratgeber nachzulesen, dass gestillte Kinder nicht nur über stärkere Immunkräfte verfügen, sondern dass das Liegen am Herzen – und das Hören des gewohnten Herzschlags – das Urvertrauen begründet. Bis etwa zum achten Lebensmonat fühlt sich der Säugling noch eins mit der Mutter, erst danach beginnt er, Fremde als von sich Getrennte wahrzunehmen. Es ist ein Irrtum zu glauben, dass man diese erste Mutterbeziehung ersetzen könne – selbst wenn es unvermeidlich ist, wie bei Tod im Kindbett, hat es doch Negativfolgen, die nur über spätere Trauerprozesse neutralisiert werden können.

Die Psychoanalytikerin Margarete Mitscherlich-Nielsen (1917–2012) schreibt: »Um sich von der Mutter lösen zu können, braucht das Kind etwa *am Ende des zweiten Lebensjahres* eine dritte Person, meist den Vater, der es sich zuwenden kann. (Hervorhebung von mir – R.A.P.) Das Bedürfnis des Kindes nach einer weiteren mitmenschlichen Beziehung – man nennt es sein ›Triangulierungsbedürfnis‹ – ist Ausdruck seiner zunehmenden Individuationsfähigkeit und fördert sein Streben nach größerer Unabhängigkeit.«[14] Ich ergänze: Bei jeder Aufgabe, sich von Gewohntem zu lösen, hilft Unterstützung durch begleitende Dritte – was aber nicht bedeutet, dass diejenigen irgendwelche Aktivitäten, Sprechakte inbegriffen, setzen müssen oder sollten. Es genügt, wenn jemand Wohlwollender da ist, der einen in seiner Trauer aushält und damit bestätigt.

Genau dieses erahnte Urvertrauen bergender Zweisamkeit – das Eins-Sein mit einem duldsam gewährenden Du – suchen all diejenigen, denen Einsamkeit bewusst geworden ist.

Sigmund Freud (1856–1939) ist mit diesem »ozeanischen Gefühl« von etwas Unbegrenztem, Schrankenlosem, das er mit der Quelle der Religiosität in Verbindung brachte[15], sehr kritisch umgegangen: Er hat es als Regression – also als Rückschritt auf frühkindliches Verhalten – und als auf Gott projizierte Vatersehnsucht[16] gedeutet. »Nur in einem Zustand, einem außergewöhnlichen zwar, den man nicht als krankhaft verurteilen kann, wird es anders. Auf der Höhe der Verliebtheit *droht* die Grenze zwischen Ich und Objekt zu verschwimmen.«[17] (Hervorhebung von mir – R.A.P.) Ich sehe das nicht als Drohung, sondern als Chance! Was ich aber sehr wohl als Gefahr vermuten kann – und was in der Ozean-Metapher sinnhaft enthalten ist –, ist der Gedanke daran, dass man sich im Ozean zwar lustvoll dem Getragensein hingeben, dass man aber auch überflutet und von Todesangst ergriffen werden kann.

Freud, der mit zunehmendem Alter die Welt immer pessimistischer sah, gehörte offensichtlich nicht zu den Menschen, die dieses Aufgehen im anderen als positive Ich-Leistung bewerten. Denn es liegt ein Unterschied darin, ob man jemand anderen aus regressiven Abhängigkeitsbedürfnissen sucht – oder ob einem jemand zufällt und man stark und sicher genug ist, »ein Fleisch« zu werden.[18] Es ist etwas anderes, sich in jemand anderen zu »entleeren« und bei Trennung nur mehr ein halber Mensch zu sein – oder sich »ganz einzubringen« und dennoch wieder ganz zu sein, wenn man sich räumlich trennt.

Zu diesen urtümlichen Bedürfnissen und Entwicklungsmöglichkeiten treten aber noch die durch »Propaganda« künstlich hervorgerufenen: Waren es früher die von Hof zu Hof ziehenden Minnesänger, die nicht nur durch die Inhalte ihrer Lieder, sondern auch mit tiefen Blicken und samtigen Stimmen Liebessehnsüchte bei den durch grobe Männer traumatisierten Frauen zu wecken wussten, sind es heute Film und Fernsehen sowie Schnulzen und Dreigroschenromane, die vor allem bei weiblichem Publikum die Sehnsucht nach seelischer Ergänzung hervorrufen.

Gedankenmuster

Der italienische Soziologieprofessor Francesco Alberoni (*1929) sieht denn auch eine Geschlechterdifferenz, wenn es um die Zufuhr erotisch wirksamer Impulse geht.

Der Mann, schreibt der Autor, »imaginiert die Frau als mit typisch männlichen Impulsen ausgestattetes Wesen«, was bedeutet:

»Das Begehren ist stets präsent und wird stets befriedigt. Pornografie ist das erotische Gegenstück zum Schlaraffenland, jener Fantasie, in der der Hungrige Flüsse aus Milch, Wein und Honig sieht und Bäume erblickt, an denen statt Früchten gebratene Hühner und Würste hängen.« – »In diesem Universum ist kein Platz für irgendein anderes Gefühl, irgendeine andere Art von Beziehung.«[19] Dieses Image werde nicht nur durch die Männergruppe, sondern auch medial vermittelt, erklärt der Wissenschaftler – aber ebenso würden Frauen analog mit »rosaroter Literatur«[20] bedient: »In Serienschnulzen lösen sich Schicksalsschläge immer als Missverständnisse oder Zweifel auf.« – »Eine solche Erotik hat nahezu nichts mit Sex zu tun. Sexuelle Beziehungen dürfen aber vorkommen. Vor allem in den neueren Romanen dieser Art ist die Heldin auch im körperlichen Sinn eine geradezu verzweifelt Liebende. Aber die tiefen Gefühle – also das, was an diesen Geschichten spezifisch erotisch ist – kommen nicht aus der sexuellen Beziehung, sondern aus Sehnsüchten und Schaudern.«[21] Ich ergänze: und ebenso aus den audiovisuellen Modellen – beispielsweise aus der TV-Werbung für Internet-Partnerbörsen.

Jede erfolgreiche Werbung propagiert Verhaltensvorbilder, denen die Adressaten gleichen wollen. Gemeinsam statt einsam – und der Weg dorthin geht über den Kauf eines bestimmten Produkts oder einer Dienstleistung, und daher richtet sich die Inszenierung von Beziehungsidyllen an die Zielgruppe Frauen, während beispielsweise bei Deodorants für Männer vorgegaukelt wird, dass ihnen alle Frauen, betört vom Duft der herben Männlichkeit, nachlaufen würden – und man(n) wie in Alberonis Schlaraffenland gar nichts dazu tun müsse.

In der Realität sieht alles dann anders aus. Denn wenn der paarungsinteressierte Mann auf die beziehungsfreudige Frau trifft,

Wir alle haben eine Biografie der Einsamkeit.

sind deren beider Nervengespinste bereits voll von den medialen Vor-Bildern und werden unbewusst nachgeahmt. Fehlt aber ein Modell, macht sich ein Gefühl von Unbeholfenheit breit, das nur zu oft zu einer Art Schockstarre führt: Ideal-Ich und Real-Ich sind unbeachtet auseinandergedriftet und haben eine Leere eröffnet, die den Rückzug in Einsamkeit fördert – außer man hebt diese Situationsreaktion ins Bewusstsein und mag sich selbst, auch wenn man nicht dem propagierten Modell entspricht. Auch das zählt zur Selbstliebe.

»Tritt ein Mensch in unseren Wahrnehmungshorizont, dann aktiviert er, ohne es zu beabsichtigen und unabhängig davon, ob wir es wollen oder nicht, in uns eine neurobiologische Resonanz«, betont Joachim Bauer. »Verschiedene Aspekte seines Verhaltens wie Blickkontakt, Stimme, mimischer Ausdruck, Körperbewegungen und konkrete Handlungen rufen in uns ein Spektrum von Spiegelreaktionen hervor«, und er präzisiert: »In Resonanz begeben sich Nervenzellnetze, die auch dann aktiv werden würden, wenn wir selbst täten, was wir gerade bei einem anderen Menschen beobachten.« Betroffen sind die Gehirnpartien, die den Körperempfindungen wie auch der Handlungsplanung dienen, und diese sind wiederum mit dem Emotionszentrum des Gehirns verbunden.[22] Kurz gesagt: Gefühle sind ansteckend – selbst wenn sie von Schauspielern auf der Videowand stammen. Denn diese Art von unbeabsichtigtem und unbewusstem »Mentaltraining« erfährt auch, wer Filmfiguren zusieht, nicht nur realen Anwesenden – außer man distanziert sich bewusst von abgelehnten Verhaltensweisen.

Sehen wir traute Zweisamkeiten – oder Geborgenheit in Familien oder anderen Gruppierungen –, egal ob live oder auf einem Bildschirm, löst das bei uns neuronale Aktivitäten aus: Je nach Biografie werden wir sehnsüchtig, neidisch, verbittert oder zornig (oder wie auch immer wir unsere noch namenlose Emotion benennen).

Liebesentzug

Denn auch zu einer bewussten Ablehnung solcher Imitations-Verlockung benötigt man eine erfolgversprechende Neurosignatur für Verweigerungsverhalten – nach innen wie nach außen. Man muss innerlich die Botschaft hören »Ich will das nicht!« und nach außen eine sozial verträgliche Sprachform erwerben. Genau deren Ansätze werden jedoch »trotzenden« Kleinkindern mit Schimpf, Spott und Strafe strikt verboten, anstatt sie auf prosoziale Formen zu korrigieren.

Zu den häufigsten Strafen für kleine Kinder gehört der sogenannte Liebesentzug: keine Süßigkeiten, keine Spiele, keine Blicke, keine Worte. Da Kindern lange Zeit der Vergleich mit den Verhaltensweisen in anderen Familien fehlt, kennen sie keine Alternativen; sie vertrauen der Allmacht und Allweisheit ihrer Erziehungspersonen und suchen die Schuld für deren Ablehnung bei sich selbst – und manche erkennen nie, dass sie Opfer von Unsicherheit und Unwissenheit oder aber Unbeherrschtheit sozial inkompetenter Menschen geworden sind. Sie denken dann: Es muss an mir liegen, dass man mich nicht mag. Und: Man kann mich einfach nicht mögen.

Viele Sozialphobien und in deren Folge Einsamkeit wurzeln in erlebter mangelnder Fürsorge derjenigen, deren Obhut man anvertraut war. Solche Mängel finden sich nicht nur bei Eltern und anderen nahen Anverwandten – sondern ebenso bei Angehörigen von Bildungs-, Gesundheits- und Sozialberufen wie auch bei vielen Arbeitgebern ... und auch bei allen, die Zeugen von solch traumatisierendem Fehlverhalten werden und wegschauen.

Als Trauma werden meist nur Folgeerscheinungen von massivem Gewalterleben, Unfälle inbegriffen, verstanden. Dabei wird übersehen, dass man als Trauma jedes Erleben klassifizieren kann, zu dessen Bewältigung adäquate Verhaltensmuster fehlen.

Tiere reagieren mit Kampf, Flucht oder Totstellen, wenn sie in ihrer Sicherheit beeinträchtigt werden. Ich nenne das das »Stammhirn-Repertoire«. Menschen hingegen besitzen zusätzlich zu diesem archaischen Erbe eine entwickelte Großhirnstruktur, die sich vor allem durch Sprache und Reflexionsfähigkeit – die mehr oder weniger ausgeformte Kompetenz, in Vergangenheit, Gegenwart und Zukunft zu denken – auszeichnet; aber auch diese Anlagen müssen erst eingeübt und dadurch verdichtet werden! Aus dem dazu dienlichen »inneren Dialog« zur Selbstbesinnung und Abwägung von Verhaltensalternativen wird dann statt Kämpfen Verhandeln, statt Flucht Distanzierungsverhalten und statt Totstellen bedachtes Abwarten. Damit kann anstelle der Einsamkeit des Unterlegenen, Weglaufenden oder Schockerstarrten eine selbstbestimmte Handlung erwachsen, und wenn diese im wohlbedachten Rückzug besteht, entspricht das nicht dem leidvollen Gefühl von Einsamkeit, sondern dem von Selbstschutz und Selbstachtung.

Würden also die Bezugspersonen der frühen Kindheit wissen, was sie in Hinkunft durch Liebesentzug anrichten könnten, würden sie wohl auf diese »schwarze Pädagogik«[23] verzichten – außer sie sind bewusste Sadisten. Liebesentzug dient immer nur der Kontrolle. Mit Förderung bzw. Lebensvorbereitung hat dies nichts zu tun, auch wenn es immer wieder behauptet wird. Wer aber erkannt hat, wie er oder sie durch Liebesentzug zu »Pflegeleichtigkeit« manipuliert wurde, kann trainieren, die dadurch hervorgerufene verzweifelte Unterwerfungsbereitschaft durch selbstachtende Distanzierung loszulassen.

Man muss eigentlich nur die angezüchtete Illusion vermeiden, Eltern täten alles nur zu unserem Besten. Eine Postkarte kommt mir in den Sinn: darauf ein Bär mit Sprechblase »Alle wollen nur mein Bestes – aber ich geb's nicht her!« Und wie immer: Auch hier muss man erst die passende Nervenverdrahtung aufbauen – doch wenn man das erkannt hat, kann man das autonom und ohne pro-

Liebesentzug dient immer nur der Kontrolle.

fessionelle Besserwisser. Man muss sich nur fragen, welche anderen Reaktionsmöglichkeiten es gäbe ... und diese vor dem geistigen Auge vorbeiziehen lassen und sich »einspiegeln«. Am Abend die Erlebnisse des Tages Revue passieren zu lassen und selbstkritisch Verbesserungsbedarf zu orten, reicht oft, um sich vorzustellen, wie alternatives Verhalten gewesen wäre.

In der Transaktionsanalyse, einer psychotherapeutischen Schule, heißt diese Form der Veränderung von Verhaltensmustern »Drehbuch schreiben«: Man stellt sich entspannt vor, man sei der Drehbuchautor und auch Regisseur seines eigenen Lebensfilms und schreibe das Skript für den Helden, die Heldin – also sich selbst – einfach um.[24]

Wichtig dabei ist aber auch, ergänze ich, den Souffleur – den andauernd kommentierenden »Kopfbewohner«[25] – liebevoll »in Pension zu schicken«. Denn nur zu oft sind seine Worte die Sätze der verinnerlichten Bezugspersonen der frühen Kindheit, die warnen: »Wenn du so trotzig bist, wird dich nie jemand mögen!« Dieser unwahre Satz – denn wer weiß schon, was die Zukunft bringt – hat Verwünschungs-Charakter! Er kann zur selbsterfüllenden Prophezeiung werden, wenn man an ihn glaubt.

Sobald sich aber solche Sätze wie so oft unbedacht im sprachlichen Standard-Repertoire einer Großfamilie breitgemacht haben, können sie zur Selbstwert und Gesundheit schädigenden Litanei werden. Man traut sich dann nichts mehr zu, verhält sich ungeschickt oder unschicklich und vertreibt mögliche Freunde und Liebhaber, bleibt damit allein zurück und bestätigt so ungewollt den Fluch.

Der Blick durch das Teleskop der Zeit

Man muss nicht schwer traumatisiert sein, um sich anders zu fühlen als diejenigen, die dem Idealbild der jeweiligen Kultur entsprechen.

Viele kleine Mikrotraumata von Ablehnung und Abwertung

haben denselben Effekt: Man bleibt in der historischen Situation der Traumatisierungen stecken. Denn was alle Traumata eint, ist das Stehenbleiben der Lebenszeit für die paar Sekunden oder Minuten des Außer-sich-Seins, bis man wieder »bei sich« ist.[26]

Deshalb ist es wichtig, solche Situationen im Nachhinein erklärt zu bekommen, aber dazu auch eine Anleitung, wie man wieder zu sich kommt: indem man nämlich das Erlebte wieder und wieder erzählen darf und mitfühlende Zuhörer hoffentlich beweisen, dass man auch ein achtens- und liebenswerter Mensch ist, wenn man »beschädigt« wurde. Dadurch wird nämlich nicht nur die Einbindung in die soziale Gemeinschaft bestätigt und die soziale Gesundheit gefördert, sondern die beeinträchtigte Person gewinnt auch Zuwachs an Heilungsenergie – so wie ein afrikanisches Sprichwort sagt: Der Mensch ist dem Menschen ein Heilmittel.

In Europa heißt es dagegen: homo homini lupus est – der Mensch ist dem Menschen ein Wolf.

In Gruppendynamik-Seminaren gibt es eine Übung, in der man eine Person aus dem Zimmer schickt, um in Ruhe eine kurze Rede vorzubereiten. Den im Raum Verbleibenden wird aufgetragen, auf die Präsentation des Kollegen oder der Kollegin zuerst desinteressiert bis störend zu reagieren, danach aber auf Interesse und Zustimmung umzuschalten. Der Sinn der Übung liegt darin, ersichtlich zu machen, wie leicht man durch Aufmerksamkeitsentzug gestresst, ja sogar in tiefe Verzweiflung gestürzt werden kann. Ich erinnere gerne an Max Frisch, der einmal darauf hingewiesen hat, dass jede gelingende Kommunikation vom Wohlwollen des jeweils anderen abhängt. Ich ergänze: nicht nur vom Wohlwollen, sondern vor allem auch von den Absichten – ob jemand auf Rücksicht und Partnerschaft bedacht ist oder auf Dominanz und Unterwerfung abzielt, und das unabhängig von Alter, Geschlecht oder anderen differenten Eigenschaften.

Ich habe diese Übung im Rahmen der vielen Seminare kennengelernt, in denen wir Nachwuchspolitiker/innen damals in den

1970er Jahren auf Widerstandskraft gegen Störversuche bei Reden in Volksvertretungen vorbereitet wurden. Man kann den Tenor solcher Trainings aber auch umgekehrt darauf ausrichten, andere bis zum Nervenzusammenbruch zu quälen – oder, wieder umgekehrt, auf psychohygienischen Verzicht auf Situationen mit vermutlicher Gefahr psychischer Verletzungen. Denn: Auch wer sich selbst zur Waffe macht und gleichsam zu einem Pistolenlauf verengt, schadet der eigenen seelischen wie sozialen Gesundheit.

Wenn jemand »aus der Rolle fällt« – egal, was vorher Auslöser war –, kann man ziemlich sicher sein, dass sich die Mehrheit der Anwesenden peinlich berührt zurückzieht. Die »Rolle«, die damit nachdrücklich eingefordert wird, ist die des »standhaften Zinnsoldaten«: Ohren steif halten, Zähne zusammenbeißen, keine Wehlaute von sich geben, dulden. In dem – tatsächlich zu Unrecht – traditionell als konservativ etikettierten Niederösterreich gibt es dazu das Scherzwort »Hände falten, Goschen halten!«

Die Aufforderung, die Kieferpartie fest zu verschließen – und ja nicht auf animalische Weise zuzubeißen, bissige Bemerkungen zu machen oder auch nur zu seufzen –, führt schnurstracks zur »depressiven Maske«. Mit diesem Namen wird der starre Gesichtsausdruck diagnostiziert, der schwerere depressive Episoden begleitet.

Dazu: Im denkmalgeschützten Jugendstiltheater auf dem Gelände des Psychiatrischen Krankenhauses der Stadt Wien führten vor Jahren Patienten ein Stück auf mit dem weisen Titel »Strategien gegen die Trauer: das Saufen – das Reden«. Wem das Reden – und sei es nur indirekt – verboten wird, wird suggeriert, er oder sie möge sich jeglicher menschlichen Regung enthalten, kurz: sich tot stellen. Das hat zwar auch einen Vorteil – man wird dann leicht übersehen und erspart sich möglicherweise weitere Angriffe. Auf Dauer wird man aber zu nichts gemacht – seelisch vernichtet – wenn man keine bewussten mentalen Gegenmaßnahmen setzt. Als Kind kann das noch niemand – aber wenn man auch später keine Anleitung findet, bleibt meist nur die Zuflucht bei den sprachlosen

Leidensgefährten, und die findet man am leichtesten in Wirtshäusern. (Frauen wählten dagegen das Reden und suchten den Beichtvater auf oder Frauengruppen.)

Zu nichts machen

Wenn wir in die Geschichte zurückblicken, zeigen sich immer wieder Machtkämpfe, in denen Verachtung, Boykott, Isolierung einerseits, Verbannungen und Deportationen andererseits als Mittel zur gezielten psychischen Vernichtung angewandt wurden. Das hat seinen Anfang bei ungewollten, ungeliebten Kindern, setzt sich in der Schule fort, wo Lehrkräfte unbewusst die Schüler bevorzugen, die ihren Erwartungen entsprechen, führt über die geheimen Auswahlkriterien beliebter Teenager, Partnerpersonen und Mitarbeiter bis zu den Wahlmodalitäten für politische Mandatare – und dem Umgang mit den Konkurrenten und Opponenten, die durch den Psychoterror der Ignoranz und Exklusion zum Aufgeben veranlasst werden sollen.

Aber nicht nur auf national- und religionspolitischen Ebenen kann man den Ausschluss aus der sozialen Gemeinschaft als Attacken auf die psychosoziale Gesundheit beobachten – auch in kleineren Gruppen, in denen Nähe eigentlich zu Mitgefühl und Kooperation motivieren sollte, wie Arbeitsteams, Nachbarschaften und leider auch in Familien, wird versucht, Menschen mittels gewaltsamer Ausgrenzung oder Ausschlussandrohungen zur Anpassung zu zwingen. Vor allem Frauen und all diejenigen, von denen man keine körperliche Gegenwehr erwarten musste.

Es ist knapp hundert Jahre her, dass Frauen von Bildung, Selbstbestimmung und politischen Rechten ausgeschlossen waren, und das mit Berufung auf Natur und Gottgewolltheit, später mit absurden Argumenten wie dem vom kleineren Gehirngewicht im unfairen Vergleich zu dem des – meist größeren und schwereren – Mannes begründet wurde (statt die Vernetzungsdichte zu bewerten, von der bekanntlich die Intelligenz abhängt). Wie es den

Frauen psychisch ging, in denen ein wissensdurstiger Geist, ein kämpferisches Naturell und ein starkes Herz brannten, war uninteressant – sie hatten sich der verordneten Rollenteilung zu fügen. Vielen blieb nur der Rückzug in eine einsame Traumwelt.

Behilflich bei diesen mentalen Vergewaltigungen rollenbildferner Personen waren immer schon die Medien, denken wir etwa an Friedrich Schillers »Lied von der Glocke«, das meine Generation noch auswendig lernen musste, damit die Ideologie sich nur ja im semantischen Gedächtnis verankert. Darin finden sich die rollenzuweisenden Zeilen: »Der Mann muss hinaus ins feindliche Leben, | Muss wirken und streben | Und pflanzen und schaffen | Erlisten, erraffen | Muss wetten und wagen | Das Glück zu erjagen.« Und »Drinnen waltet | Die züchtige Hausfrau, | Die Mutter der Kinder, | Und herrschet weise | Im häuslichen Kreise, | Und lehret die Mädchen | Und wehret den Knaben, | Und regt ohne Ende | Die fleißigen Hände, | Und mehret den Gewinn | Mit ordnendem Sinn.«[27]

Männer, die das soldatische Heldentum verweigerten, wie auch Frauen, die nicht daheim walten wollten, sondern etwa die Natur studieren und ihre Heilmittel, wurden verfolgt und ermordet – oder sie vermieden die als verständnislos bzw. feindlich erlebte Gesellschaft. Diese Angst vor Vernichtung lebt noch immer im kulturellen Gedächtnis und wird durch die Werke von Dichtern und Schriftstellern am Leben erhalten.[28]

Rollenteilung wird noch immer von vielen als naturgegebene Arbeitsteilung verteidigt. Dabei ist sie ein historisch-politisches Konstrukt, das in bestimmten Zeiten und Regionen von den jeweils Herrschenden nach deren Interessen – beispielsweise zur Sicherung legitimer Nachkommenschaft oder der Verheiratung aus ökonomischen oder dynastischen Gründen gegen den Willen der Frau

Wie ein afrikanisches Sprichwort sagt: Der Mensch ist dem Menschen ein Heilmittel.

– verordnet wurde. Dass dazu mögliche Liebespaare in Isolation gehalten werden mussten, war klar; wohin das führen konnte, zeigte William Shakespeare in seinem Drama *Romeo und Julia* – aber auch so mancher Bericht in der Tagespresse über die »mittelalterlichen« Gebräuche in anderen Kulturen.

Das Naturargument aber, so schreibt der im vorigen Jahrhundert viel gelesene und zitierte Jurist und Psychologe Volker Elis Pilgrim (* 1942), wird immer dann bemüht, wenn etwas nicht kritisiert werden soll: »Wenn eine Gesellschaft etwas als natürlich erklärt, will sie damit nur ausdrücken, dass sie etwas für unangetastet wünscht. Dagegen bedeutet das Etikett ›unnatürlich‹, dass das damit gekennzeichnete Verhalten missbilligt wird und von jedermann angegriffen werden kann.«[29] Auch damit soll unerträgliche Einsamkeit als Mittel zum Anpassungsdruck gezielt hervorgerufen werden.

2 Die Einsamkeit der Lebenskrisen
Warum man in Krisenzeiten Beistand braucht

Auch wer der Selbstbestimmung fähig ist,
kann sich seiner Wünsche und Absichten,
Hoffnungen und Erwartungen so wenig ein für alle Mal sicher sein
wie der äußeren Lebensumstände, in denen er sich
in seiner jeweiligen Gegenwart befindet.
MARTIN SEEL[30]

Bevor wir mit Mimik, Gestik und vor allem Worten zu dem jeweiligen Kulturstandard der Region und Zeit, in die wir hineingeboren wurden, diszipliniert (von lat. *discipulus*, Schüler) werden – und dadurch viel von unserem inneren Ahnen und Erkennen verlieren –, spüren wir schon intuitiv, ob wir willkommen oder in der zur Gesundheit nötigen Akzeptanz gefährdet sind. Das haben die Erfahrungen der französischen Säuglingspsychoanalytikerin (Ja, so etwas gibt es! Und die Heilungserfolge beweisen die Notwendigkeit und Wirksamkeit!) Caroline Eliacheff gezeigt.[31]

Als erwachsene Menschen können wir zwar mit der Zeit Übung darin gewinnen, Ablehnung durch andere zu ignorieren – aber wenn wir üben, unsere Wahrnehmung einzuschränken, verlieren wir die Kompetenz der Achtsamkeit und damit auch die Achtsamkeit uns selbst gegenüber. Deswegen sind hier Vorbilder und erklärender Beistand so wichtig, damit wir uns weiter entwickeln können und »über uns hinauswachsen«.

Es zählt zur Selbstfürsorglichkeit zu erkennen, wann es Zeit ist, sich aus dem Zusammensein mit anderen zurückzuziehen – vor allem, wenn die anderen der Gesundheit schaden. Aber wer seit seiner Kindheit permanent um Zuwendung ringt, wird eher meinen,

29

»mehr desselben«[32] werde endlich den erwünschten Erfolg bringen, anstatt sich zuerst einmal zumindest eine Erholungspause zu gönnen – und dann etwas anderes zu probieren.

»Die Fähigkeit, allein zu sein, hängt davon ab, ob ein gutes Objekt in der psychischen Realität des Individuums vorhanden ist«, betont der bedeutende Kinderanalytiker Donald W. Winnicott (1896–1971).[33] Das heißt, es muss am Beginn des Lebens zumindest eine neuronal prägende Erfahrung von kontinuierlicher Akzeptanz, Zuwendung und Verstehen erlebt worden sein. Logischerweise wäre dies die Aufgabe der biologischen Mutter, an deren Körper das Neugeborene ja bereits monatelang »von innen« eingewöhnt wurde. Nun soll es »Gewöhnung« nach der Geburt »von außen« lernen, um zunehmend längere Abwesenheiten der Mutter ertragen zu können. Das braucht üblicherweise ein Jahr und viel geduldige Zuwendung. Wer aber selbst keine »Neurosignatur der Liebe« oder auch nur »der Pflicht« besitzt, wird dieser Aufgabe nur schwer gerecht werden.

Dort, wo eine Großfamilie auch in Hausgemeinschaft lebte, fand sich vermutlich immer irgendjemand – Geschwister, Großeltern –, der zuverlässig auf die erkennbaren Bedürfnisse eines Kleinstkindes reagierte; für die heutigen Klein- oder Rumpffamilien bedeutet dies fast immer eine Überforderung – wenn man erwartet, dass diese Zuwendung nur von Blutsverwandten geleistet werden sollte. Es ist wichtig, dass jemand gegenwärtig und verfügbar ist, ohne Forderungen zu stellen, denn die Fähigkeit zum echten Alleinsein hat die frühe Erfahrung des »Alleinseins in Anwesenheit eines andere Menschen« zur Grundlage, so das Ergebnis der Forschungen Winnicotts.[34]

Reifungsschritte

Jedes Kind hat seine eigene Zeit, in der es den jeweils nächsten Reifungsschritt vollzieht. Wird es »vor der Zeit« forciert, wird es später kompensierende Symptome entwickeln – allerdings sind solche ohnedies so allgegenwärtig, dass dies kaum jemand mehr als

Besonderheit wahrnimmt. Nur wenn jemand selbst unter Einschränkungen seiner Verhaltensmöglichkeiten leidet und sich in Psychotherapie auf die Suche nach seinem Seelengrund begibt, wird er oder sie die Zusammenhänge erkennen. Laien fehlt die qualifizierte Wahrnehmung, und populäre Symptomdeutungsbücher führen leider zu Fehleinschätzungen und behindern die persönliche Weiterentwicklung.

In einer gelungenen Therapie – es gibt leider auch misslungene – werden diese fehlenden »guten, inneren Objekte« nachentwickelt. Die »affektive Regulierung« – das Einwirken auf steuerungsbedürftige Emotionsaufwallungen – kann dann zunehmend durch innere Modelle ersetzt werden, sodass ein »verinnerlichtes Beziehungsgefühl« entsteht, das unterschiedliche Qualität haben und selbst auf- oder abgebaut werden kann[35]; das kann auch helfen, berechtigte Rückzugsimpulse auf psychischen Erholungsbedarf zurückzuführen – und nicht auf den Vorwurf von Fehlverhalten, wie es einem oft von anderen als Selbstrechtfertigung unterstellt wird.

Menschenjunge kommen »unfertig« zur Welt: Bis ihre Muskulatur stark genug ist, dass sie sich vom Boden erheben können und damit den ersten Über-Blick erzielen, vergeht rund ein Jahr – ein Jahr totaler Abhängigkeitserfahrung, wie wohl jedermann weiß, der einmal bewegungsunfähig war. Abhängig sein von anderen macht meist zornig aus Verzweiflung, egal wie alt man ist. Denn auch wenn dem Kleinkind noch die Worte fehlen, so spürt es doch den jeweiligen Zielimpuls in sich – man könnte formulieren: Es hat die Vision seines Ideal-Ichs – und erlebt sein Versagen. Hinsichtlich Patienten mit Alzheimer-Demenz sagte mir einmal ein Allgemeinmediziner: »Zuerst kommt das Versagen – dann kommt der Zorn – und dann kommt das Vergessen.« Wenn aber das Gedächtnis noch völlig funktionstüchtig ist, kommt vielfach Resignation. Kleine Kinder fallen dann oft um und schlafen blitzartig ein. Ältere Menschen pflegen oft Risikosituationen in vorauseilender Scham zu vermeiden und verabsäumen so die nötigen Lernschritte. Sie bräuchten

Ermutigung, und diesen Bedarf müssen die möglichen hilfreichen anderen erst erkennen (können). Wer diese Unterstützung nicht selbst erfahren hat – und das sind die meisten Menschen – findet sie unnötig und verweichlichend und wird stattdessen mäkeln, bloßstellen oder strafen.

»Das zwischenmenschliche Erkennen und Anerkennen systematisch zu verweigern, ist ein Akt der Unmenschlichkeit und ethisch verwerflich«[36], betont der Neuropsychiater Joachim Bauer. Viele Eltern und Personen, die sich als Experten in Sachen Kindererziehung fühlen, sehen das aber nicht so – sie meinen, »ungehorsame« Kinder könnten nur mit Härte zur Folgsamkeit »motiviert« werden; sie glauben, es sei ein Naturgebot, zwingen zu müssen, zu können und auch zu dürfen. Sie wissen nicht oder ignorieren, dass jegliche Gewalthandlung oder Vernachlässigung eines Kindes seit Ende des 20. Jahrhunderts strafbar ist.

»Es ist ja das Tragische, dass es keine einsamen Kinder ohne einmal in *ihrer* Kindheit einsam gewesene Eltern gibt«, stellt die Kindertherapeutin Lene Keppler fest. »Diese Eltern waren einst von ihren Eltern ›gebraucht‹ worden, das heißt, sie hatten Teile ihrer Persönlichkeit nicht voll entwickeln können oder fast ganz unterdrücken müssen, weil deren Eltern diese Persönlichkeitsanteile oder Verhaltensweisen, bedingt durch ihre eigene Lebensgeschichte, nicht wahrnehmen oder ertragen konnten.«[37] Aber: »Mein Charakter ist nicht mein Schicksal«, wie die Wiener Präventivpsychologin Anneliese Fuchs titelt: Wenn wir erkennen, wen wir nachspielen und welche anderen, salutogeneren, d. h. Gesundheit, insbesonders die soziale Gesundheit, fördernderen, Verhaltensweisen auch wert wären, ausprobiert zu werden, können wir solchen »Familienflüchen«[38] entkommen.

Es ist wichtig, dass jemand gegenwärtig und verfügbar ist, ohne Forderungen zu stellen.

Charakterbildung

»Handlungen und Verhaltensweisen zu imitieren, die wir bei anderen beobachten, ist ein durch Spiegelneurone vermittelter menschlicher Grundantrieb«, weiß der Neurobiologe Joachim Bauer. »Er ist bei Säuglingen und Kleinkindern noch völlig ungehemmt. Was sie bei ihren Bezugspersonen sehen, versuchen sie intuitiv und unwillkürlich nachzuahmen.« Das motiviert dann auch beispielsweise Erwachsene dazu, das Kind mit »Mund-auf-Mund-zu-Spielen« zur Spiegelung zu verlocken. »Das Kind benutzt das Imitationsverhalten nicht nur als eine erste Möglichkeit zur Kommunikation, sondern macht mit dessen Hilfe auch seine ersten Lernerfahrungen.«[39] Allerdings, so Bauer, beginnen nach etwa eineinhalb Jahren Hemmungsmechanismen aufgrund der nunmehr erreichten neurobiologischen Reife einzusetzen und die Imitationsneigung zunehmend zu kontrollieren.

Das Kind reproduziert wie später auch Erwachsene zunehmend Verhaltensweisen anderer vor allem dann, wenn es dafür »positive Verstärkung« gibt. Bauer schreibt: »Wir übernehmen, vor allem bei erhöhter Sympathie oder wenn wir auf jemand ›eingestimmt‹ sind, unbewusst körperliche Aktionen anderer Personen. Wir gähnen, wenn andere gähnen, wir spiegeln unwillkürlich den Gesichtsausdruck unseres Gegenübers und ahmen bestimmte Verhaltensweisen nach, etwa indem wir uns am Kopf kratzen, die Beine übereinanderschlagen und Ähnliches. Und ab und zu geraten völlig gesunde Erwachsene in bestimmte ›Zustände‹, in denen die Kontrollmechanismen über die Spiegelneurone nahezu versagen. Ein solcher Zustand ist beispielsweise die Liebe.«[40] Befinden sich Liebende – und dazu gehören auch Eltern, die ihre Kinder lieben – in Resonanz, vermittelt der Energiefluss von Herz zu Herz ein Gefühl von Weite und Wärme. Wärme ist eine Form von Energie. Der Volksmund spricht von warmherzigen und kaltherzigen Menschen – dabei wird aber vergessen, wie jemand so oder so geworden ist und auch, dass wir alle an der Aufrechterhaltung oder Veränderung dieser Zustände mitwirken (können), je nachdem, ob wir anderen Angst machen oder Zutrauen einflößen.

Der Psychoanalytiker Fritz Riemann (1902–1979) hat in seinem Grundsatzwerk aller psychosozialen Berufe, *Grundformen der Angst*, vier Typologien gezeichnet, nach denen die einen Angst vor Nähe und die anderen Angst vor Alleinsein haben und wiederum andere Angst vor Chaos oder umgekehrt Angst vor Struktur. Unabhängig von den psychiatrisch klingenden Bezeichnungen, die Riemann für seine Einteilung verwendet, kennt wohl jedermann die Konflikte, die sich ergeben, wenn die jeweiligen Gegensatzpaare aufeinandertreffen: Da will der sogenannte »Schizoide« allein sein und fühlt sich von den Nähebedürfnissen des »Depressiven« bedrängt, während sich der »Depressive« vom »Schizoiden« nicht wertgeschätzt und oft auch übergangen fühlt, wenn dieser seine einsamen Entscheidungen fällt. (Bei dem zweiten Gegensatzpaar, den »Zwanghaften« und den »Hysterischen«, werden Erstere als ordnungsliebend hoch angesehen, auch wenn ihnen oft Spontaneität und Großzügigkeit fehlt, während die Letzteren trotz ihrer Kreativität und Gemütlichkeit als unzuverlässig und unordentlich abgewertet werden.)

Diese sogenannten »Schizoiden« wählen gerne Berufe, in denen sie Nähe zu anderen Menschen vermeiden können: Sie streben Spitzenpositionen an, die ihren Gegenparts viel zu anstrengend wären, weil sie dann, von dienstbaren Geistern abgeschirmt und nur auf Anforderung »versorgt«, »unbehelligt« ihre Vorhaben »autonom« planen und »ungestört« realisieren können. Sie lieben Podien und Bühnen, die sie vom Publikum trennen, Kanzeln, Katheder, Richtertische oder Cockpits. Selbst wenn sie gelegentlich Nähe suchen, wenn sie sich beispielsweise verliebt haben, inszenieren sie Einseitigkeit: Sie wollen alles unter Kontrolle haben und bestimmen können – zu schmerzlich sind ihre vergangenen Erfahrungen von Manipuliertwerden, Ignoriertwerden, Verweigerung und, alles zusammen genommen, Überforderung ihrer Frustrationstoleranz und Resilienz[41]. Und meist werden sie deswegen sogar noch von Schuldgefühlen geplagt: »Warum bin ich nicht so perfekt, dass ich keine Schuldgefühle habe?« Ich sage dann immer: »Eben weil jemand perfekt – vollkommen – ist, hat er/sie auch Schuldgefühle – sonst würde ja etwas aus der möglichen Vollständigkeit fehlen!«

Zu den von ihm als »schizoide« Charaktere bezeichneten Menschen schreibt Riemann: »Besonders leicht kommt es zu solchen frühen schizoidisierenden Schädigungen auch bei den von Anfang an ungeliebten oder unerwünschten Kindern; weiter bei solchen, die frühen Trennungen, etwa durch längere Klinikaufenthalte wegen Erkrankungen, oder dem Verlust der Mutter ausgesetzt waren. Gleiches gilt bei lieblosen oder zu gleichgültigen Müttern, bei zu jungen Müttern, die für die Mutterschaft noch nicht reif waren, gilt auch für die ›Goldener-Käfig-Kinder‹, die oft lieblosem oder gleichgültigem Personal überlassen werden, weil die Mutter ›keine Zeit‹ für sie hat; auch die Mütter, die nach der Geburt zu früh wieder arbeiten und das Kind zu lange sich selbst überlassen müssen, können ihm nicht das geben, was es hier braucht.«[42]

Ich möchte im Zusammenhang mit diesen Riemann-Zitaten davor warnen, sie als Schuldzuweisung gegen Mütter zu missbrauchen: Sie zeigen nur Zusammenhänge auf, die oft unvermeidlich sind – denken wir nur an die im Krieg und während Naturkatastrophen geborenen Kinder, vor allem aber an die Mütter, die vom Kindesvater im Stich gelassen fernab ihrer Herkunftsfamilien sich und ihre Kinder existenziell durchbringen müssen. Man muss immer die sozialen Umstände mitberücksichtigen – und sich selbst fragen, was man denn selbst dazu beitragen kann bzw. beigetragen hat, die Belastungen der Nächsten zu vermindern.

Kreuzwege

Helfer gegen unerwünschte Seelenlasten finden sich an einer »Wegkreuzung« wie in der Sage von Herakles, in der dem in einsamer Gegend Zaudernden zwei Frauen begegnen: Die erste, aufgedonnerte, verspricht Lust und Genuss, tut jedoch auf Befragen kund, dass ihre Freunde sie Glückseligkeit, ihre Feinde hingegen Liederlichkeit nennen; die zweite, die Tugend, will keine Genüsse vorspiegeln, sondern lehrt, dass nichts Gutes ohne Arbeit und Mühe gewährt wird: Wolle man von seinen Freunden geliebt werden, müsse man diesen nützlich werden, wolle man vom Staat geehrt werden, müsse man ihm Dienste leisten; wolle man ernten, so müsse man säen, wolle man seinen Körper in der Gewalt haben, so müsse man ihn abhärten etc.[43] Herakles wählt bekanntlich den zweiten Weg und wird nach vielen Herausforderungen der Held, von dem wir heute noch sprechen.

Die Wahl des Lebensweges stellt sich immer und jedem Menschen, auch wenn er sich dessen gar nicht bewusst sein mag, und gipfelt in der Frage: Was für eine Frau – was für ein Mann – will ich sein?

Der mühevolle, unattraktive Weg wäre der der schonungslosen Selbsterforschung: Wer bin ich derzeit, wie bin ich so geworden und wer möchte ich werden? Üblicherweise führt dieser Rückzug auf sich selbst in Exerzitien oder in eine Langzeitpsychoanalyse.

Der verführerische, schöne Weg hingegen verspricht Allmacht gegen die Ohnmachtsgefühle, dass man eben nicht so toll ist, wie man möchte, und nicht den sozialen Erfolg erzielt, von dem man sich Beglückung erwartet. Dieser Weg ist gesäumt von Trainern und Coaches, die je nachdem Techniken zur Erlangung von Durchsetzungsstärke, Finanzerfolg, Liebesglück oder einfach nur Macht versprechen.

»Heute, vor allem nach dem Niedergang sogenannter sozialistischer und kommunistischer Gesellschaften, feiert ›das Menschenrecht des Privateigentums‹ neue Triumphe, der ›egoistische Mensch‹ ist zum Regelfall geworden«, schreibt die Psychologin Ursula Nuber (* 1954). »Doch nun trennt nicht mehr nur der Besitz an Privateigentum den Menschen vom Menschen; von äußerer Herrschaft weitgehend befreit, klagt der moderne Mittelschicht-

Mensch sein Recht auf ein ›gutes Leben‹ ein, auf ein Leben, in dem seinen Bedürfnissen erste Priorität eingeräumt wird – und die Bedürfnisse anderer zweitrangig werden. Was früher ein Privileg der oberen Schichten war – ein Wohlstand in Freiheit von äußeren Zwängen – ist nun für eine breite Masse erreichbar. Und das macht die besondere Qualität des modernen Egoismus aus: *seine massenhafte Verbreitung* (Hervorhebung im Original).«[44] Allerdings sehe ich in dieser Vision vom guten Leben auch wiederum einen »äußeren Zwang« – denn die Macht der medialen Vorbilder und die Neidkonkurrenz gegenüber den Nächsten verführt wieder dazu, sein noch unentwickeltes Selbst mit Hab und Gut wie mit Krücken zu stützen. Wer sich selbst nicht mag, wie er oder sie ist, sucht nach Tarnkleidung und leider oft halb- oder illegalen Wegen, sich mehr anzueignen, als der Verdienst der eigenen Hände oder Gedanken finanzieren kann.

Liebeszauber

Man muss sich die Biografien und die Gesichter derjenigen genau ansehen, die sich im Gefolge der mittelalterlichen »weisen Frauen« und Männer als Gurus inszenieren, denn viele wechseln in völliger Selbstüberschätzung einfach von der Schülerseite des Schreibtisches auf die Lehrerseite. So erinnere ich mich an ein Seminar an einer Volkshochschule in einer mittelgroßen Stadt, das Thema habe ich vergessen, an dem ein ältlicher Landwirt teilnahm und auf meine Frage an die Besucherschaft, weswegen sie diese Veranstaltung besuchten, antwortete, er habe bereits einmal so ein ähnliches Seminar besucht und das habe ihm so gefallen, dass er jetzt entschlossen sei, eine »Schule des Lebens« zu eröffnen und selbst Seminare abzuhalten, weil er könne das ja alles – nämlich den Leuten sagen, was sie tun sollten – selbst auch. Ähnlich erlebte ich, dass eine Frau, die unbedingt bei mir mitarbeiten wollte, auf meine Aufforderung, sie wolle doch bitte zuerst ihre Qualifikation ausweisen, eine Liste von völlig unterschiedlichen Vorträgen und

Ein-Tages-Seminaren vorlegte, die sie besucht hatte, darunter auch solche bei mir; ich lehnte mit dem Vergleich ab, dass jemand, der gelegentlich Profiköchen beim Kochen zugesehen habe, sich auch nicht als gelernte Köchin verdingen dürfe – außer sie hätte über lange Zeit im eigenen Unternehmen alle Hürden und Kontrollen der Gewerbebehörden und Restaurantkritiker gemeistert. Aber genau da zeigt sich wieder das Vermeiden von Nähe: Statt sich in einer »Lehrzeit« der Konkurrenz zu stellen, was sicherlich öfters Stress auslösen mag, wird im »Alleingang« versucht, sich einen »Schein« (im Doppelsinn des Wortes) als Nachweis von Kompetenz zu kaufen oder über den Umweg von Tauschgeschäften kostenlos zu organisieren.

Dahinter verbirgt sich die Fantasie, nur über solch eine »Absolution« anerkannt und vielleicht sogar geschätzt und geliebt zu werden. Manche sind einfach schlau und nützen alle Schlupflöcher aus – aber auch hinter diesem »unethischen« Verhalten liegen alte Verwundungen; meist fühlten sich diese Menschen gegenüber einer »besser gestellten« Mitschülerschaft im Nachteil, durften ihre Potenziale nicht leben, haderten mit ihrem Schicksal und schworen sich insgeheim, »hinauf«kommen zu wollen, egal um welchen Preis. Ich kenne Männer und noch mehr Frauen, die nur in ihre »Außenfassade« Zeit und Energie investieren, ihre innere Reifung aber vernachlässigen. Bei Joachim Bauer findet sich der Satz: »Unsere neurobiologischen Potenziale entfalten sich nur in unterstützenden sozialen Kontexten«[45], und dazu zählt auch »die Fähigkeit zur Übersicht über ein System mehrerer miteinander interagierender Menschen, die Fähigkeit, die Perspektive anderer einzunehmen und abzuschätzen, welche Folgen das eigene Verhalten auf das Verhalten anderer haben wird.«[46] Zum Beispiel die Folge, »gewogen und zu leicht befunden« zu werden.

Selbst die sogenannten »geborenen« Eigenbrötler haben Negativerfahrungen mit Konkurrenz und oft fühlen sie sich zu Recht benachteiligt.

Ich finde es daher unabdingbar, Lehrkräften praktisches Rüst-
zeug zum Erkennen und Vermeiden von durch pädagogische Fehler
ausgelösten Traumatisierungen zu vermitteln. Dazu ist es notwendig, dass sie sich mit ihren eigenen Dominanzbedürfnissen aus-
einandersetzen. Bindung, Akzeptanz und Zugehörigkeit seien überlebenswichtig, betont Joachim Bauer.[47] Sie betreffen nicht nur die
ersten Lebensjahre daheim, sondern jeden Eintritt in eine andere
Lebensphase bzw. in ein anderes »System« – wie das »System«
Schule oder Arbeitswelt.

Übergangsriten

Auch wenn heute viele Traditionen als unmodern aufgegeben wurden – die darunter verborgenen Grundbedürfnisse sind am Leben
und suchen sich neue Formen.

Traditionell wurden Menschen in Übergangszeiten von der jeweiligen Gemeinschaft rituell »ernannt«, d. h. mit einem bestimmten Namen belegt, aufgenommen, begleitet und verabschiedet. Dies
bedeutet einerseits soziale Unterstützung, andererseits aber auch
gesellschaftliche Kontrolle – doch gerade die Letztere wird heute
oft gescheut, vermutlich um »gute Ratschläge« zu vermeiden.
Diese werden zumeist als überhebliche Besserwisserei schmerzhaft
empfunden: Sie lassen den Menschen, die gerade eine neue Identität erarbeiten müssen, zu wenig Raum zur Selbstfindung.

Wenn immer wieder Menschen, vor allem Frauen, in Beratung
oder gar Therapie kommen, um herauszufinden, weshalb sie zu den
»großen« Familienfeiern nicht eingeladen oder stattdessen diskriminiert und/oder isoliert wurden, zeigt sich deren Wunsch, sich »in
Beziehung setzen« zu dürfen – aber das ist vielen anderen schon zu
nahe und sie wehren auf grobe Weise ab. Es fehlen Modelle einer
gewaltverzichtenden Kommunikation[48]: Gewalt liegt nach dem
Friedensforscher Johan Galtung (*1930) immer dann vor, wenn eine
feindselige (unerwünschte) Handlung das Potenzial der insultier-
ten Person verletzt (eine Impfung also nicht, weil sie das Potenzial

fördert). Viele Menschen wollen ihre eigene Gewalttätigkeit, die beispielsweise in Überheblichkeit – Kommunikation »von oben herab« – liegt, nicht wahrhaben und werden aggressiv, wenn man sie darauf hinweist. Dies stellt nämlich einen Versuch dar, Gleichrangigkeit – Kommunikation auf Augenhöhe – herzustellen, und das spüren die »Reiter auf dem hohen Ross« intuitiv und wehren sich dagegen. Umgekehrt gibt es aber immer mehr Leute, die von vornherein versuchen, durch Verweigerung von Achtungsgesten (z. B. durch inkorrekte Ansprache oder durch herabwürdigenden Tonfall) »von unten hinauf« Respektspersonen niederzuringen. All diese Fehlkommunikationen sind Situationskrisen: Es besteht die Gefahr eines Machtkampfes und der kann leider immer eskalieren.

Da heute vielfach Rituale abgeschafft wurden – beispielsweise die sogenannten Benimm-Regeln –, ergibt sich aber die Notwendigkeit, die jeweilige Umgangsform zu vereinbaren. Wer da nicht mitspielt, findet sich schnell isoliert.

Der französische Ethnologe Arnold van Gennep (1873–1957) unterscheidet Trennungsriten, Schwellen- bzw. Umwandlungsriten und Angliederungsriten.[49] Bei allen dominiert eine spezifische Gemeinschaft, die jemanden verabschiedet, aber auch den »Hinterbliebenen« Stabilität spendende Betreuung bietet, oder den Eintritt in eine neue Identität begleitet oder aber in eine besondere »Familie« – wie beispielsweise auch die Männer- oder Frauen- oder Kämpfer- oder Priestergruppe – aufnimmt. Das kann auch sehr schmerzhaft sein.

Ich kann mich an ein Wochenseminar im Rahmen meiner Ausbildung zur Erwachsenenpädagogin an der Wiener Pädagogischen Hochschule erinnern, das außerhalb von Wien stattfand. Zwischen den Theorieblöcken sollten wir animierende Übungen kennenlernen (die ich allerdings für Erwachsene unpassend fand). Eine dieser Übungen war für mich als bekennende Legasthenikerin unmöglich, da man die Hände in schnellem Wechsel wie bei den Rösselsprüngen im Schachspiel bewegen musste. Ich protestierte mit dem

Hinweis, dass damit Außenseiter produziert würden. Ich blieb mit dieser Sichtweise allein; zu dem Schmerz des Versagens trat der Schmerz der Isolierung als potenzielle Spaßverderberin – denn diejenigen, die die Übung kannten bzw. beherrschten, fanden sie nur lustig. Sie hatten offensichtlich keine alte Neurosignatur der verweigerten Gruppenzugehörigkeit, wie sie wohl alle Schüler und Schülerinnen kennen, die damals in Schulzeiten zeitweise zu groß, zu klein, zu dick, zu dünn oder auch zu widerstandsmutig waren.

Der Fairness halber möchte ich erwähnen, dass der Gruppenleiter einen halben Tag später, beim Abendessen, öffentlich bezeugte, dass er mich erst jetzt verstanden habe und mir daher recht geben wolle: Man müsse bei Übungen immer auch im Sinne von Diversität daran denken, dass das, was für die einen Ulk sei, für andere Bloßstellung von Schwächen bedeuten könne.

Genau das verstehe ich unter sozialer Kontrolle: nicht die Gleichmacherei womöglich mit Hilfe von Inszenierungen von Scham und Schuld, wie sie von manchen Werbungen in den Medien beabsichtigt sind, sondern Rücksichtnahme auf diejenigen, die vielleicht langsam, unbemittelt oder auch konsumverweigernd sind. All denen möchte ich Mut machen, Verständnis und Solidarität einzufordern anstatt sich schamhaft in Einsamkeit zurückzuziehen.

Gruppen benutzen Schuld und Scham, um die Konformität und den Zusammenhalt zu erhalten, wobei sich Scham in einer Tendenz zur Geheimhaltung manifestiert, Schuld hingegen motiviert zu beichten und sich zu offenbaren, weiß der Psychoanalytiker Jens L. Tiedemann.[50] Deswegen scheuen sich nur wenige, jemanden zum Sündenbock zu stempeln: Sie rechnen damit, dass man ihn – beladen mit den Sünden der Gemeinschaft – nicht wie im Altertum in die Wüste jagen muss, sondern dass er oder sie sich selbst »exi-

Bindung, Akzeptanz und Zugehörigkeit sind überlebenswichtig.

liert«; ein klassisches Beispiel dafür sind Mobbingopfer. Scham, so betont Tiedemann, verletzt nämlich nicht nur zwischenmenschliches Vertrauen, sondern auch die innere Sicherheit.[51] Und, ergänze ich, damit auch das Selbstwertgefühl, die Identität der Zugehörigkeit zu einer bestimmten Bezugsperson oder -gruppe und damit die soziale Gesundheit.

Als heranwachsende Jugendliche stehen wir alle vor der Anforderung, uns selbst als Einzelne wie auch als Teile von Gruppierungen (Paarbildung mitgemeint) zu formen. Dafür gibt es heute eine Unzahl von Modellen – dafür sorgt schon die Produktwerbung, die auf »Kundenbindung« aus ist –, aber kaum einen begleitenden Beistand ohne eigene Absichten (wie beispielsweise Mitgliederfang politischer Parteien, besonders auffällig im Nationalsozialismus). Diese Suche nach sich selbst samt kosmetischen oder chirurgischen Körpermodifikationen, schreibt der Psychoanalytiker Mathias Hirsch (*1942), dehnt sich heute häufig bis ins vierte Lebensjahrzehnt.[52] In der Dysmorphophobie (d. h. die Angst, nicht schön zu sein) könne man die Körperkrankheit der Adoleszenz sehen, wobei die Angst vor der unbekannten Identität als Frau oder Mann auf Körperteile »verschoben« wird[53] – und dies liefert wiederum einen Vorwand, sich nicht in Gemeinschaft begeben zu müssen. Ein klassisches Beispiel liefern junge Mädchen, die vor Bällen oder anderen »Herzeige-Veranstaltungen« an ihrer Haut herumdrücken, an ihren Haaren herumschnipseln oder sonst eine selbstschädigende Aktion setzen, bis sie sich so verunstaltet haben, dass sie den Stress-Auftritt vermeiden können.

In einer Welt überwiegend virtueller Kommunikation über SMS und Internet kann man diese Konfrontation »face to face« vermeiden – nicht aber das Eindringen sadistischer Attacken wie Cybermobbing. Gegen Gewalt hilft aber nur Öffentlichkeit, wie ich immer wieder betone: Man muss sich aus der Verkrümmung der Verletztheit aufrichten und Verbündete herbeirufen. Das zu organisieren, wird eine Aufgabe der Zukunft werden.

Lernziel Bindungslosigkeit?

Zu Lebenskrisen werden üblicherweise nur die allgemein verbreiteten Lebensübergänge wie Geburt eines Kindes, Berufsantritt, Heirat und Scheidung, Eintritt einer chronischen Krankheit oder Behinderung und Todesfälle gerechnet.

Lebenskrisen entstehen aber auch, wenn man erkennt, dass der eigene Lebensentwurf mit den Anforderungen der Umwelt nicht in Einklang steht. Das hat lange Zeit homosexuell l(i)ebende Menschen in Einsamkeit getrieben, ehe sich politisch – nicht parteipolitisch! – gebildete Aktivisten selbstbewusst mit ihren Forderungen nach Respekt und Gleichbehandlung der Öffentlichkeit stellten.

Aber während diese Gruppe von Menschen zumindest in Westeuropa in ihrem Bemühen um Gleichbehandlung erfolgreich war, ist dies anderen nicht gelungen: denjenigen, die aus dem Arbeitsprozess ausgeschieden wurden. Ich sehe die Ursache darin, dass schwule und lesbische »besondere« Menschen wie Künstler (»Weibliches Feingefühl« – wenn es auch gar nicht zutraf!) oder Sportlerinnen (»Es muss halt männliche Kraft sein«) mit ihren Coming-outs positive Vorurteile bedienten und damit auch für andere Berufsgruppen Maßstäbe setzten; demgegenüber sind Arbeitssuchende nicht als »etwas Besonderes« vermarktbar, geben auch selten eine »Story« ab. Der polnisch-britische Soziologe und Philosoph Zygmunt Bauman (*1925) etwa schreibt: »In Ermangelung eines dauerhaften, autorisierten und unumstrittenen Wertes der Optionen, die zur Wahl stehen, kann sich die Bewertung einzelner Wahlmöglichkeiten nur am Muster vermarkteter Güter orientieren. Das ausgewählte Identitätsmodell muss auf den Markt gebracht werden, um seinen Wert *herauszufinden*.«[54] Ein Gut hat keinen Wert, wenn es keine Abnehmer findet, und der Wert bemisst sich nach der Zahl der Abnehmer, d.h. wie stark das Bedürfnis nach diesem Gut ist. Arbeitslos sein heißt, keinen Abnehmer für die wahre Arbeitskraft zu finden. »Die Strafe für das Versagen, Abnehmer für eine entworfene und zur Schau getragene Identität zu fin-

den oder zu schaffen, ist die *Exklusion* (das Ausgeschlossen-, ›Abge-
schrieben‹-, Geschnitten-, Ignoriert-Werden) – das gesellschaftliche
Äquivalent für eine Müllhalde.«[55]

Paarungsmärkte

Ich erinnere mich, wie in den späten 1950er Jahren, als ich ein Teenager war, der Begriff des »Dating« von den USA nach Europa im-
portiert wurde: Uns war der Gedanke fremd, die Beliebtheit junger
Menschen nach Aufforderungen zum Spazieren-, Tanzen- oder Ausgehen zu zählen. Europa war voll mit dem Wiederaufbau beschäftigt, Geld war (außer bei den Kriegsgewinnlern) knapp, wenn ein
junger Mann ein Motorrad besaß, war das sensationell – und die
Moralvorschriften waren streng. Dieser oberflächliche »American
Style of Life« auf einem Partnerschaftmarkt mit Bewertung nach
»Nachfrage« und »Umsatzhäufigkeit« prallte auf die europäischen
Werte von Zurückhaltung, langen Wartezeiten und Treue. Erst mit
der Verfügbarkeit hormoneller Antikonzeptiva änderten sich zuerst
die Verhaltensweisen, und die Moralvorstellungen hinkten hinten
nach ... Und die Treue blieb als erste auf der Strecke. Flexibilität, be-
hübscht als Mut zur Veränderung, wurde modern. Im Verlauf der
nächsten zwanzig Jahre drang dieser Trend auch in die Arbeitswelt
ein. Ich erinnere mich noch gut, wie mir ein renommierter Wirt-
schaftsjournalist in meiner Praxis gestand, er habe jahrelang für
»hire and fire« geschrieben – aber jetzt, wo er selbst mit einem
»golden handshake« verabschiedet worden war und erfahre, dass
er »nichts mehr wert sei«, keine Einladungen mehr bekomme, niemand mehr an ihm interessiert sei, spüre er erst, wie brutal diese
Vorgehensweise sei.

»Aus der Sicht des menschlichen Gehirns ist soziale Akzeptanz

Die Suche nach Gemeinschaft ist die Suche nach Lebendigem.

nicht minder überlebenswichtig wie die körperliche Unversehrtheit«, mahnt Joachim Bauer.[56] Exklusion, Stigmatisierung, Isolation
– all das sind massive Gefährdungen der psychosozialen Gesundheit und führen zu Folgekrankungen, Suchterkrankungen inbegriffen. Je stärker jemand in der sozialen Gemeinschaft verankert und
akzeptiert ist, desto eher wird er oder sie solche Krisen relativ heil
überstehen. Nur: In der heutigen globalisierten Wirtschaft mit
ihrer Forderung nach flexiblen Menschen schwinden diese Ressourcen: »Nix ist fix« lautet ein Slogan in der Glücksspielwerbung,
aber er wirkt auch in alle anderen Lebensbereiche hinein.

Der flexible Mensch soll verschiebbar sein wie ein Bauer auf
dem Schachbrett. Familie stört dabei: Kinder, Partnerpersonen oder
pflegebedürftige Angehörige stellen Anforderungen an Zeit und
Zuwendung. Es gehe nicht um Quantität, sondern um Qualität
der miteinander verbrachten Zeit, lautet die übliche Schönrederei.
Tatsächlich wirkt aber die Botschaft: Alles andere ist wichtiger als
du!

Eine weitere Botschaft lautet: Jeder ist ersetzbar! Der Psychoanalytiker Gustav Bovensiepen (*1944) schreibt hinsichtlich der globalen Allverbundenheit über elektronische Medien: »Dagegen steht
eine immense Flüchtigkeit des Objekts, sei es als tägliche ›Totalver-
luste‹ an der Börse, wenn Gelder in Milliardenhöhe innerhalb von
Sekunden ›verbrannt‹ werden, wie die Börsianer sagen, als tägli-
ches Aussterben von Tier- und Pflanzenarten, als sofortiger Ersatz
oder als Austauschbarkeit von Objekten des Alltags im Sinne der
›Wegwerfgesellschaft‹. Zum *Verschwinden* gehört auch ein Trend in
der Unternehmensführung: das ›Hot-desking‹. Dabei haben die
Mitarbeiter grundsätzlich keinen festen Schreibtisch, es sollen
auch keine persönlichen Gegenstände eine Bindung an den Arbeitsplatz signalisieren; man nimmt sich den Tisch, der gerade frei ist,
und verschwindet wieder mit seinem Laptop, wenn der Job getan
ist. ›Jobnomaden‹, die rasch von einer Stelle zur nächsten einsetz-
bar sind, werden bevorzugt.«[57] Damit würden auch Abschied oder

Trauer vermieden – und, ergänze ich, überhaupt Gefühle. Die brauchen nämlich Zeit – und die soll ja eingespart werden.

Soziale Bindung entsteht aus einem Gefühl gegenseitiger Abhängigkeit, betont der amerikanische Soziologe Richard Sennett (* 1943).[58] Aber wird dies positiv empfunden? Langsam erspürte Abhängigkeit kann sehr wohl ein angenehmes Gefühl von Einigkeit hervorrufen – dann, wenn man das, wovon man abhängt, liebt und genießt. Die schnell empfundene Abhängigkeit hingegen hat einen Beigeschmack von Unfähigkeit zur Selbstgestaltung – auch steckt das Wort »abgehängt« drinnen, und genau dieses Schicksal droht bei Abhängigkeiten, egal ob es sich um existenzielle oder psychische handelt. Es ist wichtig, sich der Qualität der Verflechtungen mit anderen und auch deren Brüchigkeit bewusst zu sein – und ebenso der Machtspiele mit »Lob und Strafe«, mit denen Menschen in »bindungsloser« Abhängigkeit gehalten werden.

Bindung spürt man – sie ist etwas Lebendiges. Bindungslos bedeutet, dass kein psychischer Energieaustausch stattfindet. Was getauscht wird, ist Leistung gegen Geld. Auch Status beinhaltet letztlich nur Geld und ebenso Besitz. Lebendiges wird gegen Totes getauscht. Wenn man das erkennt, weiß man, dass die Suche nach Gemeinschaft die Suche nach Lebendigem ist.

Die sogenannte »Weissagung der Cree« fällt mir ein: »Erst wenn der letzte Baum gerodet, der letzte Fluss vergiftet, der letzte Fisch gefangen ist, werdet ihr merken, dass man Geld nicht essen kann.« Vielleicht sollte man ergänzen: »Und wenn der letzte Mensch keine Gefühle mehr wahrnimmt, wird man merken, dass man ohne Liebe nicht menschlich leben kann.« Nur an und im Gefühl erkennen wir, wenn wir uns in einer Krise befinden und Veränderung, Erneuerung fällig ist – und dass wir andere dazu brauchen, damit wir uns nicht allein mühen müssen, vor allem aber nicht allein übrigbleiben.

3 Die Einsamkeit des Liebesentzugs
Warum Liebesenergie lebensnotwendig ist

Niemals sind wir ungeschützter gegen das Leiden,
als wenn wir lieben,
niemals hilfloser unglücklich,
als wenn wir das geliebte Objekt
oder seine Liebe verloren haben.
SIGMUND FREUD[59]

Die Sehnsucht nach einer Beziehung kann süchtig machen. Das besagt ja schon das Wort.

Üblicherweise denkt man bei dem Wort Sucht nur an die substanzgebundenen bzw. chemischen Süchte und an die durch Substanzmissbrauch physisch, daher sichtbar Gezeichneten. Es ist das eigene Schutzbedürfnis, aus dem heraus man beispielsweise Alkoholabhängige verurteilt, vor allem weil sie ab einem bestimmten Grad ihrer Vergiftung unberechenbar sind, streitsüchtig und latent gewalttätig, und weil das Angst macht – Angst deshalb, weil man nicht weiß, wie man mit ihnen umgehen soll, dafür aber weiß, dass das vorhandene Verhaltensrepertoire – kritisieren, schimpfen, betteln und flehen – weder aktuell noch langzeitig geeignet ist, die regelmäßig wiederkehrenden Krisensituationen zu verändern. Und dennoch bleiben viele Menschen, vor allem Frauen, in diesen stressenden und damit die eigene Gesundheit schädigenden Beziehungen: die einen aus strategischen Überlegungen, weil ökonomische Gründe gegen eine Trennung sprechen – die anderen, weil sie Einsamkeitsgefühle fürchten, die ihnen unerträglicher erscheinen als immer wiederkehrende Gewaltausbrüche.

Nun gibt es aber nicht nur substanzgebundene Süchte, sondern auch prozessgebundene. Die amerikanische Suchtexpertin Anne Wilson Schaef zählt auf: »Bei diesen steht nicht die Einnahme einer chemischen Substanz im Mittelpunkt; vielmehr liegt hier die Abhängigkeit von einem Prozess vor – zum Beispiel von Arbeit, Geld, Sex, Beziehungen, Romanzen, Religion oder Sport.« Diese blieben deswegen oft unerkannt, weil sie gut in die Gesellschaft integriert seien, aber oft seien sie auch Teil einer multiplen Suchtproblematik. Schaef konzentriert sich auf Beziehungssucht, Romanzensucht und Sexsucht und spricht in diesem Zusammenhang von Pseudo-Beziehungen, die sie nach deren Ursprung sowie Inhalt voneinander unterscheidet.[60] Sie differenziert: »Sexsüchtige ›machen an‹, Romanzensüchtige ›machen sich davon‹ und Beziehungssüchtige ›klammern sich an‹.«[61]

Vor Schaef hatte bereits die kalifornische Familientherapeutin Robin Norwood (*1945) in ihrem Bestseller *Wenn Frauen zu sehr lieben* aufgezeigt, wie »eine Sucht die andere nährt«. Sie schreibt, »Frauen, die zu sehr lieben, sind schlimmstenfalls beziehungssüchtig, männersüchtig, berauscht von Schmerz, Angst und Sehnsucht«, aber auch zusätzlich oft von suchterzeugenden chemischen Substanzen, Medikamente wie auch Nahrungsmittel inbegriffen, »um die tiefsitzenden Gefühle aus der Kindheit am Hochkommen zu hindern«.[62]

Alle Süchtigen vernachlässigen immer ihr Selbst – auch wenn es so aussieht, als wären sie völlig selbstbezogen, weiß Anne Wilson Schaef, denn sie sind von bestimmten Gefühlen, dem Bewusstsein für ihr Selbst und dessen wahren Bedürfnissen abgeschottet: »Schließlich liegt das Ziel jeder Sucht darin, jeglichen Kontakt zum Selbst zu unterbinden.«[63] Sonst würden vielleicht Gefühle wie Sehnsucht, Angst oder einfach Überforderung übermächtig.

Es sind vor allem Kinder, die früh – zu früh – Verantwortung und Fürsorge für einen leidenden Elternteil übernehmen mussten und daher ein Vertrauen auf die eigene Mächtigkeit erworben haben, die aber später in anderen Bereichen als dieser Elternbeziehung nicht anerkannt werden. Sie neigen dazu, sich an unzuverlässige, unreife und untreue Partnerpersonen zu binden. Wenn diese dann Nebenfamilien produzieren und/oder Geldschwierigkeiten, Konflikte mit Polizei und Justiz oder suchtbedingte Leistungsausfälle, finden sie sich in den aus der Kindheit gewohnten Situationen wieder – in einer Stress-Situation, in der sich die früh erworbene Hegekompetenz mit Verzweiflung über die immer wieder aufgezwungene Märtyrerrolle paart. Denn so wie ein kleines Kind kaum Möglichkeit besitzt, aus dem Familiengefängnis zu flüchten, scheint der erwachsenen Person der Gedanke an diese Möglichkeit zu mangeln bzw. werden solche Gedanken durch massive Bedrohungen im Keim erstickt.

Es sind aber nicht nur Ängste vor angedrohten Racheaktionen der Trennungsunwilligen und Befürchtungen vor Kritik und übler Nachrede im sozialen Umfeld, die jemanden in Risikobeziehungen festhalten – es sind die irrealen Hoffnungen, der Süchtige könnte sich doch noch ändern und man selbst könnte dazu etwas beitragen. »Beziehungssüchtige sind überzeugt«, schreibt Anne Wilson Schaef, »dass sie Beziehungen allein durch pure Willenskraft machen können. Sie meinen, die anderen durch bloße Hartnäckigkeit zur Liebe bewegen zu können. In diesem Bemühen werden sie immer kontrollierender, defensiver und vorwurfsvoller.«[64]

Diese Fantasie überdeckt die Tatsache, dass jede Trennung – auch die Trennung von einer Illusion – schmerzlich erfahren wird: Man war »vorher« jemand in einem bestimmten Zustand und muss jetzt in einen anderen, womöglich ungewohnten neuen Zustand wechseln, was bedeutet, dass man eine neue Neurosignatur erarbeiten müsste, aber weder den »Namen« dieser Aufgabe kennt noch die Methoden dazu.

Hochgefühle

Der New Yorker Psychoanalytiker Bertram D. Lewin (1896–1971) erinnert an die »orale Verschmelzung« als Ursprung der künstlich hervorgerufenen Hochstimmungen von Drogenabhängigen, die deren Depressionen überdecken sollen, und schreibt, »sie entwickelt sich bei Personen, deren Prädisposition wie bei den Melancholikern in einer besonderen narzisstischen Kränkbarkeit besteht«, und führt dies auf folgenden Urgrund zurück: »Auch hier richten die intensiven Wünsche sich letztendlich auf die Wonne und Glückseligkeit, die der fantasierten Einheit mit der Brust beim Stillen folgt und die im Rausch oder Hochgefühl Ausdruck findet.«[65]

Das klingt ziemlich pathologisierend – aber das entspricht nur dem Bemühen, sich der berufsspezifischen Sprache anzugleichen, und zeigt auf, für welche Zielgruppe Autoren schreiben bzw. geschrieben haben. In heutiger Sprache und ohne »narzisstische« Expertenüberheblichkeit könnte Lewins Aussage folgendermaßen lauten: Wir alle haben aus unserer Stillzeit hinreichend beglückende neuronale Erfahrungen von Gehaltenwerden und Gesättigtwerden erworben, die wir später suchen – in Beziehungen oder mithilfe von rauscherzeugenden Substanzen.

Geht eine Beziehung in Verlor, wird diese bei Trennungen erforderliche Selbsterneuerung dann besonders schwer, wenn die Beziehung nicht von unübersehbaren Krisen belastet war, sondern im Gegenteil von Harmonie und Seligkeit.

Auf der Höhe der Verliebtheit, schreibt Sigmund Freud, kann die Grenze zwischen Ich und Liebesobjekt verschwimmen: »Allen Zeugnissen der Sinne entgegen behauptet der Verliebte, dass Ich und Du eines seien, und ist bereit, sich, als ob es so wäre, zu benehmen.«[66] Das entspricht dem diffusen Selbstverständnis des Säuglings vor dem achten Lebensmonat, in dem er sich noch eins mit der »spendenden« Mutter wähnt – und wieder: Das soll nicht abwertend verstanden werden, sondern als Erklärung, welche Nervennetzwerke im wort- und bildlosen Erinnerungsschatz in frühester Kindheit aktiviert sind.

Jeder Mensch ist in der Lage, in seinem Körper eigene opium- bzw. morphiumähnliche Stoffe zu erzeugen, weiß der Arzt Josef

Zehentbauer (* 1945). »Da der Mensch aus vielfacher, unbewusster Erfahrung die angenehme Wirkung der im Körper produzierten opiumähnlichen Stoffe kennt, ist er versucht, diesen leicht berauschenden Zustand durch äußerliche Drogen zu intensivieren oder beliebig oft herbeizuführen.«[67]

Im Zustand der Verliebtheit erhöht sich der Dopaminspiegel; Dopamin gilt deshalb auch als Glückshormon. Bei Personen, die an Dopaminmangel bzw. der Schüttellähmung (Parkinson'sche Krankheit) leiden, erhöht sich zumeist der sexuelle Appetit und bei erfolgreicher Umsetzung auch die Stimmung, wenn ihnen Dopamin substituiert wird. Bei Misserfolg beginnt ein Teufelskreis, denn Stress »frisst« Dopamin – das merkt jeder, der unter Stress das innere Zittern verspürt (und sich hoffentlich sofort aus der Stresssituation herausnimmt und Entspannung trainiert). So erinnere ich mich voll Mitgefühl an einen Klienten, der dank seiner – äußerlich angebrachten – Dopaminpumpe wieder Lebens- und Liebeslust empfand, dessen Frau sich aber vor diesem Heilbehelf ekelte und ihm vorausschauend daher jegliche Zärtlichkeit verweigerte.

Wenn also Sigmund Freud vom Säugling schreibt: »Es muss ihm den stärksten Eindruck machen, dass manche der Erregungsquellen, in denen er später seine Körperorgane erkennen wird, ihm jederzeit Empfindungen zusenden können, während andere sich ihm zeitweise entziehen – darunter das Begehrteste: die Mutterbrust – und erst durch Hilfe heischendes Schreien herbeigeholt werden«, zeigt er damit die Gefühlslage auf, in der sich für jeden empfindsamen Menschen die frühkindliche Qual wiederholt, wenn sich das aktuell als »spendend« ersehnte Objekt, egal aus welchen Gründen, entzieht. »Damit stellt sich dem Ich zuerst ein ›Objekt‹ entgegen, als etwas, was sich ›außerhalb‹ befindet und erst durch eine beson-

Die Sehnsucht nach einer Beziehung kann süchtig machen.

dere Aktion in Erscheinung gedrängt wird. Einen weiteren Antrieb zur Loslösung des Ichs von der Empfindungsmasse, also zur Anerkennung eines ›Draußen‹, einer Außenwelt, gehen die häufigen, vielfältigen unvermeidlichen Schmerz- und Unlustempfindungen, die das unumschränkt herrschende Lustprinzip aufheben und vermeiden heißt. Es entsteht die Tendenz, alles, was Quelle solcher Unlust werden kann, vom Ich abzusondern, es nach außen zu werfen, ein reines Lust-Ich zu bilden, dem ein fremdes, drohendes Draußen gegenübersteht.« Und Freud schreibt weiter: »Die Grenzen dieses primitiven Lust-Ichs können der Berichtigung durch die Erfahrung nicht entgehen. Manches, was man als lustspendend nicht aufgeben möchte, ist doch nicht Ich, ist Objekt, und manche Qual, die man hinausweisen will, erweist sich doch als unabtrennbar vom Ich, als innerer Herkunft.«[68] Wiederum sei erinnert, dass »primitiv« nicht wertend zu verstehen ist, sondern im Sinne von »urtümlich«; Freud will mit diesen Sätzen bestätigen, dass es zu unserer Primärausstattung gehört, zu leiden, wenn wir erkennen, dass das, was uns Befriedigung schenkt – und da steckt das Wort Friede drin –, etwas von uns Getrenntes ist und eben außerhalb unserer Macht steht. Diese Erkenntnis wird vielfach abgewehrt: Wir erwarten – wie auch von der Mutter der frühen Kindheit –, dass der oder die Geliebte immer für uns da sein soll – zumindest wenn wir das wollen.

Wenn »Entzug« der Droge Liebesobjekt droht, richten wir wie der Säugling all unsere Energie auf die ersehnte Person ... und manche schreien auch wie Säuglinge und schlagen ebenso um sich. Oder sie versinken in resignativer Einsamkeit.

Sogar eine selbstbewusste, »starke« Kämpferin wie die Wiener Frauenrechtlerin und Schriftstellerin Rosa Mayreder (1858–1938) war nicht davor gefeit, ihre Energie auf einen abwesenden geliebten Mann zu fokussieren – und zu verlieren. Sie klagt: »Er ist nicht gekommen. Ich habe gewartet, gewartet – o diese Höllenpein des Wartens ... Ich horche auf jedes Läuten mit fieberhafter Unruhe, ich horche mit meinem ganzen Organismus, jeder Nerv horcht in bebender Anspannung. Und es ist immer wieder nichts. Die Minuten schleichen dahin, eine Viertelstunde vergeht, eine halbe Stunde – endlich ist es halb sieben: jetzt kommt er nicht mehr. Die Anspannung löst sich in Tränen auf. Und dazu ist man sechsundvierzig Jahre geworden ...«[69] Diese Liebessehnsucht steckt in uns allen drinnen – der Unterschied ist nur, ob man das zugibt oder verleugnet.

Abhängigkeit

Es liegt an der Beziehungstiefe, wie schmerzhaft sich die Entwurzelung einer »eingepflanzten« Liebe anfühlt. Oberflächlich kann man viele Beziehungen »haben«, ohne sie viel pflegen zu müssen. Manche Scherzbolde sprechen dann auch von »Flachwurzlern« – jedoch soll wiederum erinnert werden, dass diese den heutigen Anforderungen der Arbeitswelt an »flexible Menschen« entsprechen.

Wer sich hingegen »tief« in eine Beziehung einlässt, muss sich dessen bewusst sein, dass zur Verwurzelung Nährstoffe benötigt werden und dass man die nicht immer von der geliebten Person erwarten darf. Man braucht Ersatzquellen.

»Der Mensch lebt nicht vom Brot allein«, heißt es in der Bibel[70], sondern von jedem Wort, das aus dem Mund Gottes – und Gott ist Liebe[71] – hervorgeht. Dass erfahrene wie auch gelebte Liebe Energie gibt, kennt jedermensch, der sich schon einmal bewusst in diesem »Flow« befunden hat. Aber: »Ein Mensch kann sich glücklich oder unglücklich machen, unabhängig davon, was tatsächlich ›draußen‹ geschieht,« weiß Mihaly Czikszentmihalyi, von dem der Begriff des Flow stammt, »indem er einfach den Inhalt seines Bewusstseins verändert.«[72]

Doch auch die stimmungsmäßige Einfärbung dieses »Inhalts des Bewusstseins«, ergänze ich, wahrzunehmen und willentlich zu verändern, würde zu dieser Selbststimulation reichen; man muss sich nur entscheiden, in welcher Gefühlslage man sich befinden will – so wie ein Schauspieler, wenn er sich in eine Rolle »einfühlt«.

Viele Menschen, denen ich das in meinen Selbstcoachingseminaren[73] vermittle, protestieren dann, weil sie meinen, damit ihre Authentizität zu verlieren. Aber wenn sich ein Fluss ein neues Bett gräbt, ist er dennoch authentisch, bitte ich dann zu bedenken. Wir spielen ohnedies immer Vor-Bilder nach – warum also nicht die geistige Abhängigkeit von diesen lösen und bessere als die ursprünglichen finden? Und: Wenn man die Wahl hat, im Zustand verbitterter Einsamkeit, gieriger Hoffnung oder geduldiger Liebe – Selbstliebe eingeschlossen – zu leben – welche dieser Befindlichkeiten fördert Gesundheit – die eigene wie fremde – am meisten?

Allerdings soll nicht verschwiegen werden, dass es dazu unaufhörlicher Übung bedarf. Mönche oder Nonnen haben dazu den ganzen Tag Zeit, und auch gleich gesinnte Gemeinschaft, und überdies die Ausrichtung ihrer Liebe auf Gott. Laien sollten eigentlich schon von ihren Bezugspersonen der frühen Kindheit Anleitung bekommen, nur wissen die selbst nicht, wie mit den eigenen Leidenschaften umzugehen ist. Csikszentmihalyi schreibt dazu: »Wie andere komplexe Formen von Wissen, etwa ein reifes politisches Urteil oder ein hochentwickeltes ästhetisches Gespür, muss das Wissen von jedem Individuum durch Ausprobieren und Irrtümer angesammelt werden, von einer Generation auf die nächste. Kontrolle über das Bewusstsein ist keine bloße kognitive Fähigkeit. Außer dem Einsatz von Intelligenz bedarf es dazu mindestens ebensosehr der Emotionen und des Willens. Es reicht nicht, zu *wissen*, wie man es tut, man muss es *tun*, unaufhörlich, genau wie Sportler und Musiker immer wieder üben müssen, was sie theoretisch genau wissen.«[74]

Flow eröffnet die Dimension zur spirituellen Gesundheit, und unbewusst suchen alle Menschen deshalb nach der Möglichkeit zu lieben und geliebt zu werden – außer sie haben diese Hoffnung auf-

Zur Verwurzelung werden Nährstoffe benötigt.

gegeben. Aber der Leidensweg zu diesem Resignationspunkt erfolgt nicht als plötzlicher Absturz – er geht Schritt für Schritt vor sich.

»Jeder Tat geht ›eine langsame, konsequente Entwicklung voraus‹«, zitiert Joachim Bauer den Kriminalpsychologen Thomas Müller (* 1964).[75] Aber auch jedes andere Verhalten besitzt eine »Historie«: Es ist »erlernt«, d. h. basiert auf der mehr oder weniger langsamen Entwicklung einer begründenden Neurosignatur, und eben deswegen ist es auch möglich, mit bestimmten psychotherapeutischen Methoden bis zu der auslösenden »Urszene« zurückzukehren. Das gilt für die Person, die sich aus der Gesellschaft in Einsamkeit zurückgezogen hat, ebenso wie für die Person, die auf leiseste Signale der verlorenen Hoffnungen vor der Wahl der Einsamkeit reagiert – bei anderen, aber auch bei sich selbst.

Hinter jeder der von Anne Wilson Schaef beschriebenen Variationen von Beziehungssucht steht ein Erlebens- und Verhaltensmuster von Abhängigkeit – oder umgekehrt mangelnder Fähigkeit oder aber Bereitschaft zur Unabhängigkeit. Dies deutet auf den verinnerlichten Glaubenssatz hin, man müsse unbedingt an dieser aktuell einzigen Zugehörigkeit festhalten, weil man sonst nie wieder eine Chance auf engen Kontakt zu jemand Neuem bekäme – so »unmöglich« sei man.

Zweierbeziehungen scheitern häufig an der Unvollständigkeit der Person, deren Ergänzung sie im andern sucht, weiß der Psychologe Ulrich Beer (1932–2011), aber damit wird der andere überfordert. Beer schreibt, dass der wiederum Alleingebliebene merke, dass er im Grunde »sich selbst, seine innere Ergänzung, seine Vollständigkeit« suche, und diese, wenn auch unfreiwillige, Einsamkeit sei die Chance, sich selbst zu finden.[76] Er vergisst dabei, dass viele gar nicht ihre Vollständigkeit suchen als vielmehr jemanden, der mit seiner oder ihrer Liebe die alten Wunden der Missachtung und Demütigung aus Kindheit und Jugend heilt. Anne Wilson Schaef schreibt dazu, dass die ausersehene Person dann oft verbissen in das Fantasiebild gezwängt werde.[77]

Bert Brecht fällt mir ein mit seinen Geschichten vom Herrn Keuner, und darin »Wenn Herr K. einen Menschen liebte«: »Was tun Sie«, wurde Herr K. gefragt, »wenn Sie einen Menschen lieben?« – »Ich mache einen Entwurf von ihm«, sagte Herr K., »und sorge, dass er ihm ähnlich wird.« – »Wer? Der Entwurf?« – »Nein«, sagte Herr K. »Der Mensch.«[78]

Sexsucht

Sexsucht definiert Schaef als »eine Besessenheit, eine Überbeschäftigung mit Sex, bei der alles und jedes mit Sex in Verbindung gebracht wird und alle Wahrnehmungen und Beziehungen unter einem sexualisierten Licht gesehen werden.«[79] Ich kann das aufgrund meiner psychotherapeutischen Erfahrungen nicht bestätigen. Aus meiner Sicht sind sogenannte sexsüchtige Personen von ihren selbst produzierbaren körpereigenen Drogen wie etwa dem Adrenalinstoß bei verpönten Handlungen abhängig geworden: Da ist der Journalist, der jede Frau seines »Beuteschemas« anmachen muss – und das Interesse verliert, sobald die »Jagd« erfolgreich abgeschlossen ist. Da ist die geschiedene Buchhalterin, die jeden Abend aus der Einsamkeit ihrer Garconniere auf das Abenteuer »Beiseltour« geht – nur auf einen Schlummertrunk, wie sie sich einredet, in Wirklichkeit aber in der Hoffnung auf den Kick eines »Aufrisses« und eines One-Night-Stands; am nächsten Morgen kommt dann der Katzenjammer und verstärkt die latente Depressivität nach der unverarbeiteten Trennung vom Langzeitehemann. Da ist aber auch der Baumeister, der sich trotz einer intakten Paarbeziehung immer wieder vor und in Swingerclubs findet, obwohl er diese vom Denken her meiden will – gerade so wie der Alkoholabhängige den Weg in die Kneipe nicht realisiert, sondern erst, wenn er das zweite Viertel bestellt, wahrnimmt, wo er sich befindet und was er tut bzw. getan hat. Ich nenne das »Suchttrancen«: Die Selbstkontrolle – und das Entsetzen über die möglichen Folgen – setzt erst ein, wenn es zu spät ist: wenn es gilt, »daheim« eine Geschlechtskrankheit zu beichten oder uneheliche Nachkommenschaft, Erpressungen mittels Handy-Fotos oder das Ertapptwerden im Bordell bei einer Razzia. Aber auch der Ehemann, dessen Voyeurismus sich nur auf Druck- oder Filmwerke bezieht, spielt mit der Vorlust des Grusels beim Ertapptwerden – ebenso wie der Stalker, der fremde Frauen oder Kinder mit obszönen Anrufen belästigt, auf seine Lust aus der Empörung zielt oder aus der Macht, jemanden in Angst und Schrecken oder blinde Gehorsamkeit versetzt zu haben. Es geht immer um Energiegewinn auf Kosten anderer.

Dazu tritt noch die Problematik der »steigenden Toleranz«: Süchtige benötigen immer höhere Dosen ihres Suchtmittels, um den erwünschten Effekt zu erzielen. So klagte ein Klient, der aufgrund eines Zeitungsartikels die Sexualberatungsstelle aufsuchte, in der ich eine Zeitlang[80] mitgearbeitet hatte, er sei total abgestumpft durch zu viel Pornografiekonsum und reagiere nicht mehr auf die klassischen sexuellen Anreize – außer solche (Zitat) »mit Unschuld«, also mit Kindern – so wie Schaef schreibt: »Mit der Zeit verändern diese Süchte – genau wie die substanzgebundenen Süchte – sogar Einstellungen und Denkvermögen, und sie verlangen bei fortgeschrittener Krankheit nach einer immer größeren ›Dosis‹, um den ›Rausch‹ zu erleben.«[81]

Meine Erfahrung mit pädosexuell orientierten Sexsüchtigen hat mir aber auch aufgezeigt, dass sich diese zumeist mit den Kindern identifizieren und die im Spiegelprozess übernommene Erregung durch Angst und Grauen für sexuelle Lust halten. Irgendwann in ihrer Entwicklung haben sie dieses Muster entwickelt – zumeist durch Masturbation als Beruhigungsmittel, wenn sich ihnen als Kindern oder Jugendlichen ein bedrohlich erregter Mann genähert hatte.

Doch selbst diese verquere Musterbildung verschafft Energiezuwachs – der Körper macht sich bereit für einen Kampf ums Überleben wie in jeder anderen die Sicherheit gefährdenden Situation und holt dazu seine Energiereserven hervor. Man hat dann das

Gefühl, dass man wächst – kurzfristigst. Und wieder ist es die Erregungsqualität der Adrenalinausschüttung, auf die man süchtig werden kann – vorausgesetzt, dass das Gedächtnismuster eine »erleichternde« Beendigung der Hochstresslage beinhaltet. So schwärmt auch der Soziologe Peter Redvoort: »Eine kleine Ekstase in meinem sonst so beherrschten Männerleben. Ein bisschen Freude in der Midlife Crisis. Eine heftige Fantasie in meiner gewaltfreien Höflichkeit. Ein kleines Männermärchen in einem Alter, in dem wir keine Comics mehr lesen dürfen.« Wieso eigentlich nicht? Und dann aber, bereits um einiges ehrlicher: »Ein Trichter, in den ich so manche Hoffnung und Sehnsucht hineingeschüttet habe, um mir in ein paar Minuten eine kleine Erfüllung zu verschaffen, weil ich zu bequem geworden bin, konsequenter auf die Erfüllung dieser Sehnsüchte hinzuarbeiten.«[82]

Pseudo-Beziehungen

Das Wort Beziehung wird vielfach benützt, um auszudrücken, dass jemand solch einen regelmäßigen Kontakt zu einer Person hält, aus dem eine Zukunftsperspektive offizieller Legitimierung ableitbar wäre; vor einem halben Jahrhundert sprach man bei einer solchen Konstellation nur davon, dass jemand eine »Bekanntschaft« habe. Das war wesentlich zutreffender.

Ursula Nuber zitiert den schottischen Psychiater Ronald D. Laing (1927–1989) mit den Worten: »Jede Beziehung bedeutet eine Definition des Selbst durch den anderen und des anderen durch das Selbst«, und erklärt, wenn dieser andere fehle, wenn wir also egal, was wir tun, bei niemandem eine Reaktion finden, dann fühlten wir uns zwangsläufig innerlich leer.[83] Wenn wir aber niemanden so nahe an uns heranlassen, dass »das Selbst« erlebbar wird, sondern höchstens ein (Körper)Teil davon, schützen wir uns davor, seelisch-geistige Leere zu erkennen. »In der Suche nach und der Orientierung auf Erregung hin findet wiederum die [...] Umzentrierung statt: statt der Fähigkeit zum Alleinsein die Vorstellung eines leeren

Innen, das von außen durch Erregungszufuhr ausgefüllt werden soll«, entschlüsselt der Psychoanalytiker Gerhard Schneider, wie der Mensch Warencharakter bekommt.[84] Dazu ergänze ich: Auch »Zubehör« sind Waren und manche Menschen bekommen Zubehörcharakter.

In süchtigen Beziehungen – Schaef spricht von Pseudo-Beziehungen[85] – gilt das Interesse nicht der jeweiligen Partnerperson, sondern diese dient nur als Komparse für die eigene Inszenierung – entweder von »großem Theater« oder für den öffentlichen Auftritt »mit Begleitperson«. Innerlich bleibt man jedoch einsam, denn in einer »echten«, d.h. nicht nur gespielten Beziehung wird »von Herz zu Herz« kommuniziert und damit Herzensenergie ausgetauscht und nicht nur ein mehr oder weniger großes Quantum Körpersekrete: Beide sind einander gleich wichtig und kostbar; man will den anderen bis in seine Seelentiefe erspüren und wissen. Das beinhaltet auch das biblische Wort vom Einander-»Erkennen« – es meint nicht nur die sexuelle Verschmelzung, sondern gleichzeitig die seelisch-geistige.

Aber auch die weniger auf den Reiz neuer sexueller Abenteuer erpichten Romanzensüchtigen suchen ein ganz bestimmtes narzisstisches Gefühlserlebnis – nur brauchen sie dazu eine sentimentale, manchmal aber auch dramatische Inszenierung im Sinne von »Seht her, wie bin ich doch zärtlich« oder »leidend«. So schilderte mir eine Klientin, die sich unsterblich in einen fachfremden Hochschulprofessor verliebt hatte, ihr Erfolgserlebnis, von ihm in Abwesenheit seiner Ehefrau zum privaten Abendessen eingeladen worden zu sein: Er hatte auf jeder Stufe der breiten Empfangstreppe in dem Palais, das er bewohnte, eine brennende Kerze samt Rosenblatt platziert – und diese Wegweisung führte direkt in sein repräsentatives Schlafgemach. Hier tritt zur Selbstinszenierung die Schaulust

Einsamkeit ist nicht gleich Alleinsein.

am Hinschmelzen der üblicherweise wenig von »Filmszenen im Alltag« verwöhnten Weiblichkeit. Allein das Ausmalen des szenischen Aufbaus kann Tage mit Vorlust füllen – die Nachlust allerdings währt dagegen meist nur einen Tag –, wenn es nicht zum »tiefen« Gefühlsaustausch kommt.

Üblicherweise sind es eher Frauen, die sich mit romantischen Tagträumen vor der Einsamkeit in ihren Pseudo-Beziehungen zu retten versuchen. Einsamkeit ist nicht gleich Alleinsein – man kann auch zu zweit und zu mehrt sehr einsam sein, wenn man nicht vom Blick oder Herzen berührt wird.

Eindeutig Beziehungssüchtige können auf eine Idee fixiert sein oder auf eine Person: Im ersten Fall dreht sich das gesamte Denken und Handeln nur um »Geiselnahmen« – so wie bei den Freundinnen in *Sex and the City*, einer Satire, aber leider mit Nachahmungswirkung. Anne Wilson Schaef schreibt: »Männer, die von Beziehungen abhängig sind, glauben, ohne eine Frau nicht leben zu können; beziehungssüchtige Frauen dagegen sind der Ansicht, dass sie ohne einen Mann keine Identität haben. Egal, ob heterosexuelle, schwule oder lesbische Beziehungssüchtige, sie alle *brauchen* einen Partner. Für diese Menschen ist es absolut wichtig, Hälfte eines Paares zu sein. Menschen, die unter dieser Sucht leiden, beziehen ihr Selbstbild aus der Beziehung.«[86] Zerbricht die Beziehung, droht auch das gewohnte Selbstbild zu zerbrechen. Dieser Gefährdung unterliegen aber nicht nur Beziehungssüchtige, sondern wir alle.

Verluste benötigen »Trauerarbeit«, und die Lehrzeit dazu sollte in frühester Kindheit beginnen, wenn etwa ein geliebtes Spielzeug kaputtgeht. Leider werden kleine Kinder in diesen Situationen »niedergetröstet«, anstatt dass man ihren Schmerz verständnisvoll akzeptiert und sie in Ruhe austrauern lässt.

Besonders tragisch sind die gar nicht so seltenen Fälle, wo ein römisch-katholischer Priester einer Frau zuliebe Beruf und Berufung entsagt und dann die Ehe zerbricht. Ich kenne etliche solche Fälle, wo der Mann der Frau nur Vaterersatz, Seelentröster oder Trophäe bedeutete, aber keinen Anlass für Achtsamkeit und Verantwortung für einen gemeinsamen Lebensplan.

Joachim Bauer schreibt: »Mit Blick auf die Schmerzgrenze besonders prekär sind Trennungserfahrungen. Die Ablösung Jugendlicher aus dem Elternhaus, Trennungen von Paaren, das Auseinanderbrechen einer Familie oder Scheitern einer Freundschaft sind unvermeidliche Ereignisse, sie sind Teil des Lebens. Zugleich tangieren sie in empfindlicher Weise die Schmerzgrenze und bilden, vor allem wenn sie mit Demütigungen verbunden sind, typische Auslöser für Aggression und Gewalt«, und er betont: »Soziale Ausgrenzung und Demütigungen sind Erfahrungen, die nicht nur einzelne Menschen, sondern auch Gruppen, ja ganze Völker bzw. Nationen machen können.«[87]

Vor allem geschiedene Frauen werden mittels sozialer Ausgrenzung gedemütigt. Sie werden nicht mehr eingeladen und ihre Kontaktversuche werden abgeschmettert. So erklärte einmal eine »beste Freundin«, warum sie und ihr Mann nun nicht mehr mit der frisch Geschiedenen wie gewohnt gemeinsam ausgehen könnten, mit dem Satz: »Wir können jetzt nicht mehr gemeinsam zum Heurigen gehen – der Norbert hat ja jetzt niemand mehr zum Reden!«

»Alleinstehende Menschen sind – aus welchem Grund auch immer sie allein sind – eine Gefahr für die ›gepaarte Gesellschaft‹«, weiß Anne Wilson Schaef. »Menschen, die nicht Teil eines Paares sind, finden nur schwer sozialen Anschluss – sie gehören einfach nicht dazu.«[88] Dabei liegt hier ein Mangel an Sozialkompetenz der Gesellschaft vor – aber in der gegenwärtigen Überindividualisierung wird sofort eine Ursache oder gar Schuld beim Einsamen gesucht. »Der Bezug auf persönliche Verantwortung ist eng mit den Idealen der persönlichen Leistung und Eigeninitiative verbunden«, erinnert der Soziologe Alain Ehrenberg (* 1950).[89] Nun mag schon die eine oder andere einsame Person Verhaltensweisen aufzeigen, die das Zusammenleben belasten und daher in allfälligen Partnerschaftsversuchen bald Fluchttendenzen auslösen; in diesen Fällen konnte ich oft nörgelnde Eltern feststellen, die ihren Nachwuchs entweder endlich loswerden oder aber nur ja nicht »zurückbekommen« wollten. Damit bewiesen sie ihre eigene Inkompetenz in der Gestaltung einfühlsamer Beziehungen – und diese ließ sich bis in die Zeit ihrer Erziehungspflichten nachvollziehen.

Schaef erinnert aber auch daran, dass schon Teenager zur Beziehungssucht verführt werden: »Die Modelle, von denen sie umgeben sind, und die Songs, die ihnen unentwegt in die Ohren dröhnen, bereiten sie auf ihre zukünftige Rolle als Beziehungssüchtige vor. Ständig wird uns eingetrichtert, dass wir als Paar auftreten müssen, wenn wir als ›komplett‹ erscheinen wollen, doch bei den als Modellen zur Verfügung stehenden Beziehungen handelt es sich ausschließlich um süchtige und nicht intakte Beziehungen.« Dazu kommt noch der realitätsfremde Glaubenssatz, dass Partner in einer Beziehung immer zusammen sein müssten. »Zeiten, in denen wir voneinander getrennt sind, sind bedeutungslos und werden nur leidvoll erduldet, denn schließlich verleiht erst die Beziehung unserer Existenz einen Wert«, umschreibt Schaef den Inhalt dieser häufigen Suggestion.[90] Die evangelische Theologin Dorothee Sölle (1929–2003) betont demgegenüber: »Alleinsein-Können gehört zur menschlichen Würde.«[91] Und Gerhard Schneider verteidigt Winnicotts Forderung nach der »Fähigkeit, sich zurückzuziehen, ohne dass die Identifikation mit dem verlorengeht, wovon man sich zurückgezogen hat«, weil er in der Fähigkeit zum Alleinsein die Voraussetzung dafür sieht, »den anderen in seinem Anspruch darauf anzuerkennen, *auch* ein isoliertes Für-sich zu sein und zu bleiben«.[92]

Durch zu viel Nähe werden Beziehungen erstickt; dass der gesündere Teil des Paares rechtzeitig flüchtet, verstärkt aber nur die einsame Fantasie, der zurückgebliebene Teil hätte sich eben mehr anstrengen müssen. In Beratungen höre ich dann oft den Satz: »Ich habe es nicht geschafft, ihn (seltener sie) zu halten!«, wobei Halten im Sinne von Anleinen gemeint wird. Diese Denkweise orte ich als Relikt aus dem 19. Jahrhundert, als Frauen Männer noch zur Existenzsicherung benötigten und Männer Frauen zur Basisversorgung.

Aggression und Gewalt richten sich meist bei Männern gegen »Außenfeinde«, Partner/innen mitgemeint, bei Frauen hingegen gegen sich selbst: Man zieht sich zurück – in Zynismus, vor Bild-»Schirme«, in die Selbstbetäubung, in die Einsamkeit.

Entzugsschmerzen

Ich erinnere mich an eine meiner Studentinnen, die auf den Bericht einer Pädagogin über ihr Lampenfieber bei außerschulischen »Auftritten« mit dem triumphierenden Kommentar reagierte: »Aha – ein Adrenalin-Junkie!« Dass sie selbst beziehungssüchtig war und stets auf Reisen quer durch Partnerbörsen und Internetforen, immer auf der Suche nach Mister Right, und sich so ihren Adrenalinstoß organisierte, war ihr nicht bewusst. Nur: Mister Right betreibt keine »Selbstreklame«, daher steht er in keiner Auslage. Selbst-PR betreiben, abgesehen von denjenigen, deren Beruf aktive Öffentlichkeitsarbeit erfordert, hauptsächlich Menschen mit »Marketing-Charakter« (© Erich Fromm), denen Gelassenheit fehlt und im Zuge einer fortschreitenden Individualisierung auch selbstverständliche Zugehörigkeiten (zu einer »Glaubens«-Gemeinschaft, wozu auch politische Parteien, identitätsstiftende Firmen oder »große Familien« zählen); eines ihrer prägendsten Merkmale ist die Orientierung an Bewunderung.[93]

Wenn plötzlich etwas, an das man sich gebunden hatte oder auch das man nur gewohnt war, wegfällt, geht mehr als nur Anwesenheit verloren; egal ob eine Scheidung oder Trennung von Lebensgefährten aus eigenem Antrieb herbeigeführt wurde – es gleicht einer Amputation und führt analog meist auch zu »Phantomschmerzen«, oft mit großer Zeitverzögerung. So kenne ich viele Fälle, wo Ehefrauen, die unter einem psychisch kranken Gatten gelitten hatten und sich nach dessen Verschwinden erlöst und erleichtert fühlten, wunderten, als der Ehemalige nach einiger Zeit plötzlich regelmäßig in ihren Träumen auftauchte, mal idealistisch verklärt wie in den Anfängen ihres Zusammengehens, mal in der Albtraumversion des Abschieds – ein Hinweis, dass diese Phase in ihrem Leben noch nicht »aufgearbeitet« war. Denn nur ohne Scheu Episoden zu erzählen – was nach Schaef ein Symptom von Pseudo-Beziehungen darstellt –, bedeutet bloß kurzfristiges Druck-Abladen, aber keinen innerseelischen Tiefgang.

Jede Person, die einmal eine Fastenkur durchgestanden hat, weiß: Die ersten zwei, drei Tage sind die schlimmsten; man fiebert, fühlt sich unleidlich und steht im Dauerkonflikt mit dem »inneren Schweinehund«, der zur Nahrungsaufnahme drängt, und um Speis und Trank drehen sich auch die sich andauernd meldenden Zwangsgedanken rund um Kühlschrank und Weinkeller.

Auch in Beziehungen wird Unverdauliches gehortet, weil man das Gefühl der Leere scheut. So wie sich viele Menschen nicht gerne die Hände waschen, obwohl sie nachher die Empfindung von Sauberkeit statt Saubärkeit wohl genießen, weil ihnen die Prozedur der Einseifens, Rubbelns und Abtrocknens zu anstrengend ist – ein klassisches Zeichen von Depressivität! –, vermeiden viele aus ähnlichen Gründen die Entmüllung ihrer Seele, weil sie fürchten, die anschließende große Leere nicht zu ertragen.

Tatsächlich befindet man sich dabei in einem Zustand der »Reinigung«. Sind es dort belastende Schlackstoffe, die aus dem Körper ausgeschwemmt werden, sind es hier alte Stresshormonausschüttungen und energetische »Reliquien«, die aus Geist und Seele eliminiert werden müssen. Zum »energetischen Müll« gehören aber auch die Andenken, die Raum für etwas Neues blockieren. So pflege ich immer die Testfrage zu stellen, ob im Kleiderkasten Platz für die Mitbringsel bei Zuzug eines oder einer Geliebten wäre, und be-

»Alleinsein-Können gehört zur menschlichen Würde.«

komme meist die empörte Antwort: »Natürlich nicht! Den Platz brauche ich für mich!«

Den eigenen Platz in der Gesellschaft zu finden, ist eine Lebensaufgabe, denn er kann sich von Zeit zu Zeit verschieben, und er ist von der »Duldung« oder dem »Willkommen« der anderen abhängig. Das kann heftige Konflikte auslösen. Dennoch sollte er nicht in der Anbiederung oder gar Fesselung an jemand anderen bestehen, nicht einmal in der Fantasie – denn das behindert Beweglichkeit, Wachstum, Lebendigkeit und damit auch die Möglichkeit des Austausches mit anderen.

4 Die Einsamkeit der Außenseiter
Warum Außenseiter so gefährlich sind

Wie leicht sich die Mundwinkel nach unten ziehen lassen,
leichter als zum Lächeln hinauf.
Die Schwerkraft und die Abschätzigkeit
machen gemeinsame Sache.

IRENE SUCHY[94]

Viele Menschen kommen in Beratung oder Psychotherapie, weil sie
die Frage quält: Bin ich normal? Oft wurde ihnen Abnormalität zugeschrieben – von Eltern, Lehrern, Konkurrenten. »Du bist doch
nicht normal!« Oft genug gehört, glaubt man der Fremdzuschrei-
bung – ganz im Sinne des berühmten Soziologen Norbert Elias
(1897–1990), der erinnerte: »Gib einer Gruppe einen schlechten
Namen, und sie wird ihm nachkommen.«[95]

Viele inkompetente Erzieher wähnen, Abwertungen und Beschimpfungen würden genügen, um zur Selbstverbesserung anzu-
spornen. Tatsächlich bewirkt dies aber nur psychische Verletzungen, und diese gleichen durchaus körperlichen. So klärt der
Neuropsychiater Joachim Bauer eindringlich auf, dass die Schmerz-
zentren des Gehirns auch dann reagieren, wenn ein Mensch sozial
ausgegrenzt oder gedemütigt wird.[96] »Fehlende Zugehörigkeit zu
einer Gruppe und Zurückweisung durch andere Menschen sind die
stärksten und wichtigsten Aggressionsauslöser«[97], zeigt Bauer auf,
und: »Wer sich der Schmerzgrenze eines Lebewesens nähert, wird
Aggression ernten«, allerdings wird sich diese Aggression, wenn sie
sich nicht gegen die Schmerzursache selbst richten kann, »gegen
beliebige, zufällig anwesende Artgenossen« richten. Diese Verschie-
bungen finden auch dann statt, wenn für die Aggressiven erkenn-

bar ist, dass die anderen keine Schuld an der Verursachung des Schmerzes hatten.[98] Das erklärt, weshalb so viele Aggressionsopfer vergeblich Schuld bei sich suchen, wenn sie mit beruflichen wie auch privaten Feindseligkeiten konfrontiert sind. Immer wieder höre ich in Beratungs- oder Therapiegesprächen die Frage: »Warum tut er/sie mir das an? Ich habe ihm/ihr doch nichts getan?« Dann antworte ich lapidar: »Weil er/sie das will.« und setze je nachdem hinzu: »Zur eigenen Entlastung.« oder »Weil es ihm/ihr Spaß macht, andere zu quälen.« In der Psychoanalyse spricht man vom Wiederholungszwang, wenn jemand anderen genau das antut, was ihm oder ihr selbst widerfahren ist.

Wer sich allerdings gegen diese Unbill wehrt, wird leicht zum Außenseiter bzw. »Spaßverderber« abgestempelt. Die soziale und damit auch psychische Gesundheit anderer Menschen zu schädigen, ist jedoch kein Spaß – auch wenn das die sich selbst als Scherzbolde Verteidigenden behaupten. Es fehlt diesen Bosheitshumoristen einfach an Einfühlungsvermögen; sie haben sich irgendwann als Überlebensstrategie mit den Gewalttätern identifiziert, von denen sie sich diese Formen der Kleinmacherei abgeschaut haben.

»Die zum Aggressionsapparat zählenden Komponenten des Gehirns fühlen sich nicht nur angesprochen, wenn Schmerz am eigenen Leib erlebt wird, sondern auch dann, wenn wir beobachten, wie jemand anderem wehgetan wird«, führt Bauer aus und erinnert wie so oft, dass die erst vor Kurzem entdeckte Untergruppe von Nervenzellen, die sogenannten Spiegelneurone, dafür sorgen, dass wir nicht nur das, was uns selbst angetan wird, sondern auch das, was andere erleiden, in uns fühlen können.[99] Leider kann man sich dieses urtümlich vorhandene Mitgefühl auch abtrainieren – beispielsweise, indem man bei Filmen aufkeimende Rührung unterdrückt. In der traditionell brutalen militärischen Erziehung[100] wurden und werden immer noch empathische Reaktionen durch Spott und Demütigungsrituale verhöhnt. Damit sollen spontane Mitgefühlsreaktionen Feinden gegenüber unterbunden werden – um den

Preis, dass diese dann auch in Privatsituationen abgewürgt werden, wenn die Gefahr von Verachtungsreaktionen droht, ja dieses Verhaltensmuster kann sich sogar so weit verselbstständigen, dass Menschlichkeit insgesamt abgewehrt wird.

Virginia Satir, eine der Begründerpersönlichkeiten der systemischen Familientherapie, nennt Menschen mit dieser Kommunikationsstörung neben drei anderen universellen Reaktionsmustern, die Menschen unbewusst anwenden, um eine drohende Ablehnung zu vermeiden, »Computer«. Über alle vier schreibt sie: »In jedem Fall fühlt der Mensch die Bedrohung und reagiert auf sie, aber weil er ›Schwäche‹ nicht offen zeigen möchte, versucht er sie auf folgende Weisen zu verbergen: 1. Durch Beschwichtigen (placate), so dass die andere Person nicht ärgerlich wird; 2. Durch Anklagen (blame), so dass die andere Person ihn als stark ansieht (wenn sie weggeht, ist es ihre Schuld, nicht seine); 3. Durch Rationalisieren (compute), woraus sich ergibt, dass er die Bedrohung als ganz harmlos ansieht. Er versucht, seinen Selbstwert durch den Gebrauch großer Worte zu festigen; 4. Durch Ablenken (distract) ignoriert er die Bedrohung und verhält sich, als sei sie gar nicht da (vielleicht verschwindet sie wirklich, wenn er das lang genug macht).«[101]

Auf genau diese Arten werden auch Außenseiter »produziert«: Wenn ein Kind – und später ebenso ein erwachsener Mensch – eine schmerzliche Erfahrung macht und soziale Unterstützung zur Wiederherstellung seiner psychischen »Wundreinigung« sucht, trifft er oder sie meist auf Personen, die das Geschehen abwiegeln (»Das ist ja nicht so wichtig ...«, »Bis du heiratest, ist alles wieder gut« oder »Was glaubst du, was ich erst alles hab durchmachen müssen ...«) oder noch einen Schlag draufgeben (»Du kannst gleich eine Ohrfeige haben, damit du weißt, weshalb du weinst!«, »Bist ja eh selber schuld, so wie du dich aufführst ...«), die »mauern«

Ignoranz ist auch eine Form von Gewalt.

(»Was ist denn da dabei?«, »Ich verstehe nicht, was du schon wieder hast ...«) oder zusammenhangslos von irgendetwas anderem zu schwätzen beginnen.

Ignoranz ist aber auch eine Form von Gewalt.

Ausgrenzungen

Wir sollten uns eine grundsätzliche Achtsamkeit zu eigen machen und auf entwürdigendes Verhalten verzichten, mahnt Joachim Bauer. »Viele Familien sind, ohne sich dessen bewusst zu sein und ohne dies zu wollen, Brutstätten für eine spätere Gewaltbereitschaft der in ihnen lebenden Kinder. Kinder, die keine zuverlässigen Bindungen zu ihren Bezugspersonen haben, um die sich kaum jemand kümmert und für die niemand Zeit hat, leben im Zustand der Ausgrenzung.«[102]

Soziale Akzeptanz fordert Bauer aber nicht nur in Familien und Ausbildungseinrichtungen ein, sondern auch am Arbeitsplatz: Vorgesetzte und Führungskräfte sollten darauf verzichten, in den von ihnen geführten Teams Spaltungen zu erzeugen. Aber wie sieht es darüber hinaus in der Gesellschaft aus?

Es beginnt mit all denjenigen, die nicht dem Durchschnittsbild der jeweiligen Bezugsgruppe, Eltern mitgemeint, entsprechen. Da gibt es beispielsweise in einer Familie, in der die Männer seit Generationen körperlich sehr aktiv sind, Leistungssportler und/oder Sportlehrer, plötzlich einen Sohn, der sich primär für Informatik, Quantenmechanik und Astrophysik interessiert und um keinen Preis der Welt dazu zu bewegen ist, an sonntäglichen Wanderungen, geschweige denn Schiausflügen, Tenniscamps oder auch nur Wettschwimmen teilzunehmen. Nur über das Internet findet er Gleichgesinnte – und die braucht er auch, wird er doch vom unverständigen Vater als Nerd abgelehnt; auch dies ist erklärbar – rührt er doch mit seinem Fachwissen an Unzulänglichkeiten und Bildungsmängel der Vorgeneration.

Ähnlich geht es den sogenannten HSP – hochsensiblen Personen.

»Da hochempfindliche Personen mehr und intensiver wahrnehmen, sind sie auch leichter zu verunsichern und zu stören«, weiß der Gründer der spezifischen Selbsthilfegruppe Georg Parlow (*1956). Nicht nur in der Familie, sondern besonders in Gruppen Gleichaltriger bekommen solche Menschen schon als Kinder den Eindruck, es wäre mit ihnen etwas »nicht in Ordnung«. Sie sind lärmempfindlicher, nehmen angebliche Scherze wörtlich, werden durch Grobheiten verwirrt, sind schneller erschöpft und werden daher als Spielverderber eingeschätzt;[103] gibt es Wahlmöglichkeiten wie beispielsweise im Turnunterricht, bleiben sie meist über. »Die Erkenntnis, sich nicht anpassen zu können, weil man zu verschieden vom Großteil der Mitmenschen ist, kann es sehr schwer machen, einen stimmigen Platz im Leben zu finden, ja es kann sogar so weit kommen, dass man meint, keinen Platz in der Welt zu haben.«[104]

In H.C. Andersens Märchen vom hässlichen jungen Entlein beginnt dessen Leidensweg bereits damit, dass die Mutter wegen des Rieseneis kritisiert wird. Als es dann auf der Welt ist, größer als die anderen Jungen und grau, sagen die anderen Enten ganz laut: »›Pfui, wie das eine Entlein aussieht, das wollen wir nicht dulden!‹ und sogleich flog eine Ente hin und biss es in den Nacken. ›Lass es in Ruhe!‹, sagte die Mutter. ›Es tut ja niemand etwas.‹ ›Ja, aber es ist so groß und ungewöhnlich‹, sagte die beißende Ente, ›und deshalb muss es gepufft werden.‹«[105] Es wurde gebissen, gestoßen und zum Besten gehalten, und das sowohl von den Enten wie von den Hühnern, schreibt Andersen, und von Tag zu Tag wurde es schlimmer. Als es aus dem Gehege flüchtet, flattern die kleinen Vögel in den Gebüschen auf – und das Entlein meint, das sei deshalb, weil es so hässlich sei. Die wilden Enten, auf die es danach trifft, registrieren zwar auch seine Hässlichkeit. »Aber das kann uns gleichgültig sein, wenn du nur nicht in unsere Familie hinein heiratest.«[106]

Während ich diese Zeilen schreibe, geistert eine Meldung durch die Medien, dass ein durch Hundebisse verunstaltetes Mädchen in Übersee aus einem Fastfood-Restaurant gewiesen wurde, weil es

die Augen der anderen Gäste beleidige. Als der Bericht der Großmutter öffentlich wurde, zahlte das Unternehmen Schadenersatz ...
Aber dann wurde nachgewiesen, dass das alles historisch nicht
stimmen konnte, und die Großmutter gab zu, sie habe mit der
»Story« Spendengelder für die Gesichtsoperation der Enkelin organisieren wollen ... Und deswegen blieben ihr die beträchtlichen
Summen dann doch. Gut erfunden – oder besser: gut eingeschätzt?

Die Mutter eines spastischen Mädchens erzählte mir einmal,
wie inkompetent die Eltern nicht behinderter Kinder reagierten,
wenn sie von ihren Kindern gefragt würden: »Was hat das Mädchen denn?«, wenn sie mit ihr im Rollstuhl spazieren fahre. Statt
einfach zu fragen, flüsterten die anderen Eltern »Pst!« und »Schau
weg!« und vergrößerten auf diese Weise nur die Unwissenheit und
Distanzierungsgewohnheit – abgesehen davon, dass sich die Mutter des behinderten Mädchens genau deswegen gekränkt fühlte. Sie
würde die Situation gerne erklären – vor allem aber, dass ihre Tochter genauso fühle wie andere Kinder, nur mit der Körperkoordina-
tion habe sie eben extreme Schwierigkeiten.

Dem hässlichen jungen Entlein wird wegen seiner Andersartig-
keit von Haushuhn und Katze sogar verboten, eine eigene Meinung
zu haben: »Bilde dir nichts ein, Kind, und danke deinem lieben
Schöpfer für all das Gute, das man dir erwiesen hat!«[107]

»Bilde dir nichts ein!« Wie oft hören wir alle diesen Satz in unserer Kindheit und Jugend! Mit ihm wird Wahr-Nehmung verboten –
denn wir alle »bilden« uns immer etwas ein – wir schaffen uns
geistige Bilder. Sich erst einmal ein vorläufiges Bild zu machen und
dann durch Perspektivenwechsel mit anderen Sichtweisen zu ergänzen, gehört zu den wichtigsten Lernaufgaben. Beim hässlichen
jungen Entlein ist es sein Spiegelbild im Wasser, das ihm zeigt, dass
es sich zu einem schönen Schwan entwickelt hat. Andersen resümiert: »Es schadet nichts, in einem Entenhof geboren zu sein, wenn
man nur in einem Schwanenei gelegen hat.«[108] Und noch einen
wichtigen Satz fügt Andersen zum Schluss seines Märchens an,

wenn er schildert, wie der nunmehr junge Schwan zurückdenkt, wie sehr er verfolgt und verhöhnt worden ist – und wie er nun bewundert wird und sich deswegen beschämt fühlt: »Ein gutes Herz wird nie stolz!«

Schönheit liegt im Auge des Betrachters, lautet ein Sprichwort, und dies ist ein kulturspezifisches Konstrukt – ebenso wie alle anderen Normzwänge.

Normzwänge

Aber was ist denn nun »normal« – sprich »die Norm«?

Als normal gilt beispielsweise, mit Mitte zwanzig verheiratet zu sein und ein bis zwei Kinder zu haben. »Ich gehe nächstes Jahr in Pension«, sagt mir eine Schulkollegin, Grundschullehrerin und Mutter von drei Kindern, »da möchte ich Enkelkinder haben.« Und sie setzt nach: »Was kann ich tun, damit meine Töchter endlich für Nachwuchs sorgen?«

Mag jemand aus welchen Gründen auch immer nicht heiraten – beispielsweise mangels Verliebtheiten oder auch ökonomischer Notwendigkeit –, wird hinter dem Rücken getuschelt, ob er oder sie gar schwul oder lesbisch sei. Oft kommen Eltern mit diesen »sexuellen Fantasien« in Beratung und wollen wissen, wie sie ihren Nachwuchs auf den »rechten Weg« bringen können. Genau dadurch entziehen sie aber ihren – ohnedies meist erwachsenen – Kindern den Beistand und die Zuwendung, die man braucht, um sich nicht in Einsamkeit zurückzuziehen. Gottlob gibt es heute in den Großstädten geförderte Einrichtungen, die gleichgeschlechtlich liebende Personen dabei unterstützen, ihren Platz in der Gesellschaft zu finden, zu bewahren und ihre soziale Gesundheit nicht durch Homophobiker gefährden zu lassen.

Kaum jemand ist mit der Sichtweise vertraut, dass die Verpönung gleichgeschlechtlicher Beziehungsformen bevölkerungspolitische Gründe hat: Für militaristische Nationen, die ihre hegemoniale Macht auf Kinder- und damit Soldatenreichtum gründen und daher meist Frauen gezielt mit Mutterschaftspropaganda umwerben, stellen homophile Subkulturen einen Bedrohungsfaktor dar.

Sich nicht offen zu der Person bekennen zu dürfen, die man liebt, kann – muss aber nicht – einsam machen. Es macht dann einsam, wenn man die andere Person zur Auffüllung narzisstischer Lücken braucht. Irgendwo schnappte ich einmal den Satz auf, es gehe in der Liebe um den Unterschied, ob man jemanden liebe, weil man ihn oder sie brauche – oder ob man jemanden brauche, weil man ihn oder sie liebe. Ein kluger Satz, hervorragend geeignet zur Selbstprüfung!

Auch wenn es derzeit in Westeuropa weitgehend zur Political Correctness zählt, gleichgeschlechtlich liebende Menschen nicht zu diskriminieren, werden nach wie vor abwertende Namensgebungen als Schimpfworte gebraucht; das hängt oft mit der Optik zusammen. Vor allem Frauen, die sich nicht an das Barbie-Puppen-Modell angleichen, werden häufig mit der Unterstellung konfrontiert, lesbisch zu sein, und übergriffig sexuell attackiert, um sie »umzudrehen«. Bei Männern kommt das meiner Erfahrung nach nur vor, wenn der Betroffene als devot eingeschätzt wird. So erinnere ich mich an einen als schwul vermuteten jungen Mann, der an seinem Arbeitsplatz mit Pornofotos von Frauen belästigt wurde, damit er »endlich normal« würde, und erst in Ruhe gelassen wurde, als er mit arbeitsrechtlichen Schritten drohte. Im Übrigen: Welche sexuelle Orientierung jemand sein Eigen nennt, geht niemanden etwas an (außer potenzielle Geschlechtspartner/innen).

Diskriminiert werden aber auch Menschen, die vom medial vermittelten Schönheitsideal abweichen – egal in welche Richtung: »Was ein Mann schöner is wie ein Aff, is ein Luxus«, weiß Torbergs Tante Jolesch.[109] Das war einmal. Heutzutage sorgt die allgegenwärtige Werbung für Normen wie Body Mass Index, Behaarungsverbote oder Schweißtabus. Meist ist die Zielgruppe, an die sich diese Diktate richten, weiblich. Damit wird jenseits der Realität der

Selbsterhaltungsfähigkeit das Frauenbild des 19. Jahrhunderts gepflegt, als Heirat die einzige Möglichkeit für soziale Verbesserung darstellte und daher Einsamkeit in der Vision, als »alte Jungfer« übrig zu bleiben, tatsächlich Existenzgefährdung bedeutete.

»Man kommt ja nicht als Außenseiter oder Querkopf auf die Welt«, erinnert Dorothee Sölle, »sondern gerät in Situationen des Abweichens, des Alleinstehens, des Dissens.«[110] Dann fühlen sich manche allein dadurch bedroht, weil die »besondere« (vom mittelhochdeutschen *sunder*, trennen, wie auch in abgesondert oder sonderbar) Person mehr Aufmerksamkeit bekommt. Meist liegt die Gefahr aber weniger im Äußerlichen als im Geistigen, wenn neue Ideen attraktiver sein könnten als die altgewohnten. Sölle erinnert daran, dass die Fähigkeit, sich zu unterscheiden, zu widerstehen, allein seinen Weg zu gehen und auch die Unabhängigkeit vom Urteil anderer eher Männern zugestanden wurde, nicht aber Frauen.[111] Ich erkläre das damit, dass Frauen als Mütter und Erzieherinnen der frühesten Kindheitsjahre eine größere Gefahr für revolutionäres Gedankentum darstellten als die traditionell abwesenden Väter. Zusätzlich wurde und wird ihnen Freizügigkeit im juristischen Sinn, also sich zu jeder Tages- oder Nachtzeit an jeglichem Ort ungefährdet bewegen zu können, verwehrt; nach wie vor sollen Frauen daheim und unter männlicher oder zumindest sozialer Kontrolle von ihren Verbesserungsbestrebungen abgehalten werden.

Es ist wichtig, zwischen den Begriffen Alleinsein, Verlassensein und Einsamkeit zu unterscheiden. Während Alleinsein und Verlassensein Tatsachen sind, gegen die man etwas unternehmen könnte – beispielsweise sie als vorübergehende Situation zu akzeptieren –, ist Einsamkeit ein Gefühl, das auch in Beziehungen, auch unter vielen Menschen, auch im Gespräch auftreten kann und vor allem Nicht-erkannt- und Nicht-verstanden-Werden einschließt.

Dem anderen Anerkennung und Verständnis zu verweigern, kann eine gezielte Verletzungsstrategie sein, die auch daraufhin ausgerichtet ist, die schweigende Mehrheit an Mitgefühl, Empö-

rung und Solidarisierung zu hindern und Rückzug zum Wunden-
lecken zu forcieren – oder eine blanke Angstreaktion auf befürchte-
ten Sicherheits- oder Machtverlust.

Angstabwehr

Diskriminiert wird, wer Angst macht – Angst, dass einem jemand
über den Kopf wachsen könnte. Das betrifft sogar die eigenen Kinder. »Alles, was in mir nicht großartig, gut und gescheit ist, muss
ich verachten«, zitiert die Schweizer Psychoanalytikerin polnisch-
jüdischer Abstammung Alice Miller (1923–2010) in ihrem Bestseller
Das Drama des begabten Kindes[112] die Folgen solcher elterlichen Abwertungen und erinnert: »Es gehört zu den bekannten und üblichen
Widersprüchen, dass Eltern diese (aus ihrem Neid sehr gut ver-
ständliche) Haltung der Missgunst und Rivalität dem Kind gegenüber einnehmen, es aber zugleich zur höchsten Leistung anspornen
und auf seine Erfolge (identifikatorisch) stolz sind.« [113] Ein klassi-
scher Doublebind. Transaktionsanalytisch würde das Lebensskript
lauten: Sei gut – aber ja nicht besser als ich!

Alice Miller zeichnet das Bild von der verborgenen »Requisiten-
kammer«, die jeder Mensch besitzt und in der sich die Requisiten
seines Kindheitsdramas befinden. Mit den eigenen Kindern kommt
neues Leben in diese verschlossene Kammer und das Drama erfährt
seine Fortsetzung[114] im Wiederholungszwang, »immer wieder das
nicht erinnerte Trauma zu inszenieren«, schreibt die Autorin, denn
dies sei die einzige Möglichkeit der Artikulierung für das damals
stumm gebliebene Kind[115] – aber für Erwachsene ebenso.

Ich selbst wurde beispielsweise von meinen Eltern auf Einsamkeit hin trainiert: Vermutlich haben sie gewähnt, ihr eigenes Über-
lebenskonzept ihrer Kindheit und Jugend sei das allerbeste. Ich
kann mich noch gut erinnern, wie mein Vater immer predigte:

»Der Starke ist am mächtigsten allein!«

»Nur nicht mit den Wölfen heulen!« und dabei Schiller zitierend: »Der Starke ist am mächtigsten allein!«[116] Wenn ich – wie in der individualpsychologischen Psychotherapie gerne gefragt – nachforsche, was meine frühesten Kindheitserinnerungen sind, fällt mir ein, dass ich viel auf den tiefen Fensterbrettern in der Altbauwohnung meiner geliebten Großmutter mütterlicherseits saß – die Ehewohnung meiner Eltern war ausgebombt –, unter denen sich halbhohe Einbaukästen befanden, sodass ich vermutlich Zwei-, Dreijährige bequem darauf lümmeln konnte, und einerseits den Menschen auf der Straße, andererseits im Hof zusehen konnte – sozusagen bereits eine Einübung in meine späteren Berufe als Juristin bzw. Psychoanalytikerin. Allein sein kann ich gut und auch in Distanz bleiben; mit Nähe tue ich mir eher schwer und neige zu Abwehr- oder gar Fluchtverhalten, und das besonders, wenn sich Fremde in mein Privatleben drängen wollen.

Ich denke, dass ich diese Prägung mit vielen Kindern teile, die in den letzten Monaten des Zweiten Weltkrieges geboren wurden: die Väter gefallen, vermisst, in Kriegsgefangenschaft, die Mütter, so wie meine, in langen Fußmärschen von Wien in die Dörfer wandernd, um Lebensmittel einzutauschen und zu »hamstern«, die Großmütter mit primitivster Organisation des Haushalts rund um die Uhr beschäftigt … Dazu noch das Verstecken vor den Russen, denn wir lebten in deren Sektor. Erst als mein Vater aus der britischen Kriegsgefangenschaft heimkehrte, verlor sich die Angst: Als gebürtiger Tscheche sprach er auch perfekt Russisch und war ein gesuchter Dolmetsch. Und dennoch habe ich heute noch die Bilder im Kopf von den russischen Soldaten, die man hinter den offenen Eingangstüren der Häuser in der »breiten« Operngasse sitzen sehen konnte, ihre Maschinenpistolen quer über die Schenkel gelegt, wachsam. Vor allem die schwarze Verfliesung der Wände machte auf mich unauslöschlichen Eindruck – sie löste bei mir Assoziationen zu Sterben und Tod aus, und das, obwohl ich damals noch selbst keinerlei derartige Erfahrungen besaß.

In den späten 1940er Jahren verschwanden dann diese Ansichten, die so ganz im Gegensatz zu den heiter-heilen Bundbildchen in den Kinderbüchern standen, besonders als meine Eltern mit mir in eine Schulstadt an der tschechischen Grenze zogen, in der mein Vater Deutsch und Englisch unterrichtete. Zu dem Allein-gelassen-Werden trat jetzt die Erfahrung des Nicht-mitspielen-Dürfens: Von meinen atheistischen Eltern immer vom Religionsunterricht abgemeldet (nachdem meine Mutter in meinem zweiten Lebensjahr dem »Lass-sie-doch-endlich-taufen«-Terror der weiblichen Verwandtschaft erlegen war), war ich die personifizierte Sünderin – und verstand diese Zuschreibungen nicht, fragte aber auch nicht nach – wie das eben bei Außenseitern so ist. Man kann sich vor Angst auch durch Naivität und Unverständnis schützen! In Märchen taucht dieses Motiv dann auf, wenn ein »unschuldiges« Kind den Gang durch eine Allee wagen muss, an deren Ende der Schatz zu finden ist, in der aber vorher links und rechts Monster lauern, um bei der geringsten Angstäußerung zuzubeißen – aber da das Kind nicht weiß, was Monster sind – das bedeutet ja Unschuld: noch keine Verschmutzung durch »das Böse« –, hat es eben keine Angst.

Da meine Mutter eine in sich verschlossene Eigenbrötlerin war, hatte ich ja auch ein geeignetes Vorbild. Während sie stundenlang Klavier spielte, konnte ich bereits früh, unter dem Klavier kauernd, stundenlang zeichnen. Alice Miller schreibt: »Jedes Kind hat das legitime narzisstische Bedürfnis, von der Mutter gesehen, verstanden, ernst genommen und respektiert zu werden.«[117] Aber wenn die Mutter selbst ein bedürftiges Kind ist? Meine Mutter und ihre vier Jahre ältere Schwester wurden mit zwei bzw. sechs Jahren Halbwaisen: Ihr Vater fiel am ersten Tag des Ersten Weltkrieges. Er war Lehrer und daher Musikant – und die Soldaten zogen mit Musik über die Grenze ins feindliche Land, wo schon die Schützen auf sie angelegt hatten. Für ihre Mutter, eine Zitherlehrerin, war es nicht leicht, aus dem Status der Lehrersgattin und nun trauernden Witwe in den Status der Haushälterin bei einem entfernten Verwandten, einem etwas seltsamen Baron, zu wechseln. Alice Miller schreibt, bei solchen Mangelzuständen »findet das Kind im Antlitz der Mutter nicht sich selbst, sondern die Not der Mutter. Es selbst bleibt ohne Spiegel und wird in seinem ganzen späteren Leben vergeblich diesen Spiegel suchen.«[118] Das auch zur Erklärung, welche biografischen Erfahrungen zur Wahl eines Helferberufs motivieren können.

Dem »Fluch« vom »ganzen späteren Leben« möchte ich allerdings widersprechen – so wie die zwölfte Fee im Märchen vom Dornröschen, die den Todes-Fluch der dreizehnten auf hundertjährigen Schlaf mildert: Jeder Mensch sucht sich in anderen, bevorzugt in dem einen besonderen anderen, zu spiegeln – das gehört zum Energieaustausch und damit zur Weiterentwicklung als Paar, als Gruppe, als Menschheit. Wenn man diese Sehnsucht einmal erkannt hat, kann man die vielen alltäglich möglichen Spiegelungen erst wahrnehmen und auch genießen – und zurückgeben, und dort, wo diese Spiegelungen vorenthalten werden, als vermutlich gezielte Ausschlusstaktik entschlüsseln. Dann gibt es kein »vergebliches Bemühen« mehr, sondern nur die Erkenntnis, dass es viele Menschen gibt, die sich vor ungewohnter seelischer Berührung und damit Rührung schützen – und das ist zu respektieren.

Dauerhaft verweigerte Akzeptanz kann einen kritischen Abfall von gesund erhaltenden Botenstoffen und psychische und körperliche Erkrankungen zur Folge haben, erinnert Joachim Bauer.[119] Dagegen hilft nur Distanz – die Distanz der Realitätsprüfung mittels Über-Blicks, und die sollte nicht mit Einsamkeit verwechselt werden: Wenn andere vermitteln, dass man zu ihnen (oder auch Gremien und Gruppen, zu denen sie möglicherweise selbst nicht dazugehören) nicht dazugehören darf, dann sollen damit vermutlich nur Hierarchien von »die WIR – die anderen«[120] geschützt werden. Gerade im ideologischen Bereich herrscht oft eine unterschwellige Angst vor, andere »Mitbewerber« könnten attraktiver sein ... und:

Ja, diese Furcht besteht zu Recht – wie überall, wo »geworben« wird.

In einer Zeit, wo viele Anbieter so viel professionelle Werbehilfe buchen können wie nie zuvor, um nur ja erfolgreicher zu sein als andere, gieren viele ihrer Auftraggeber danach, die Topplätze in Rankings zu besetzen und nur ja nicht die Erfolgsleiter hinabzurutschen. Abgesehen davon, dass viele dieser Top-und-Flop-Listen redaktionell selbst gedichtet und oft noch dazu Ausfluss von Freunderlwirtschaft sind, schaffen sie irrealen Stress, wenn man die Gesundheit fördernde Distanz verabsäumt. Die ehemalige US-Botschafterin Swanee Hunt soll einmal gesagt haben, mit Medienleuten sei es wie mit Pferden: Man müsse aufpassen, dass man entweder so weit entfernt stehe, dass sie einen beim Ausschlagen nicht treffen können, oder so nahe, dass das nicht möglich sei.

Rangordnungen

»Ausschluss und Stigmatisierung der Außenseiter waren *per se* mächtige Waffen, mit deren Hilfe die Etabliertengruppe ihre Identität behauptete, ihren Vorrang sicherte und die anderen an ihren Platz bannte«, erläutern Elias und Scotson. Zu den Bedingungen, unter denen eine Gruppe eine andere – oder ein Mensch einen anderen – schlecht macht, was die beiden Autoren die »Soziodynamik der Stigmatisierung« nennen, zählt »die Fähigkeit der Alteingesessenen, den Zuzüglern das Schandmal menschlicher Minderwertigkeit aufzudrücken.« [121] Das betrifft aber nicht nur Zuwanderer! Den Letzten beißen die Hunde, formuliert der Volksmund, und meint damit auch Neuzugänger in Schulklassen, Wohnblocks, Büros, Vorstandsetagen und eben auch in Familien. Wenn man jemanden noch nicht gut kennt, löst dieser mehr oder weniger zutreffende Fantasien aus – und das wird noch durch eine triviale Ratgeberliteratur gefördert, die Ein-Blick-Körpersprache-Entschlüsselungs-Kompetenz verspricht. Auch darin spiegelt sich die Angst vor dem Unbekannten, dem »ganz anderen«: Man möchte sich die Zeit des

Kennenlernens und Erprobens ersparen und damit die Respektshaltung einer Beziehung.

»Was an Herzlosigkeit kultiviert wurde, durften die Menschen durch die Hemmungslosigkeit des Betrunken-Seins ausgleichen«, konstatiert die Kulturwissenschaftlerin Irene Suchy (*1960) über die Nachbarschaft ihrer Kindheit[122], denn: »Die wenigen Kontakte zwischen den Nachbarn waren Schreie darüber, dass eine Pflanze über das Gehege hinauswachse.«[123] Drogenkonsum ist eine beliebte Ausrede, wenn man die sozialen Spielregeln – und damit auch die Menschen, die auf sie vertrauen – verletzt. Außerdem gehört Schreien wie auch Beißen, Schlagen, Treten zum Einsatz der Körperwaffen, die uns Tieren gleichen lassen; sie begründen das angebliche »Recht des Stärkeren«. Der Schwächere hat sich demnach zu fügen – wobei Stärke und Schwäche als Quantität von Körperkraft bzw. Energie definiert wird, individuelle wie auch im Kollektiv. »Die Lustprämie, die man durch die Teilhabe am Gruppencharisma empfängt, wiegt das persönliche Lustopfer durch die Unterwerfung unter Gruppennormen auf«, erklären Elias und Johnson.[124]

In der Zeit, als ich Kommunalpolitikerin und Mandatarin einer politischen Partei war (1973–1987), riet mir der Bezirksparteisekretär – übrigens Vater der Gattin des derzeitigen Bundeskanzlers, die selbst Landtagsabgeordnete in Wien ist – wiederholt, ich solle doch »mittelmäßig« sein. Ich denke, er meinte es gut und wollte mich vor Rivalen und Neidern warnen. Ich antwortete ihm damals, ein ausgewachsener Tiger sei eben kein Tigerkätzchen. Dass ausgewachsene Tiger Angst machen, war mir damals noch nicht in den Sinn gekommen. Heute erlebe ich es bei vielen meiner Klienten und Klientinnen auf den unteren Stufen vielversprechender Universitätskarrieren: Je begabter jemand ist, desto verdächtiger ruft er oder sie die »Abfangjäger der Kreativität« (© Manfred Greisinger) auf den Plan.

Exponiert sein kann zu Einsamkeit führen.

Die Soziologen Elias und Scotson betonen: »Die Gleichförmigkeit des Musters, nach dem übermächtige Gruppen weltweit ihre Außenseitergruppen stigmatisieren – eine Gleichförmigkeit über alle kulturellen Unterschiede hinweg –, mag zunächst etwas überraschen. Aber die Symptome menschlicher Minderwertigkeit, die eine machtstärkere Etabliertengruppe am ehesten an einer machtschwächeren Außenseitergruppe wahrnimmt und die ihren Mitgliedern als Rechtfertigung ihrer Vorrangstellung und als Beweis ihrer Höherwertigkeit dienen, werden bei den Außenseitern gewöhnlich durch die bloße Bedingung ihrer Gruppenposition, durch die damit verbundene Erniedrigung und Unterdrückung erzeugt. Diese Bedingungen sind in mancher Hinsicht überall dieselben. Armut, ein niedriger Lebensstandard, gehört dazu. Aber es gibt andere, die menschlich gesehen nicht weniger bedeutsam sind, etwa das ständige Ausgeliefertsein an launenhafte Entscheidungen und Befehle von oben, die Demütigung des Ausschlusses von den ›besseren Kreisen‹ und eingebläute Haltungen der Unterwürfigkeit. Wo im Übrigen das Machtgefälle sehr steil ist, messen Gruppen in Außenseiterposition sich selbst am Maßstab ihrer Unterdrücker.«[125] Vor allem Frauen sind die Leidtragenden dieser Tradition.

Auszeichnungen

Wer über Grenzen hinauswächst, wird zum Außenseiter. »Die Einzäunungen der Kindheit und Jugend dienten nicht dem Schutz, sondern der Bequemlichkeit der Aufsichtspersonen«, schreibt Irene Suchy.[126] Ebenso die gläsernen Wände und Decken, mit denen vor allem Frauen – die Außenseiterinnen in der männerdominierten Gesellschaft – an Wachstum gehindert werden.

Die meisten Frauen denken anders. Sie tragen nicht jahrhundertelanges Training zum gemeinen Soldatentum samt Kadavergehorsam in ihren Genen. Das macht sie unberechenbar. So hat die amerikanische Psychologin Carol Gilligan (*1936) in ihren Studien zu ethischen Entscheidungen von Vorschulkindern herausgefunden, dass Knaben nur zwischen richtig und falsch differenzieren, während Mädchen weitere innovative Problemlösungen ersinnen und verteidigen.

Traditionell werden wir alle auf Polarität hin erzogen: gut oder böse, gesund oder krank, gesetzestreu oder kriminell. Auch Alleinleben wird entweder dem einen oder dem anderen Pol zugeordnet: der vorbildhaft gute Eremit – der böse ausgestoßene Outlaw. Alle, die unbequem, »schwierig«, nicht »pflegeleicht« sind, werden vorschnell der dunklen, der Schattenseite zugeordnet; nur wenn sie medial zu Celebritys hochstilisiert werden (und wenn man mit und an ihnen gut Geld verdienen kann), wechseln sie in der öffentlichen Meinung auf die Lichtseite. Die hochsensiblen Menschen etwa: Solange sie Rücksichtnahme auf ihre Empfindlichkeit (Parlow zählt als Stressoren Luftqualität, Geräusche, optische Eindrücke, Druck, Hitze und Kälte wie auch den »sechsten Sinn« dazu[127]) einfordern, werden sie als überfordernd im Stich gelassen, wenn sich an ihnen sogar Begabungen für außersinnliche Wahrnehmungen zeigen, machen sie Angst und man distanziert sich sicherheitshalber von ihnen. So werden sie isoliert und in ihrer sozialen Gesundheit gefährdet.

Ähnlich erging es schon den gottberufenen Propheten des Alten Testaments, die im Gegensatz zu den im Nahumfeld des Königs sozusagen angestellten Hofpropheten die Offenbarungen Gottes verkündeten, Ungerechtigkeiten anklagten, Unheil ankündigten und vor Lasterleben warnten. Und konsequent für die Armen und Bedürftigen eintraten. Vielleicht waren auch sie solche hochsensiblen Personen und daher in der Lage, äußere Unstimmigkeiten zu fühlen und ihrer inneren Stimme zu folgen. Einerseits suchten sie die Einsamkeit, um besser feinfühlen zu können – andererseits wollte man sie aus der Gemeinschaft weghaben, weil sie der Gesellschaft einen Spiegel vorhielten, in den niemand hineinsehen wollte.

Aber auch allen wissenschaftlichen oder künstlerischen Pionieren droht dieses Schicksal – bis sie eben »marktfähig« und

»vermarktet« werden, und sogar erneuerungsfreudigen oder auch nur kritischen Priestern, die erst dann Gehör finden, wenn sie stellvertretend für die schweigende Masse gegen ihre übergeordneten Vaterfiguren rebellieren, die ihre Vorherrschaft vielfach mittels des Oktrois unerfüllbarer Forderungen absichern.

Alice Miller erzählt: »Eine Patientin sagte einmal, es komme ihr vor, als ob sie bisher immer auf Stelzen gelaufen wäre.« Permanenten Stelzenlauf könnte man als solch eine Über-Forderung interpretieren. Miller sinniert weiter: »Muss ein Mensch, der ständig auf Stelzen läuft, nicht dauernd auf diejenigen neidisch sein, die beim Laufen ihre eigenen Beine gebrauchen, auch wenn ihm diese Menschen kleiner und ›mittelmäßiger‹ vorkommen als er selbst? Und muss er nicht eine aufgestaute Wut in sich tragen gegen die, die ihn dazu gebracht haben, dass er ohne Stelzen nicht zu gehen wagt?«[128]

Wer auf Stelzen läuft, ist zwar erhöht, aber auch exponiert und stärker sturzgefährdet.

Exponiert sein – aus der Masse herausragen, egal ob mit kulturspezifisch positiv oder negativ bewerteten Eigenschaften –, das kann zu Einsamkeit führen. Über meinem Schreibtisch hängt ein Weisheitsdialog, den ich mir einmal aus einer Zeitung ausgeschnitten habe:

Schüler: »Ich bin so entmutigt. Was soll ich tun?«

Soen Nakagawa: »Andere ermutigen!«

Ein ähnliches »Rezept« zitiert der Psychologe Manuel Krenzlin: »Die Aufgabe der Schamanin ist es nun, anderen Menschen zu helfen. So kann sie eigene Leiderfahrung ins Positive wenden, indem sie anderen hilft«[129] – und das muss nicht unbedingt in ein Helfersyndrom ausarten. Das Geheimnis liegt darin, Gefahr in Hilfe zu verwandeln.

5 Die Einsamkeit des Opfers
Warum Solidarität so unbeliebt ist

Warm
Besinnlich
Erfolgseinsamkeit
Vorfreudeeinsamkeit
Enttäuschungseinsamkeit
Hilfloseinsamkeit
Machtloseinsamkeit
Nicht weiter wissen-Einsamkeit
Erkenntnis-Einsamkeit
Lustgiereinsamkeit
Hässlichkeitseinsamkeit
Abstoßend
Ungewaschen
Ungekämmt
Mir selbst zu schwer
Schlaflos schlafsuchend
Vergessenheit
Todwunscheinsamkeit
Wund
Unheilbar
Problemlos unlösbar
Vergeblich
Aussichtslos
Trostloseinsamkeit

IRENE SUCHY[130]

Opfer ist ein mehrdeutiger Begriff: Er reicht vom religiösen Opfer
zur Beschwichtigung einer Gottheit bis zum Opfer von Gewalt; Gewaltopfer könnte man als missbrauchtes »Mittel« eines sich selbst

vergottenden Gewalttäters interpretieren, der sich damit befriedigen – zum Frieden bringen – will. Und so war es ja auch vielfach. Ich erinnere mich an eine Klientin, die als Volksschulkind von ihrer Großmutter immer zum Großvater geschickt wurde, wenn dieser unleidlich war, um ihn zu »beruhigen« – sprich zu masturbieren. Das Kind blieb mit seinem Unverständnis und seinem Ekel allein – einsam, denn wem sollte es sich auch anvertrauen?

Der weltberühmte Kinderpsychoanalytiker Donald W. Winnicott konstatiert, dass kaum über die Fähigkeit zum Alleinsein geschrieben wurde, wohl aber über die Angst vor dem Alleinsein, von dem Wunsch nach Alleinsein und auch von dem Zustand der Zurückgezogenheit – einer »Abwehrorganisation, die auf die Erwartung hindeutet, verfolgt zu werden«.[131] Diese Formulierung klingt sehr pathologisierend – wie wenn solch eine Erwartung immer unrealistisch wäre. Wenn man weiß, wie oft Frauen und Kinder vor gewalttätigen Nächsten flüchten müssen – ins Badezimmer, auf die Straße, zu Nachbarn –, sieht man Verfolgungsgedanken nicht als »krankhaft«. Nur weil jemand etwas nicht sieht, heißt das nicht, dass es nicht da ist (und umgekehrt). Ich sehe in Verfolgungsgefühlen eher das Signal einer Überlebensstrategie, den Kontakt zu denjenigen, die Gefahr bedeuten, zu minimieren.

Es ist das Verdienst von Feministinnen, die gesellschaftliche Aufmerksamkeit von der Faszination des Bösen – der Psyche der Täter – auf die dramatischen Folgen für deren Opfer gelenkt zu haben. Vor allem der amerikanischen Psychiaterin Judith L. Herman (* 1942) ist es zu danken, die Ähnlichkeit der »vergessenen Geschichte« sogenannter neurotischer Störungen als Folge von Kriegen – vor allem des Vietnamkrieges – mit denen von Frauen, die sexuelle Gewalt erleben mussten, einer breiten Leserschaft bekannt gemacht zu haben.

Wären nicht die psychischen Störungen der Kriegsveteranen so unübersehbar – und damit unangenehm für die US-Regierung – gewesen, hätte man sie leicht vertuschen können. Kriegsbegeisterung wird strategisch-propagandistisch erzeugt, das bestätigt auch

Joachim Bauer.[132] Wenn nun aber keine Helden heimkehrten, sondern invalide Menschen im wahrsten Sinn des Wortes von nicht mehr »funktionstüchtig«, mussten diese einerseits abgesondert werden – beispielsweise zu Forschungszwecken – und andererseits einer Rehabilitation zugeführt, die erst gefunden, ja erfunden werden musste.

Judith L. Herman berichtet, wie in erschreckend hoher Zahl – geschätzte 40 Prozent der kriegsverletzten Briten – die Männer zusammenbrachen, die den Schrecken des Krieges erlebt hatten: »Eingepfercht und zu *hilflosem Abwarten* verdammt, ständig in *Angst vor dem Tod*, gezwungenermaßen Zeugen von Verwundung und Tod der Kameraden und ohne Hoffnung auf eine Atempause, benahmen sich viele Soldaten auf einmal *wie hysterische Frauen*. [...] Sie verloren ihr Gedächtnis und die Fähigkeit, Gefühle zu empfinden.«[133] (Hervorhebungen von mir – R. A. P.) Man könnte anders formulieren: Sie fielen der Verdrängung anheim und stumpften ab. Die Parallelen zu Frauen in Gewaltbeziehungen sollten allen auffallen, die in der Chronik der Tagespresse von den täglichen Vergewaltigungen von Frauen in Indien lesen, gegen die bis jetzt noch keine internationale Gemeinschaft protestiert hat, zu interessant sind die Gewinnaussichten am indischen Markt – und von den Martyrien vieler Frauen und Kinder in unseren Landen.

Außerdem sollte der Begriff Hysterie nicht unkritisch verwendet werden: Als klinische Diagnose (die übrigens längst auf diese veraltete Namensgebung verzichtet) gehört er in psychiatrische und psychotherapeutische Behandlungszimmer – und nicht in den Sprachschatz von Laien, die damit nur verzweifelte Menschen herabwürdigen wollen. Es wird aber deutlich, dass sich der Begriff auf unerklärliche bzw. ängstigende Symptome bezog – nur an Folgen von massiver Gewalt dachte eben niemand.

Von dem österreichischen Philosophen Ludwig Wittgenstein (1889–1951) stammt der Satz: »Wovon man nicht sprechen kann, darüber muss man schweigen.«[134]

Der Satz ist vieldeutig. Er kann als Unfähigkeit interpretiert werden, aber auch als Unwilligkeit, denn das Wort »kann« umfasst beide Bedeutungen und wird daher von Juristen gerne zur Verschleierung von zu vermeidenden eindeutigen Antworten genutzt. Der Satz kann aber auch so verstanden werden, dass die Inhalte, deren Benennung zu Gefühlsüberflutungen führen würden, ohnedies ohne Worte ausgedrückt und verstanden werden können. Und er kann auch dahingehend erklärt werden, dass dort, wo etwas aus welchen Gründen auch immer – beispielsweise Verdrängung – nicht im Bewusstsein vorhanden ist, keine Sprache zur Verfügung steht.

Schweigegebote

Sexuelle Gewalt unterlag jahrhundertelang einer Schweigepflicht: je angesehener der Gewalttäter war, desto mehr fürchtete man seine Vernichtungsmacht; außerdem wussten die »Reichen und Mächtigen« sich »außerhalb des Zwanges, Triebbedürfnisse ich- und umweltgerecht organisieren zu müssen«.[135] Der bedeutende Psychoanalytiker Johannes Cremerius (1918–2002), der sich mit der Selbsterkenntnis-Vermeidungs-Kompetenz dieser »Hochrangigen« auseinandergesetzt hat, weiß, dass Neurosen in jeder sozialen Schicht funktional – daher weitgehend toleriert – »untergebracht« werden können: »In der Oberschicht ist das Quantum an erwerbbaren Freiheitsgraden jedoch unverhältnismäßig größer als in anderen Schichten. Und dies vor allem, weil die soziofunktionale Unterbringung der Neurose mit der Staatsideologie zusammenfällt. Die soziale Funktion der Oberschicht ist aufgrund ihrer staatstragenden Bedeutung (Besitz der Großbanken, der Großindustrie, bestimmter Monopole) der üblichen gesetzlichen wie moralischen Kontrolle, auch der durch die öffentliche Meinung, weitgehend entzogen«, und er prognostiziert: »Im Falle der öffentlichen Kontrolle würde – wie dies bei Skandalen gelegentlich vorkommt – die Abhängigkeit des Staates von dieser Schicht offenkundig werden.«[136] Gerade was sexuelle Gewalt betrifft, wurden traditionell Erstnachtsrechte in Anspruch genommen; ich kenne selbst noch Fälle, in denen untergebene Väter ihre halbwüchsigen Töchter »diskret« bei ihren Chefs abliefern mussten. Wieder war es die politische Frauenbewegung (es gibt auch eine wissenschaftliche und eine spirituelle), die gegen solche Ausbeutungsversuche Protest einlegte und vermutlich deswegen immer wieder gezielt lächerlich gemacht wird.

Cremerius zeichnet den »Mächtigen« im Gegensatz zu anderen sogar noch deutlicher: »Während diese, etwa die bürgerliche Mittelschicht, durch internalisierte moralische und sittliche Standards wie durch tradierte, für das Kollektiv verbindliche Spielregeln gekennzeichnet sind, gibt er als einer, der einer Zwischengruppe angehört, sich selber die Gesetze und Regeln. Deshalb unterliegt er auch nicht den Folgezuständen dieser Gruppenmoral im Falle des Konfliktes, nämlich der neurotischen Erkrankung. Anstatt dessen handelt er innere Spannungen in seiner Umwelt aus, macht sie leiden, manipuliert die bestehende Ordnung, formt die bestehenden Regeln und Gesetze nach seinem Belieben um.«[137]

Wird der »Reiche und Mächtige« aber doch seiner Übergriffe geziehen, sind seine ersten Verteidigungstaktiken nach der Empörung, dass man es wagt, ihn belangen zu wollen, Versuche der Geheimhaltung und Schweigen, danach wird die Glaubwürdigkeit des Opfers in Zweifel gezogen, erinnert Judith L. Herman, und auch daran: »Je mächtiger der Täter, desto umfassender ist sein Vorrecht, Realität zu benennen und zu definieren, und desto vollständiger kann er *seine* Argumente durchsetzen.«[138] (Hervorhebung von mir – R. A. P.) Die Betonung ist wichtig. Würde man sie auf das Hauptwort *Argumente* legen, könnte der Eindruck entstehen, es gäbe nur diese.

Opfer schweigen aus mehreren Gründen und das macht sie einsam: In der Schockstarre, die der Erkenntnis folgt, zum Opfer einer Gewalttat – einer Ausbeutung, eines Missbrauchs, einer Täuschung, eines Betrugs – geworden zu sein, fehlen die Worte. Die Zeit scheint stillzustehen.

Die Folgen bestehen nicht nur in den klinischen Erscheinungsbildern des posttraumatischen Belastungssyndroms wie Angstsymptomen, Zwangsgedanken und Vermeidungszwängen.[139] Ich habe bei meinen Klientinnen festgestellt, dass sie auch unter einer Störung des Zeitgefühls litten: Sie reagierten auf Grenzverletzungen zeitverzögert oder aber bekamen im Vorhinein angstbesetzte Ahnungen, die ihr Handeln – und dazu zählt auch Sprechen – blockierten. Ich erinnere mich an eine Krankenschwester mit Missbrauchsbiografie, die mir weinend erzählte, wie ihr der Allgemeinmediziner, den sie zur Kontrolle ihrer Schilddrüsenunterfunktion aufgesucht hatte, ohne Gruß und wortlos mit der Hand an den Hals fuhr – und ihr erst, als sie wieder aus seiner Praxis draußen war, bewusst wurde, dass sie dieser »Übergriff« tatsächlich gelähmt und reaktionsunfähig gemacht hatte. Sie wollte sich nie wieder untersuchen lassen. Das entspricht auch der Erfahrung von Herman, dass Traumatisierte sich unbewusst mühen, neuerliche Grenzverletzungen zu vermeiden: Dieser Versuch des Selbstschutzes führe aber oft zu einer Einengung und einem Rückzug aus zwischenmenschlichen Beziehungen und zu emotionaler Verarmung.[140]

»Der Konflikt zwischen dem Wunsch, schreckliche Erlebnisse zu verleugnen, und dem Wunsch, sie laut auszusprechen, ist die zentrale Dialektik des psychischen Traumas«, betont Herman. Da traumatisierte Menschen aber, wenn sie davon erzählen, extrem gefühlsbetont, bruchstückhaft und auch widersprüchlich sprechen, wird ihnen oft nicht geglaubt. So wird das erlittene Grauen verschwiegen und kommt nur als Symptom zutage.[141]

Scham macht einsam

»Scham fühlt sich subjektiv an wie eine unerwartete Bloßstellung, die uns defizitär und minderwertig erscheinen lässt«, schreibt der Berliner Psychotherapeut Jens L. Tiedemann, doch müsse zwischen Scham als plötzlich »überflutendem« Affekt und verinnerlichter Scham unterschieden werden.[142]

Gegenwärtig spricht man oft von »fremdschämen« – in Österreich das »Wort des Jahres 2010« – und meint damit, stellvertretend für jemanden, der sich nach eigenem Bewerten peinlich benimmt, Scham zu verspüren. Aber schon immer trat »fremdschämen« dann auf, wenn Angehörige fürchteten, »mitgehangen – mitgefangen« ins soziale Out zu geraten, wenn ihre Kinder nicht – mehr – makellos waren. So berichtete mir eine Klientin, ihre Mutter habe immer gejammert: »Kind, was tust du mir an?!«, wenn sie sich nach erlittenem Unrecht hilfesuchend an sie gewandt hatte. In der begleiteten Analyse der jeweiligen Kindheitsszenen fand sie heraus, dass die Mutter Angst vor der Reaktion des jähzornigen Vaters hatte, wenn sie ihm pflichtschuldigst alles berichten würde, was tagsüber geschehen war. Dass ihre Tochter bald nichts mehr berichten mochte und lieber versuchte, in Einsamkeit mit all den Grobheiten der Mitschülerschaft fertigzuwerden, scheint zwar ein vernünftiger Selbstschutz – beeinträchtigte aber ihr Sozialverhalten.

Das Wort Verhalten zählt auch zu denen mit Doppelsinn: Einerseits deutet es auf eine Körper- wie auch Geisteshaltung hin – andererseits aber auch darauf, dass etwas zurückgehalten wird. Tiedemann zitiert Sigmund Freud, der Scham zunächst als ein Motiv der Abwehr – »also als eine affektive Erfahrung, die die Furcht beinhaltet, abstoßende Geheimnisse einem beobachtenden Publikum zu offenbaren« – verstanden und gleichzeitig mit Moralität und Ekel verbunden habe. Es sei die Erwartung einer Ablehnung und Bewertung durch andere, die als Selbstkritik verinnerlicht werde.[143] Verstärkt wird diese Selbstkritik noch durch die »Selber schuld«-Strategien all derjenigen, bei denen Unterstützung gesucht wird oder eigentlich auch erwartet werden könnte: Eltern und Partnerpersonen.

Scham ist ein häufiger Grund für selbstgewählte Einsamkeit.

Es wird dann eifrig nach Details im Verhalten gesucht, um dem Gewaltopfer Schuld oder zumindest Mitschuld anlasten zu können. Das entspricht den Taktiken und Strategien der Strafverteidiger vor Gericht und führt zu »sekundären Viktimisierungen«, also zu neuerlichen Gesundheitsschäden der traumatisierten Personen.

In der Sprache der Psychoanalyse heißt es »Identifikation mit dem Aggressor«, wenn Opfer unverständlicherweise zu ihren Peinigern halten und diese verteidigen. Aber wenn man sich optisch vorstellt, wie es sich anfühlt, hilflos einer Übermacht gegenüberzustehen, dann ist der einzige sichere Platz der hinter der gefährlichen Person – und meist ist dieses Verhalten schon in frühester Kindheit als Überlebenstechnik eingeübt bzw. neuronal eingespeichert worden. In Kunstwerken werden oft gegenteilige Verhaltensweisen erzählt oder vorgeführt – aber genau deswegen spricht man ja von den Hauptpersonen dieser Werke auch als (Roman- oder Film-)Helden und Heldinnen. Die Realität sieht anders aus.

Ich kann mich noch an die Medienberichte über das Schicksal einer Österreicherin erinnern, die vor Jahren in London zu später Stunde von mehreren Männern überfallen, vergewaltigt und als Halbtote in die Themse geworfen worden war; durch einen Zufall wurde sie von abendlichen Spaziergängern entdeckt und gerettet. Ihr in Österreich verbliebener Ehemann ließ sich nach ihrem länger dauernden Spitalsaufenthalt und ihrer Rückkehr in die Heimat scheiden, weil er ihre »Beschädigung« nicht ertragen konnte. Ich kenne von vielen eigenen Klienten deren Gefühlschaos, wenn ihre Partnerin von anderen Männern sexuell verletzt wurde: Sie verstehen dies als persönliche Niederlage in einem fantasierten Kampf Mann gegen Mann; wie es der Frau geht, ist uninteressant, der vielleicht einmal versprochene Beistand »in guten wie in schlechten Zeiten« vergessen – gepflegt wird die eigene »narzisstische Wunde«. Zwei Opfer – und jedes bleibt einsam.

Hier fehlen alternative Vorbilder, wie man »menschlich« miteinander umgeht, wenn jemand körperlich, seelisch und geistig um seine Unversehrtheit gebracht wurde. Humanität ist eine Kulturleistung. Verletzte Artgenossen im Stich zu lassen (oder aufzufressen), gehört ins Wildheitsprogramm unserer tierischen Vorfahren.

Menschen besitzen die Fähigkeit zur Sprache. Im Sich-frei-Reden wird die Seele gereinigt, und wenn man weinen kann, werden auch die während der Untat produzierten Stresshormonausschüttungen aus dem Körper ausgeschwemmt. Das kann mehrere Wiederholungen brauchen. Wer das nicht weiß – und auch nicht mitfühlen kann –, fühlt sich oft belästigt, weil er oder sie nur die Vermittlung des Sachinhalts versteht, nicht aber den heilsamen Gefühlsausdruck. Genau der ist aber zur Integration des Erlebten in die Biografie als Ganzes – als Summe von Vergangenem, Gegenwärtigem und Zukünftigem – nötig, damit man nicht auf die Zeitspanne der Verletzung fixiert wird.

Die Zauberkraft des Auges

»In der Scham erfährt das Subjekt eine Infragestellung und Bedrohung der sozialen Wertschätzung, Akzeptanz und Anerkennung«, ist bei Tiedemann zu lesen. »Das Selbst wird über die Dimension der Fremdperspektive, über den Blick des anderen bedroht und in diesem Blick des oder der anderen erscheint das Selbst als nicht akzeptabel.«[144] Ähnlich schreibt der Göttinger Psychosomatiker Ulrich Streeck (*1944): »Im Zentrum sozialer Ängste steht der Affekt der Scham, die Angst davor, beschämt und bloßgestellt zu werden. Sich den Blicken von Fremden auszusetzen oder ungezwungenen Kontakt aufzunehmen, bringt die Gefahr mit sich, von anderen lächerlich gefunden zu werden, und allein der Gedanke daran, gesehen und beobachtet zu werden, kann dazu führen, dass soziale Situationen gemieden werden«, und das verhindert den Erwerb sozialer Kompetenzen.[145]

Die Angst vor dem Lächerlich-gemacht-Werden beginnt schon in der Grundschule, wenn ein Kind nicht »richtig« gekleidet ist: Waren in meiner Kindheit Söckchen in Sandalen das No-Go, rittern heute unzählige Kleidungshersteller um die Gunst – oder die Macht – kindlicher Konsumenten, und das setzt sich bei erwachsenen Frauen fort. Als in den späten 1990er Jahren von eben diesem Produktionszweig auch versucht wurde, mit dem künstlich aufgebauten Leitbild des »metrosexuellen« Mannes die Umsätze von Herrenkosmetika und exotischer Berufskleidung zu heben, scheiterte dies jedoch an der »Unverbesserlichkeit« der Männer – oder deren Angst vor dem Spott der Geschlechtsgenossen, Väter inbegriffen.

Die Pioniere – Modeschöpfer und Fußballstars – blieben allein.

Die »Macht des wertenden Vaterauges« war stärker. Oder das einer kritischen Mutterfigur.

Mit Sätzen wie »Der liebe Gott sieht alles« werden schon kleinste Kinder zu stetem Wohlverhalten angeleitet – auch wenn sie allein sind. Meine Eltern hängten mir in meiner Grundschulzeit vis-à-vis meinem Bett ein Gemälde auf, das meine Mutter in jungen Jahren darstellte und in dem einem »die Augen nachsahen« – so wie die Ahnenporträts in Schloss Schönbrunn. Ich hatte andauernd Angst und schlief mit der Bettdecke über dem Kopf. Als erwachsene Frau habe ich dann das Bild eigenhändig umgemalt und das Aussehen meiner Mutter ihrem damaligen Alter angepasst – und den Blick gemildert. Es hängt jetzt im Raucherzimmer meiner Akademie – unvollendet: Ich wollte ihr, der starken Raucherin, noch ein Päckchen Zigaretten statt der ursprünglichen Rose in die ruhende Hand hineinmalen, aber das hat meine Malkünste überfordert … zumindest damals. Vielleicht vollbringe ich meine Absicht noch einmal.

In dem norwegischen Volksmärchen »Die alte Frau und ihr Huhn« geraten drei Schwestern auf der Suche nach dem entlaufenen Huhn in die Gewalt eines Trolls; den zwei älteren reißt er jeweils den Kopf ab, weil sie nicht seine Braut sein wollen, die jüngste aber spielt zum Schein mit, macht die Schwestern mit einem Zaubertrank des Trolls wieder lebendig und schickt ihn mit Säcken angeblich voll Essen zu ihrer Mutter. In den Säcken befinden sich aber die Schwestern, und immer wenn er nachschauen will, weshalb der Sack so unpassend schwer ist, rufen die Mädchen aus dem Sack: »Ich seh dich wohl! Ich seh dich wohl!« und der Unhold traut sich nicht mehr.[146]

Man kann diese Angst vor der Vaterautorität zumindest für Christen auf das vierte Gebot zurückführen, in dem es heißt: »Du sollst deinen Vater und deine Mutter ehren, wie dir der Herr, dein Gott, geboten hat, auf dass du lange lebest und dir's wohl ergehe in dem Lande, das dir der Herr, dein Gott, geben wird.« (5 Mose 5,16) Üblicherweise wird dieser Satz dazu genutzt, Kinder zum Gehorsam zu verpflichten – obwohl die Erfahrungen von elterlichen Gewalttaten zeigen, dass Gehorsam kein Garant für Wohlergehen bedeutet. Daher interpretiere ich den Begriff »ehren« im Sinne von »ihnen ihre Art von Leben zu lassen« und sich nicht damit zu quälen, warum sie nicht so sind, wie man sie gerne hätte – denn genau dieser Verzicht darauf, sich durch ablehnende Zwangsgedanken an die Eltern zu binden, garantiert Wohlergehen (statt Grübelsucht).

Kinder sollen sich von den Eltern lösen können. Dazu braucht es die Fähigkeit, allein seinen Lebensweg zu suchen und zu gehen – zu »dürfen« –, und auch dazu muss eine entsprechende Neurosignatur erworben, d. h. eingeübt werden. Bei vielen Klienten und Klientinnen taucht in der Analyse ihrer Blockaden auf dem Weg »vom Ich zum Du« ein Elternteil auf, der mit unterschiedlichsten Taktiken zu verhindern sucht, dass das »Kind« ein eigenständiges Leben verwirklicht.

In der Zeit, als ich regelmäßig nach meinem Auftritt in der Wellness-Stunde des ORF Niederösterreich Telefonberatungen durchführte, rief mich immer wieder ein Mann an, der darunter litt, dass der verwitwete Vater seiner »ewigen Braut« nicht erlaubte, dass sie aus seinem Haus auszog. »Ja, wer führt mir denn dann den Haushalt?« Die Braut war zwischenzeitlich »in die Jahre gekommen« –

sie näherte sich dem Fünfziger. Aber der »Fluch« des »Vatergottes« – »Du darfst keine anderen Götter haben außer mir!« – saß.

Eine Stufe härter ging ein verwitweter Vater mit seiner Tochter um: Obwohl er wieder eine Freundin hatte – die aber nicht bei ihm wohnte, möglicherweise aus guten Gründen –, musste ihm seine Tochter quasi als Zugehfrau kochen und putzen, und das, obwohl sie an Multipler Sklerose erkrankt war und sich sehr schwer damit tat. Als sie sich einmal sein Auto ausborgen wollte, wies er sie schroff mit dem Satz »Kommt gar nicht infrage – du tust ja auch nichts für mich!« ab. Es kostete ihr viel Überwindung, nicht nur dem Vater, sondern auch der Nachbarschaft gegenüber ihre Krankheit zu offenbaren und nicht mehr die Unverwundbare darzustellen – und sich damit von der Angst vor der üblen Nachrede, sie täte zu wenig für den »armen« Witwer, zu befreien.

Umgekehrt erinnere ich mich an ein Ehepaar mit Kind, das lange Zeit in seiner kleinen Studentenwohnung warten musste, bis sie endlich die angesparte große mit vorgesehenem Kinderzimmer bekamen. Die Mutter der Frau reagierte darauf mit einem frohlockenden »Jetzt kann ich ja auch zu euch ziehen!« und setzte dieses Vorhaben auch durch.

Häufiger als diese Fälle sind die Besuchs- und Berichtszwänge, mit denen vor allem Mütter, aber auch Väter, ihre Kinder an sich binden. Sie schürzen Einsamkeit vor – denn auch wenn man als Paar lebt, kann man seelisch ausgehungert sein! – und schaffen ihrem Nachwuchs mit leidendem Blick und Jammerstimme Schuldgefühle.

Tatsächlich holen sie sich insgeheim Lebenskraft von Kind und Enkelkind, und diese spüren das auch: Sie fühlen sich nach dem Zusammensein mit »Energievampiren« müde und ausgelaugt. Ich rate daher immer, auch darauf zu achten, wessen Fotos man in seinem Umfeld aufstellt: Öffnet einem ihr Anblick das Herz zu liebenden Gefühlen? Wenn nicht, dann weg damit – und frohen Mutes in ein möglicherweise folgendes Konfliktgespräch!

Denn: Auch Vampire werden bekanntlich unschädlich gemacht, indem man ihnen »was stinkt« (Knoblauch) oder einen Pfahl ins Herz stößt (unter Lebenden natürlich nur symbolisch!).

Energieverlust top down: Machtmissbrauch

Es ist die wichtigste Aufgabe »der da oben«, für das Wohlergehen »der da unten« zu sorgen, und nicht umgekehrt. Für Eltern sieht das schon das Bürgerliche Gesetzbuch vor: Vernachlässigung, Im-Stich-Lassen eines Minderjährigen, Miss-Handlungen jeglicher Art inklusive sexueller Ausbeutung sind verboten und strafbar. Der Begriff der »elterlichen Gewalt« hat sich in den rund 180 Jahren seit dem Inkrafttreten des ABGB 1812 total gewandelt: Er gestattet keinerlei Gewalt mehr – und seitdem haben sich etliche Kinderschutzorganisationen und Frauenhilfseinrichtungen gebildet, die Beistand und Schutz gegen unverbesserliche Gewalttäter bieten.

Schwieriger ist es, Gewalt, die von der Spitze von Organisationen ausgeht, hintanzuhalten. Wie die absoluten Fürsten in vergangenen Zeiten verbinden manche »Führungskräfte« ihre Position mit dem Anspruch, umhegt zu werden wie ein Säugling: mit Essen und Trinken versorgt, chauffiert, vor Störungen bewahrt, manchmal auch in der Freizeit »bedient« – und oft noch dazu mit einer »Mutterbrust« beglückt. Wer sich gegen Ausbeutung – Forderungen nach Leistungen, die nicht im Arbeitsvertrag vereinbart und daher überprüfbar sind – wehrt, ist üblicherweise sofort seinen Job los. Das Beispiel könnte ja sonst Schule machen.

Jenseits des Machtmissbrauchs stehen sich aber zwei Opfer gegenüber: Die mächtige Person ist oft einsam – hat keinen sachkundigen Gesprächspartner, denn die infrage kommenden sind Konkurrenten und Ehepartner, selten sachkundig, und die meisten Coaches[147], so sie nicht in ihrer Biografie im gleichen Arbeitsfeld tätig waren, sind es auch nicht. Und oft ist sie auch am Rande ihrer psychischen Belastbarkeit – besonders dann, wenn sich existenzielle Entscheidungen häufen. Die machtlose Person hingegen befindet sich in dem Dilemma zwischen Anpassung bzw. Unterwerfung und Widerstand; sucht sie im Nahumfeld Rat, wird nur die eine oder andere Verhaltensweise verstärkt, der Zwiespalt aber nicht beseitigt, daher bleiben die meisten lieber in stummer Einsamkeit. Den Konflikt kann aber nur das direkte Gespräch beenden, vorausgesetzt man schafft eine »authentische«, d.h. wahrhafte Kommunikation.

»Auf keinen Fall jedoch involviert schon die Mitgliedschaft in einer Gruppe eine Wesensrelation zwischen einem Mitglied und dem anderen«, weiß der in Wien geborene Sozialphilosoph Martin Buber (1878–1965). Es werden oft die Machtbestrebungen und folglich Machtungleichgewichte außer Acht gelassen und die daraus resultierenden Qualitätsunterschiede in Einsamkeitsgefühlen: Der eine schweigt, um sich keine Blöße zu geben – die andere aus Angst.

Ich erinnere mich an eine Klientin, die im tertiären Bereich[148] arbeitete, deren väterlich-fördernder Vorgesetzter von einem jungen ehrgeizigen Mann »von außerhalb« abgelöst wurde. Da dieser Bedarf an Insiderwissen hatte, versuchte er sich diese Frau »verfügbar« zu machen – auch sexuell: eine beliebte Form, Vertrauen zu erzwingen. Da sie verheiratet und an Außenbeziehungen nicht interessiert war, kam sie in eine unerträgliche Zwickmühle: Ihrem in der Hierarchie aufgestiegenen Ex-Vorgesetzten wollte sie sich nicht anvertrauen, weil sie dies als Illoyalität gegenüber dem neuen empfand. Das direkte Gespräch mit dem neuen Vorgesetzten veranlasste diesen hingegen nur zum höhnischen Lachen und weiteren Erpressungsversuchen, denen sie irgendwann nicht mehr standhalten konnte. Jetzt war sie doppelt einsam, denn sie musste noch ein Geheimnis wahren. Ich riet ihr, sich fachspezifisch weiterzubilden, um so schnell wie möglich diesen Arbeitsplatz verlassen zu können, was sie auch tat. Sie konnte sich verbessern. Dennoch blieb das »Loch in der Seele«, das durch die Verletzung ihrer Ethik und Selbstachtung gerissen worden war.

Energieverlust durch Flankenangriffe: Bullying

Mobbingprozesse unter Gleichaltrigen (»Peers«) in der Schule werden Bullying genannt, ein Wort, das ursprünglich von dem österreichischen Nobelpreisträger Konrad Lorenz (1903–1989) für Kämpfe unter Tieren geprägt wurde. Nun kann man davon ausgehen, dass die Wahl des Gewaltopfers wie bei Tieren auch einerseits der Festlegung einer Hackordnung dient und damit experimentellen Charakter besitzt, andererseits aber im Sinne Joachim Bauers etwas mit Schmerzgrenzen zu tun hat. Bauer weist darauf hin, dass sich die durch Schmerz hervorgerufene Aggression gegen beliebige Artgenossen richtet, wenn die Schmerzursache unerreichbar scheint.[149] Erreichbar sind diejenigen, die aus welchen Gründen auch immer – etwa Erziehung, Schwäche, Angst, Kalkül – sich vermutlich nicht wehren werden. Dieser Mechanismus steigert sich mit der Geschlechtsreife – und ist mit eine Ursache, »wenn sozial bedingte Unterschiede fälschlicherweise biologisch begründet werden«.[150] Bauer erklärt daher: »Testosteron ist ein Dominanz-Hormon: Es steigt immer dann an, wenn um Dominanz gerungen wird.« Logisch, dass dies dann geschieht, wenn man unmittelbar vorher versagt hat oder gedemütigt wurde, wie es manche »Schwarzpädagogen« noch immer für die einzig richtige Motivationsstrategie halten. »Wer sich durchsetzt«, schreibt Bauer, »zieht mit seinem erhöhten Hormonspiegel davon (und benimmt sich auch künftig eher dominant). Wer verloren hat, reagiert mit einem Testosteronabfall.«[151] Aber auch diese Menschen, die Schmerz erleiden, ohne seine Quelle bekämpfen zu können, richten ihre dadurch hervorgerufene Aggression irgendwohin: »Die Wut des gereizten Individuums entlädt sich dann häufig ersatzweise an hierarchisch niederen bzw. schwächeren Dritten.«[152] In einem bekannten Comic schreit im ersten Bild der Chef mit einem Mann, im zweiten Bild schreit dieser mit seiner Frau, im dritten die Frau mit dem Kind und im letzten das Kind mit dem Haushund ...

Energieverlust bottom up: Stalking

Der gleiche Mechanismus ist oft bei Stalking zu beobachten – nur geht es dabei nicht immer um Dominanz, sondern um Wiederherstellung der beschädigten Selbstachtung durch den Respekt eines Gesprächs; dass leicht erahnt werden kann, dass mit dem Gespräch die Chance erhofft wird, eigene Wünsche, wie unklar diese auch sein mögen, durchsetzen zu können, ist hingegen der Grund, weshalb der Stress dieser wahrscheinlichen Fehlkommunikation abgelehnt wird.

Energie verlieren beide – und das verstärkt üblicherweise noch die Feindseligkeit und die Gewalt auf beiden Seiten. Denn für viele besteht Gewalt bereits darin, dass ihre Bestrebungen – als »Selbstbestimmung« definiert – vereitelt werden ohne Rücksicht darauf, wie sie damit die Selbstbestimmung anderer verletzen.

Gegen Gewalt hilft nur Öffentlichkeit: Auch wenn sich Stalking-Opfer meist schämen, dass »gerade ihnen so etwas passiert«, ist es wichtig, möglichst viele Zeugen für diese unerwünschte Verletzung der Privatsphäre – oder auch Berufssphäre, denn es werden auch ganze Ämter gestalkt! – zu gewinnen. Scham ist ein häufiger Grund für selbstgewählte Einsamkeit: Man glaubt durch Rückzug gleichsam unsichtbar zu werden – so wie kleine Kinder ihren Kopf an Mutters Schenkel verstecken und damit signalisieren wollen: »Ich bin nicht da!«

Die stalkende Person – nicht immer männlich! – hingegen sucht nach einem Ausweg aus der demütigenden Situation der Einkapselung in verzweifelter oder auch verbitterter Einsamkeit: Sie will irgendeine Verbindung und Reaktion von ihrer Zielperson und steigert sich meist bis in die Bereiche der Kriminalität. Schweigt die Zielperson kontinuierlich – wie in Ratgebern anempfohlen – oder gibt gar Grobheiten von sich, um Distanz zu erzwingen, kann das ihr Todesurteil werden. Deswegen bin ich für den Respekt eines einzigen Kommunikationsakts, aber unter Beiziehung der Polizei; dort gibt es nämlich geschulte Beamte, die in unaufdringlicher

Weise, aber im Besitz der Staatsgewalt, verdeutlichen, dass Stalking heute zu einem Strafrechtstatbestand geworden ist.

Als ich beispielsweise vor einiger Zeit von einer mir unbekannten Ärztin tage- und nächtelang mit Anrufen bombardiert und damit in meiner Berufsausübung massiv behindert, aber auch in meiner körperlichen Gesundheit geschädigt[153] wurde, hörte diese Unbill erst auf, als einer ihrer Anrufe mich in der Polizeistation erreichte, in der ich gerade Anzeige erstattete. Die Telefonnummer erkennend, gab ich mein Handtelefon sofort an den Beamten weiter, der der Frau die Strafbarkeit ihres Tuns erklärte. Von dem Zeitpunkt ab war Ruhe. Bei Gericht wurde meine Anzeige, wie viele ähnliche, auch nicht der Bearbeitung wert erachtet. Das finde ich falsch – zumindest eine Normverdeutlichung wäre angemessen gewesen. Der Richterschaft steht ein breites Spektrum von Reaktionsmöglichkeiten zur Verfügung, nur werden diese selten im Sinne der Prävention genutzt. Genau diese Chance wird damit aber vertan: in einfachen Worten zu »dolmetschen«, was wir, die Gesellschaft, als erwünschtes und was als unerwünschtes Verhalten festgelegt und sanktioniert haben, und dabei gleichzeitig zu vermitteln, dass die Gesellschaft erklären und fördern will und nicht rachsüchtig aus der Gemeinschaft ausschließen.

Energieverlust von allen Seiten: Mobbing

»Soziale Ausgrenzungen und Demütigungen ereignen sich in der Familie, in Kindergarten und Schule sowie im beruflichen Alltag«, schreibt Joachim Bauer, und »Die Austragung von Konflikten ist in allen drei Lebensbereichen nicht nur unausweichlich, sondern ein absolutes Erfordernis. Nicht erforderlich ist jedoch, dies mit Demütigungen zu verbinden, die ein gefährlicher Auslöser für Gewalt sein können. Wir sollten uns daher eine grundsätzliche Achtsamkeit zu eigen machen und auf entwürdigendes Verhalten verzichten.«[154] Ich meine: Wir sollten aber nicht nur achtsam für unsere eigenen Handlungen sein, sondern auch auf die anderer und daher darauf verzichten, schweigend wegzuschauen, wenn jemand gemobbt[155] wird. Das verstärkt nur dessen Gefühl der Einsamkeit – macht aber auch selbst einsam: Man geht »beziehungslos« in der Masse unter.

Die Soziologen Elias und Scotson beklagen, dass es viele Forscher verabsäumen, die Unterschiede zwischen Gruppenstigmatisierten und individuellem Vorurteil herauszuarbeiten – denn andere Menschen würden, so ihr Resümee, nicht wegen individueller Eigenschaften schlecht gemacht, sondern weil sie nicht der eigenen Gruppe angehörten.[156] Oder, ergänze ich, weil sie fürchten, aus der eigenen Gruppe in die bedrohliche abzusteigen. So erinnere ich mich an ein Seminar mit Krankenpflegepersonen, an dem auch ein sprechbehinderter Pfleger teilnahm. Er wurde von einer Kollegin, die sogar Personalvertreterin, allerdings auch Funktionärin einer rechtsgerichteten Partei war, trotz seines Diploms massiv in seiner Kompetenz infrage gestellt. Ich entschied mich damals spontan zur generellen Bearbeitung von Vorurteilen. Dabei stellte sich heraus, dass die Frau nach ihrer Scheidung große Mühe hatte, den sozialen Abstieg zu vermeiden; Menschen, denen Benachteiligungen nachgesehen wurden, stellten für sie eine unerträgliche Provokation dar. Weghaben wollte sie ihn nicht – aber als »minderwertigen Vergleichsmenschen« zur eigenen Erhöhung nutzen.

Der als Tatort-Profiler international bekannt gewordene Kriminalpsychologe Thomas Müller bringt in der Beschreibung, wie in einer Firma ein Mobbingvorhaben »erfunden« wird, das Wort »Orbit« ein – gleichsam ein »Gegenstand, der irgendwo herumschwirrt und den keiner mehr braucht«.[157] Etwas oder jemanden als »unbrauchbar« zu bezeichnen, besagt aber vor allem, dass die anderen die besonderen Fähigkeiten, die ja jeder Mensch besitzt, weder entdeckt noch gefördert haben. Die differenzieren sich selbst als die

Erwachsen sein bedeutet, sich der Realität zu stellen.

Nützlichen und die andern als unnütz – ein Relikt der NS-Sprache, in der die Feindbild-Menschen mit Tieren und anderen »niederen« Lebewesen verglichen wurden.[158]

Ich möchte noch einmal erinnern, dass die Lustprämie, die man durch die Teilhabe am Gruppencharisma empfängt, das persönliche Lustopfer durch die Unterwerfung unter Gruppennormen aufwiegt.[159] Das Lustopfer kann auch im Preisgeben der eigenen ethischen Gesinnung liegen.

»Die traumatische Realität kann nur im Bewusstsein bleiben, wenn das Opfer durch sein soziales Umfeld gestärkt und geschützt wird und Opfer und Zeuge zu einem Bündnis zusammenfinden«, mahnt Judith L. Herman, denn es besteht die Gefahr, sich denen zu unterwerfen, die diese Realität in Zweifel ziehen. Sie ergänzt: »Für das Opfer schaffen die Beziehungen zu Freunden, Partnern und Familie ein solches soziales Umfeld. Für die Gesellschaft insgesamt leisten das politische Bewegungen, die für die Ohnmächtigen sprechen.«[160]

Energiegewinn durch Opferung

Es gibt aber nicht nur die allgegenwärtige Gewalt, die beschädigt und vielfach unverstanden und einsam macht, sondern auch die faszinierende, erhebende, numinose Gewalt, die transzendiert: Man erlebt sie beim Hören bestimmter Musik oder an bestimmten energetisch hoch aufgeladenen Orten, in der Begegnung mit begnadeten Menschen und oft auch in der geschwisterlich liebenden, daher gleich gestimmten Gemeinschaft. Manche Menschen »opfern« sich in der Hingabe an die Lebensaufgabe, anderen Menschen zu diesen Hoch-Zeiten zu verhelfen: Priester und andere Künstler – denn es ist eine Kunst (von »können«), sich und andere in diese Zustände einzulassen.

Leider werden diese in uns allen schlummernden Fähigkeiten oft von sogenannten Gurus und anderen »Falschspielern« missbraucht. Zu mir sind unzählige »Opfer« solcher missglückter »Seelenbegleitungen« in Therapie gekommen und manche wurden mir auch aus psychiatrischen Krankenhäusern zugewiesen, um die psychischen wie auch körperlichen Schäden wegzuarbeiten, vor allem aber den Weg in die ganz alltägliche soziale Gemeinschaft wiederzufinden – denn sie waren mit dem Versprechen verführt worden, durch Zeit- und Geldopfer etwas Besonderes werden zu können.

Der Sinn eines jeden Opfers, weiß die jungianische Tiefenpsychologin und Mythenforscherin Ingeborg Clarus, ist die Wandlung.[161] Wandlungsschritte weisen immer auf Sterben und Neugeburt hin: »Und wenn wir diese Stufen nicht zum richtigen Zeitpunkt hinter uns lassen, wenn wir sie nicht »sterben« lassen können, dann versäumen wir unser Leben. Dann werden wir allenfalls zu vergreisten Säuglingen, Kleinkindern, oder wir bleiben ewig Pubertierende.«[162]

Erwachsen sein bedeutet, sich der Realität zu stellen. Dabei sind korrekt und kontrolliert ausgebildete Seelenbegleiter hilfreich, die ohne Versprechungen beistehen, Wachstumssehnsüchte und Wachstumsschmerzen zu ertragen – eben weil sie selbst durch diese Jammertäler gegangen sind, und danach sollte und darf man sie auch befragen, und die sich nicht scheuen, Feigheit und Unfairness als das zu bezeichnen, was sie sind.

Es ist leicht, die Erfolgreichen zu bewundern und ihnen unkritisch nachzufolgen – aber das ist der Irrweg der Liederlichkeit wie in der Herakles-Sage (vgl. oben S. 35f.). Der Heldenweg ist der, gegen Ungerechtigkeit und Gesetzesbruch zu protestieren und damit auch gegen die Spaltung der Gesellschaft in die, die »in« sind, und die, die man ins »out« drängt und dort verlässt.

6 Die Einsamkeit der »Täter«
Warum Entscheidungsmacht so selten geteilt wird

Gewollte Vereinsamung, Fernhaltung von den anderen
ist der nächstliegende Schutz gegen das Leid,
das einem aus menschlichen Beziehungen erwachsen kann. [...]
Gegen die gefürchtete Außenwelt kann man sich nicht anders
als durch irgendeine Art der Abwendung verteidigen,
wenn man diese Aufgabe für sich allein lösen will.

SIGMUND FREUD[163]

Unter »Tätern« versteht man üblicherweise Delinquenten – Personen, die mit dem Strafgesetz in Konflikt gekommen sind. Ich verwende hier das Wort im Sinne von Personen, die etwas getan haben, mit dem sie im Nachhinein Probleme haben – vor allem zuerst in ihrem Innersten, denn meist wissen sie, dass sie Vorwürfe zu erwarten haben. Nicht nur von denen, deren Vertrauen sie enttäuscht haben, oder von Kritikern und Feinden, die sich freudig auf Schwachstellen stürzen, sondern auch vom eigenen Gewissen.

Nur wer nichts tut, macht keine Fehler, weiß der Volksmund. Beim Tun aber scheiden sich die Geister: Was ist richtig, was ist falsch – oder, wie ich gerne formuliere: Was ist angenehm und folglich sozial erwünscht und was nicht.

Heute verdienen zahllose Agenten, PR- und Kommunikationsberater, Spin-Doktoren und Mediencoaches ihre Brötchen damit, »den Markt zu bedienen«, sprich: dafür zu sorgen, dass die Angebote ihrer Kunden, also der eigentlichen Produzenten, »gut ankommen«. Der lohnabhängige Durchschnittsmensch, der von diesen Dienstleistungen nichts weiß, dem sie wohl auch zu teuer wären, fühlt sich dann oft unterlegen, wenn er die Hofberichterstattung der »Schönen und Reichen« zu Gesicht bekommt, und wird nur zu oft in seiner Selbstachtung verunsichert.

Dass die derart gemanagten Celebritys gleichsam als Ware gehandelt und in ihrer Menschenwürde degradiert werden, sieht der Neidvolle nicht. Vielleicht liegt darin eine Erklärung, weshalb diese »Einsamen inmitten einer ehrfürchtigen Masse« gelegentlich extrem »über die Stränge schlagen«: Sie wollen wieder einmal aus der Rolle fallen dürfen. Manche entfernen sich dabei sehr weit von dem, was der Allgemeinheit – und ihren Ehefrauen und -männern – an Toleranz zugemutet werden kann.

In dem Schlüsselroman *Mit aller Macht* beschreibt der Autor Anonymus den zeit- wie skandalintensiven Wahlkampf eines US-Präsidentschaftskandidaten, der verblüffend an Bill Clinton erinnert und der von seinem Tross rundum verwaltet wird; nur wenn er sich irgendwelchen Frauen – Mitarbeiterinnen, Fans, aber auch Journalistinnen – so zwischendurch im Turbotempo, daher völlig beziehungslos, sexuell nähert, weichen sie diskret zurück, lassen ihm das letzte Stück Intimität. Wie sich zeigt, mit kontraproduktiven Folgen.

Deswegen wähle ich im Titel dieses Kapitels den Begriff »Täter« und meine damit dessen Ambivalenz zwischen dem aktiven Tun, wo andere nur zusehen und kritisieren, und der Untat, zwischen denen man wie Odysseus inmitten von Skylla und Charybdis[164] zwischen stiller Bewunderung und lauter Abscheu durchsegeln muss.

Die Einsamkeit des Politikers

»Einsam und nah am Abgrund sind nicht allein die großen Existenzdenker und -dichter«, schreibt der deutsche Psychologe Ulrich Beer. »Im Grunde ist es jeder verantwortlich denkende und handelnde Mensch, vor allem aber der, in dessen Kopf die Entscheidungen fallen, die für viele andere lebensbestimmend sind. Menschen in der Verantwortung, vor allem an der Spitze von Gemeinwesen, Unternehmen oder Verbänden, sind oft einsam.« Er erklärt das so:

»Dies hat viele verschiedene Gründe: Respekt ist einer der besten noch. Niemand traut sich an sie heran, mit ihnen vertraut zu sein, wie auch umgekehrt sie ihr Vertrauen rar dosieren müssen.«[165]

Ich selbst war drei Wahlperioden, von 1973 bis 1987, Mandatarin einer politischen Partei auf Kommunalebene und ebenso lang Kandidatin für den Landtag, daher auch Mitglied des Klubs der Mandatare, und konnte das Werbe- und Kooperationsverhalten von männlichen wie auch weiblichen Regierungsmitgliedern hautnah studieren. Manche verzichteten auf Respektsgehabe und biederten sich nach oben wie nach unten an. Andere zelebrierten Erhabenheit, wie die in einer Arbeiterpartei ungewohnt damenhafte erste österreichische Wissenschaftsministerin Hertha Firnberg, die nur eine plumpe Adjutantin neben sich duldete und privat mit ihrer Schwester in einem kleinen Häuschen am Stadtrand in Zurückgezogenheit lebte.

Ich habe an etlichen Schulungen für Nachwuchspolitiker teilgenommen, in denen die Frage gestellt wurde, weshalb man sich solch eine exponierte Position »antun« wolle. Meist kamen Antworten von »für andere da sein« und »damit es allen besser geht«; von Gestaltungswillen und Machtstreben sprach nie jemand – außer die Trainerschaft, und deren »Tabubruch« wurde immer sogleich empört abgewiesen ... Diese Schattenanteile waren offensichtlich nicht bewusstseinsfähig. Dabei sagte schon die Wortwahl deutlich genug, dass für andere da zu sein Beziehung voraussetzt und der Wunsch, dass es allen besser gehen soll, auch einen selbst mit einschließt – warum also eigene Bedürftigkeit nicht offen zugeben?

Viele wissen nicht um den Schmutz in der eigenen Seele, schreibt der Tiefenpsychologe Thomas Kornbichler über Demagogen, und projizieren ihn deshalb fanatisch auf ihre Feindobjekte.[166] Ich möchte das Wort Schmutz durch das Wort Vakuum ersetzen.

Nur wer nichts tut, macht keine Fehler.

Man schaut dann nur auf »die anderen« und sieht, dass denen etwas fehlt, und man vermeint, ihnen Erfüllung bringen zu können.

So zeigt sich auch in der *Sucht ganz oben zu sein* (so der Titel von Kornbichlers Buch) das, wofür der Psychoanalytiker Wolfgang Schmidbauer (*1941) die Wortschöpfung Helfer-Syndrom geprägt hat; Schmidbauer schreibt: »Die emotionale Hilflosigkeit des Helfers, sein Elend hinter der stark scheinenden Fassade, das waren Eindrücke, die häufig wiederkehrten.«[167] Kennzeichnend für das Helfer-Syndrom sei, so der Autor, dass der Betroffene die Regulation seines Selbstgefühls weniger an gegenseitige als an einseitige Beziehungen zu anderen Menschen knüpfe: »Da er oft schon als Kind nicht um seiner gegenwärtigen, persönlichen Gefühle und Eigenschaften willen geliebt wurde, sondern wegen der Verhaltensweisen, mit denen er sich an idealisierte Vorstellungen seiner Bezugspersonen anpasste, glaubt er, nur für das, was er macht, geliebt zu werden, nicht für das, was er ist.«[168] Je mehr er machen kann, desto mehr sollte also Liebe der Lohn sein – also wird er ein »Macher«. Ausbleibende Anerkennung wie auch das Auftreten konkurrierender Macher lösen Angst und Hilflosigkeitsgefühle aus, die er mit Schlechtreden oder Auftrumpfen überspielt. Damit erreicht er aber nur das Einverständnis von denjenigen, die mit ihm »auf einer Wellenlänge« sind – sich also im gleichen Denk- und Fühlmuster befinden.

Auch Ulrich Beer findet andere Begründungen für die Abgehobenheit von Politikern, abgesehen vom tatsächlichen oder vermuteten Zeitmangel, nämlich solche, die in deren Verhalten und Persönlichkeit wurzeln. Er schreibt: »Entscheidende Menschen sind aber oft deshalb einsam, weil Verantwortung schwer teilbar ist. Sie bleiben mit ihren Entscheidungen allein, und bei folgenschweren Entscheidungen drängt sich auch niemand, sie ihnen abzunehmen oder mit ihnen zu teilen. Am einsamsten sind sie natürlich bei Rückschlägen und Misserfolgen. Der Erfolg hat viele Väter – der Misserfolg immer nur einen.«[169]

Gerade diejenigen, die sich besonders um Erfolg mühen, neigen dazu, ihre ganze Energie auf das jeweilige Ziel, und zwar als einziges Ziel, zu lenken. Schon Sigmund Freud formulierte 1929: »Da der Mensch nicht über unbegrenzte Quantitäten psychischer Energie verfügt, muss er seine Aufgaben durch zweckmäßige Verteilung der Libido[170] erledigen. Was er für kulturelle Zwecke verbraucht, entzieht er großenteils den Frauen und dem Sexualleben: das beständige Zusammensein mit Männern, seine Abhängigkeit von Beziehungen zu ihnen entfremdet ihn sogar seinen Aufgaben als Ehemann und Vater.«[171] Das ist genau das, was heute als Gefährdung der Work-Life-Balance angesehen wird. Gelingt sie, so wird der Erwerbsbereich mit fünf anderen Lebensbereichen – aus meiner Sicht sechs – ins Gleichgewicht gebracht.[172] Gelingt sie nicht, droht Burnout.

Burnout – Ausbrennen im Gegensatz zum Verheiztwerden – besteht nach meiner Interpretation in Energiemangel: Man hat viel Energie abgegeben und zu wenig Input zurückerhalten – Input vor allem an Anerkennungsenergie, aber auch Unterstützungsenergie, Zusammenarbeitsenergie.[173]

So beschreibt der Schriftsteller und ehemalige deutsche Bundestagsabgeordnete Dieter Lattmann die Einsamkeit des nach einer Autofahrt von hundert oder mehr Kilometern spätnachts heimkehrenden Politikers: »Auf die Rolle im Mittelpunkt der Diskussion, die er eben noch ausgeübt hat, folgt jäh die Isolation. Ob es eine Menge oder eine schüttere Gruppe war, vor der er um Zustimmung zur Person und zur Sache warb – den gewohnten Rückweg in die Einsamkeit nimmt keiner ihm ab« und: »Kommt er heim, haben sich die ihm zugehören längst in den Schlaf entfernt und wollen dort bleiben. Ernüchtert durch das Selbstgespräch unterwegs und Promillevernunft holt er jetzt in der Küche einen kräftigen Schluck nach ...«[174] Niemand wartet in Permanenz auf jemanden unter der Voraussetzung, dass der andere unberechenbar kommt und geht, stellt Lattmann resigniert fest – ein Schicksal, das er mit anderen

Berufen teilt, in denen man der Allgemeinheit dient: mit Ärzten, Priestern, Psychotherapeuten[175] und darstellenden Künstlern.

Zur Berufsroutine von Politikern zählt auch das Angepatztwerden. Seitdem Politiker auf Facebook »Freunde« sammeln (lassen), tummeln sich in diesen Foren auch die Feinde, denn die Anonymität macht es möglich, die innere »Sau« erst so richtig »loszulassen«. Die Frage sollte sich aber jeder Mensch stellen: Als wer will man wahrgenommen werden? Als kritischer, ernstzunehmender Mensch – oder als Sau?

»Viel Feind, viel Ehr« – der Wahlspruch des »Vaters der Landsknechte« Georg von Frundsberg (1473–1528) – mag zwar als Autosuggestion gegen Schmähungen nützlich sein, die psychischen Verletzungen und Narben bringt er nicht zum Verschwinden. Denn auch wenn man intellektuell begreift, dass solche üble Nachrede zur psychologischen Kriegführung zählt und besser allein durchgestanden werden sollte als »veröffentlicht« – außer als Teil wissenschaftlicher oder künstlerischer Verarbeitung –, auf der Körperebene haken sich die Giftpfeile fest und bedürfen fachkundiger Entfernung und Reinigung; damit meine ich weniger psychotherapeutische Dienstleistungen als bewusste Körperarbeit: Rausschwitzen als Alternative zum Rausweinen, egal ob beim Laufen oder in der Sauna – und überhaupt jegliche körperliche Betätigung im Zusammenwirken mit den Elementen. Die Betonung liegt dabei auf »bewusst«! Energie folgt bekanntlich der Aufmerksamkeit, daher muss das »heilende Wort« – in diesem Fall ist das die Autosuggestion im »inneren Dialog« – konkret auf das Ziel gerichtet sein, das man verwirklichen will. Geschieht das nicht, sondern wird nur Fitness angepeilt, bleiben die Stresshormonausschüttungen im Körper, und um sich vor weiteren Attacken zu schützen, verspannt man sich muskulär – es entsteht ein Charakterpanzer.

Die Einsamkeit des Diktators

Darwins Formulierung vom »survival of the fittest« wird oft so verstanden und daher übersetzt, als hinge das Überleben von körperlicher Fitness ab. Das führt dazu, dass diejenigen, die die einsamen Spitzenpositionen anstreben, sich primär körperlich stärker wissen wollen als ihre Konkurrenz, daher trainieren sie lieber für sich allein mit einem Personal Trainer, als sich den fantasierten kritischen Blicken (und wieder übler Nachrede) auszusetzen – und verzichten gleichzeitig auf Gemeinschaft, Nähe und vielleicht sogar Freundschaften.

Darwin meinte mit seiner Formulierung allerdings, dass das Lebewesen überlebt, das sich am besten den jeweiligen Umweltbedingungen anpassen kann; oder fähig ist, diese zu verändern, ergänze ich – denn das zählt ja auch zu den Anpassungsmaßnahmen, zu den aktiven. Aber genau aus letzterer Fähigkeit erwächst das Dilemma, wem solche »Korrekturen« nützen – der Allgemeinheit oder nur sich selbst?

Thomas Kornbichler betont, der Machtmensch wolle in erster Linie mächtig sein: »Ihm geht es nicht um eine fördernde Hinwendung zu anderen Menschen, sondern darum, anderen sein eigenes Wollen aufzuprägen, das Innenleben anderer Menschen und deren äußeres Verhalten seinen Machtbedürfnissen entsprechend zu strukturieren.« – »Die Spannbreite der Mittel und Methoden, die der Machtmensch einsetzt, um dieses Ziel zu erreichen, ist groß: Sie reicht von subtilen geistigen Unterordnungsverhältnissen bis hin zu Gewalt und Zwang. Persönlichkeit, Besitz und Organisation sind Quellen der Macht.« Damit aber andere die eigene Schwachheit und die eigenen Schwächen – vor allem Charakterschwächen – nicht erkennen können, muss sich der Machtmensch mit einem Nimbus der Unnahbarkeit umgeben: »Der Machtmensch sucht Wissen nicht um der Wahrheit willen, Kunst nicht um der Schönheit willen, Menschen nicht um der Geselligkeit willen, Wirtschaft nicht um des Wohlstands willen – ihm sind diese Wertbereiche kein Selbstzweck, sondern lediglich Mittel, um seinen obersten Zweck zu befördern: Macht und Steigerung der Machtfülle.« – »Diese einseitige, schnell ins Perverse, das heißt Verdrehte, abgleitende Sicht der Dinge und der Menschen lässt uns vor kalten Machtmenschen schaudern.«[176] Man distanziert sich und meidet den Kontakt. Der Machtmensch, der sich selbst ja für ganz normal, das heißt in keiner Weise absonderlich, hält, versteht dieses Abrücken vorerst nicht – falls er es überhaupt wahrnimmt. Er erklärt seine Einsamkeit mit vieler Arbeit und nicht vorhandener freier Zeit, in weiterer Folge mit dem Fehlen von Personen, mit denen es sich »lohnt«, Zeit zu verbringen um sich letztlich in fantasierter Unvergleichlichkeit von der »misera plebs«[177] nicht verstanden zu wähnen. Die solcherart Verachteten spüren dies und werden sich über kurz oder lang Gesundheit fördernere Menschen suchen. Der schweizerisch-kanadische Unternehmer Bruno Gideon weiß: »Manager« – aber ebenso Team-, Nachbarschafts- und Familientyrannen –, »die sich auf diese Art durchsetzen, sind gefürchtet. Sie setzen sich mit Befehlen, Drohungen und Strafen durch, demütigen ihre Mitarbeiter und werten deren Stellung ab.« Damit meinen sie, die ihnen zustehende über-geordnete Position zu sichern. Aber: »Qualifizierte Mitarbeiter werden die erste Gelegenheit ergreifen, die Firma zu verlassen oder sich hausintern versetzen zu lassen.« Oder sie werden sich zu rächen versuchen.[178]

Ulrich Beer schreibt denn auch: »Und dann spielen eine große Rolle Angst und Misstrauen gegen Konkurrenz, Hintergangenwerden, Verrat und Intrige. Am größten allerdings ist die Einsamkeit der Erfolgreichen, wenn ihr Erfolg vergangen ist oder wenn sie gar abgestürzt sind in den Abgrund des Scheiterns.«[179] Das gilt es auf jeden Fall zu verhindern – am besten, indem man alle auf Abstand hält oder gar niemanden mehr nahe an sich heranlässt.

In meinem Buch *Kaktusmenschen* habe ich deshalb die Metapher dieser Pflanze gewählt, weil sie sich mit ihren Stacheln (eigentlich Dornen oder Borsten, Wolle oder Filz)[180] perfekte Abstandshalter haben wachsen lassen und weil man sich nicht durch gelegentliches Blühen täuschen sollte: Sie sind »selbstgenügsam«, d. h. brauchen (und wollen) nicht von anderen gefühlsmäßig »genährt« werden.

Fühllosigkeit macht einsam, weil sie den Austausch mit anderen behindert. Die Weltgesundheitsorganisation sieht Alexithymie – die Unfähigkeit, eigene Gefühle wie auch die anderer Menschen wahrzunehmen – als zunehmende psychische Erkrankung. Ich spreche lieber von Behinderung – wohl wissend, dass solche Robotermenschen im Topmanagement hoch angesehen sind, weil sie ohne Skrupel »über Leichen gehen.«

Fühllosigkeit macht aber auch doppelt einsam, weil sie selbst die Personen, die einst hofften, mit ihrer Liebe Veränderung bewirken zu können, in die selbstbewahrende Flucht treibt. Manchmal kommen dann diese Verlassenen – fast immer Männer – in Beratung oder Therapie, vorgeblich, um herauszufinden, woran dieser fast schon Automatismus liegen könnte – tatsächlich aber, um sich bestätigen zu lassen, dass eben ihr »wahrer Wert« – die Anpassung an die Profitinteressen von »denen da oben« – nicht gewürdigt wurde.

Die Einsamkeit des Beschuldigten

Wer beschuldigt wird, den verborgenen Erwartungen nicht entsprochen zu haben, kann dies entweder als Kriegserklärung auffassen und zurückkämpfen oder sich beleidigt zurückziehen – je nachdem, welches Modell einem in Kindheit und Jugend vorgespielt wurde. Die Paardynamik, die sich daraus ergibt, führt in den seltensten Fällen zu einer lustvollen Streitbeziehung – aber es gibt sie. In Ehen wie auch in Nachbarschaften.

Tatsächlich hat aber derjenige, der den Konflikt erkennt und ihn unter Respekt für die unerwünschte Gegenposition in Ruhe ansprechen kann, mehr Kraft als derjenige, der schnell und unruhig attackiert. Oft wird diese Ruhe als »Aussitzen« praktiziert, aber damit erstarrt Kommunikation – es fehlt Bewegung; Lebendigkeit ist aber immer durch Bewegung charakterisiert: einatmen – ausatmen, anspannen – entspannen, tun – ruh'n.

Die Passivität der – oft zu Unrecht – Beschuldigten hat viele Gesichter: Da gibt es Schockstarre, dass einem »so etwas« überhaupt zugetraut wird; dann die Empörung darüber, wie man von anderen gesehen wird (und diese verhaltene Zorndemonstration wird oft nur gespielt, um die kritische Stimme zum Schweigen zu bringen); überlegter Kommunikationsabbruch – eine beliebte Abwehr von ungetreuen Ehemännern und Ehefrauen. Und dann gibt es das Nichtstun aus Mangel an einem Verhaltensmodell: Man weiß einfach nicht, was man tun soll.

Heute gilt es als Tugend, immer aktiv zu sein und sich jedenfalls durchzusetzen. In früheren Zeiten wurde das Gegenteil propagiert: vornehme Zurückhaltung, edler Verzicht für Männer, stille Duldung für Frauen. In der älteren Generation – die noch Ende der Monarchie geboren wurde – sorgte die straffe Hierarchisierung mit Adel und Kaisertum für Pflicht und Selbstverständnis zur Unterwerfung. Wer aufmüpfte, galt als kriminell oder geisteskrank. Wenn man die Lebensgeschichten der Pioniere und Pionierinnen der Sozialdemokratie studiert, fällt einem auf, für welche Nichtigkeiten sie inhaftiert wurden. Der französische Philosoph Michel Foucault (1926–1984) erklärt demnach auch präzise, welcher Fortschritt darin lag, Kriminalität nicht mehr als »Beleidigung« des Souveräns zu definieren, sondern als Verletzung des »Gesetzes« – vor allem seitdem es von den gesetzgebenden Körperschaften aus Volksvertretern verfasst wurde.[181]

Solange jemand noch nicht rechtskräftig verurteilt ist – und ebenso, sobald seine Strafe getilgt wurde –, gilt jemand als unschuldig. Nur: auch wenn in den Medien oft süffisant auf diese »Unschuldsvermutung« hingewiesen wird, wird und bleibt die in Ver-

Fühllosigkeit macht einsam.

dacht geratene Person stigmatisiert – und ihre Angehörigen auch. So beschrieb der kalifornische Soziologieprofessor Erving Goffman (1922–1982) bereits Mitte der 1960er Jahre diejenigen Individuen als unfreiwillig mitstigmatisiert, die »durch die Sozialstruktur mit einem stigmatisierten Individuum verbunden sind«, was dazu führt, dass sie »als eins« behandelt werden: »So sind loyale Ehegefährten des Geisteskranken, die Tochter des Strafentlassenen, die Eltern des Krüppels, der Freund des Blinden und die Familie des Henkers alle gezwungen, einen Teil der Diskreditierung der stigmatisierten Person zu teilen, mit der sie verbunden sind«, denn: »Die Probleme, denen stigmatisierte Personen sich gegenüber sehen, breiten sich in Wellen aus, aber von abnehmender Intensität.«[182] Doch noch mehr »Mit«-Bezogenheit entsteht bereits dadurch, »»mit« jemandem zu sein, bei einem gesellschaftlichen Ereignis in seiner Begleitung anzukommen, mit ihm eine Straße hinunter zu gehen, ein Mitglied seiner Tischgesellschaft in einem Restaurant zu sein und so weiter. Der springende Punkt ist, dass unter bestimmten Umständen die soziale Identität derer, mit denen ein Individuum zusammen ist, als eine *Informationsquelle über seine eigene soziale Identität* benutzt werden kann, wobei die Annahme gemacht wird, dass er ist, was die anderen sind.« (Hervorhebungen von mir – R. A. P.). Und Goffman weiß: »Das Extrem ist vielleicht die Situation in Verbrecherkreisen: Eine Person, nach der gefahndet wird, kann legal jeden, mit dem sie gesehen wird, kontaminieren, ihn der Verhaftung auf Verdacht aussetzen. (Von einer Person, für die es einen Haftbefehl gibt, sagt man daher, ›sie habe Pocken‹, und ihr kriminelles Übel wird als ›ansteckend‹ bezeichnet.)«[183]

Von Beschuldigten – wie unschuldig sie auch sein mögen – oder anderen Stigmatisierten wird erwartet, dass sie sich der Gesellschaft fernhalten, um sie nicht zu »verseuchen« (ein anderes Wort für Goffmans »kontaminieren«). Goffman schildert dazu den Erfahrungsbericht eines beruflich gut qualifizierten Opfers einer Zerebrallähmung: »Die Arbeitgeber waren schockiert, dass ich die

Unverschämtheit besaß, mich um einen Job zu bewerben.« [184] (Hervorhebung von mir – R. A. P.).

Die elterlichen Befehle »Schäm dich!« besitzen eine verhängnisvolle Langzeitwirkung: Wann immer irgendwo ein »Schandfleck« auftaucht, suggeriert der »Kopfbewohner« die Selbstverkrümmung: Kopf und Schultern einziehen und die Angriffsfläche der Weichteile schützen. Mir ist es selbst passiert, als ein publicitygeiler Spitzenpolizist den Namen eines meiner Angehörigen, der – zu Unrecht, wie sich später herausstellte – unter Verdacht geraten war, »vertraulich«, versteht sich, an Journalisten weitergab. Zehn Tage nach der Veröffentlichung »Wie aus wohlinformierten Kreisen zu erfahren« nahm ich an einer Tagung im Innenministerium teil. Beim vorgelagerten »Come together« wurde ich von der damaligen Kinderjugendanwältin des Bundes, einer Sozialarbeiterin, die später Rechtswissenschaften studiert hatte, mit den laut vernehmbaren Worten begrüßt: »Was – du traust dich noch daher?« (Den Spitzenpolizisten, der seine Amtsverschwiegenheit gebrochen hatte, um sich an Medienvertreter anzubiedern, erreichte bald darauf die »ausgleichende Gerechtigkeit«: Er verlor aufgrund mehrerer gravierenderer Dienstvergehen sein Amt und den Beamtenstatus.)

Die Einsamkeit der Schuldigen

Was aber, wenn jemand nachweislich schuldig geworden ist?

Echte Schuld – im Gegensatz zu Schuldgefühlen – gehört vor den Richtertisch oder in den Beichtstuhl. Aber wann liegt wirklich echte Schuld vor? Eine Frage, die Jahrhunderte hindurch Juristen, Philosophen, Theologen und neuerdings Neurobiologen beschäftigt hat: Sie hängt mit der Frage nach dem sogenannten »freien Willen« zusammen, der von manchen Denkern postuliert, von anderen hingegen verworfen wurde. Straftäter verteidigen sich oft mit dem Satz, sie hätten nicht anders gekonnt – aber heißt das nicht nur, sie hatten in ihrem Denkschatz kein anderes Verhaltensmodell?

Das Wort »können« ist wieder eines mit Doppelsinn: Es beschreibt einerseits eine körperlich-geistige Fähigkeit, aber auch die körperlich-emotionale Möglichkeit zu einem bestimmten Handeln. Beispielsweise lautet ein Rechtsgrundsatz »Unkenntnis schützt nicht vor Strafe«, was bedeutet, die generell angenommene Fähigkeit zählt stärker als eine allfällige Unmöglichkeit, wie etwa aufgrund von Drohung und Erpressung. Da ein weiterer Rechtsgrundsatz lautet, »Der Beschuldigte darf alles seiner Verteidigung Dienliche vorbringen« – wahr muss es nicht sein, denn unter Wahrheitspflicht stehen nur die Zeugen –, wird jeder Schuldige versuchen, seine Schuld auf andere – z. B. die Erzieher – bzw. die zufällige Anwesenheit »am falschen Ort zur falschen Zeit« abzuwälzen. Er oder sie will nicht einsam übrigbleiben mit der erdrückenden Erkenntnis: Das war wirklich ich?

Darin erkenne ich einen weiteren Grund für die Beiziehung von Anwälten – neben dem ihrer Fachkenntnisse: Man hat einen Verbündeten, dem man im Misserfolgsfall die Schuld zuschieben und sich selbst als einsam missverstandenes Opfer der Umstände fühlen kann. Die mediale Gerichtssaalberichterstattung sowie Überfülle an Kriminalfilmen verstärkt dieses Schuldverleugnungsdenken, liegt dort doch der Schwerpunkt auf der intellektuellen Brillanz der Strafverteidiger – und die wissen die Gefühle anzusprechen, die die wenigsten Menschen gründlich durchdacht und damit beherrschbar gemacht haben: die Angst der frühen Kindheit vor dem Verlassenwerden und den Zorn, wenn das unvermeidbar scheint.

Männer, die ihre Partnerinnen töten, täten dies vor allem dann, wenn sie zurückgewiesen wurden bzw. von einer Trennungsdro-

Wahre Stärke wohnt nicht in einsamen Entscheidungen, sondern in der Stärke, keine Angst davor zu haben, andere mit einzubeziehen.

hung oder tatsächlichen Trennung betroffen sind, schreibt der Neurobiologe Joachim Bauer.[185] Nicht nur, ergänze ich – oft ist es eben das sich selbst zugestandene Recht, die Frau bestrafen zu »dürfen«; so tötete beispielsweise ein alter Mann seine Ehefrau aus Zorn, weil sie ihm statt Fleisch Hülsenfrüchte vorgesetzt hatte.[186] Von Frauen ausgehende Gewalt, ergänzt Bauer, äußere sich primär verbal, nicht körperlich. Aus meiner Erfahrung zeigt sich aber häufig eine »Verschiebung« auf Gegenstände: Man zerstört, wovon man meint, dass es dem anderen »wichtiger« sei als man selbst. Kinder, Haustiere, Möbel, Kleidung, Fahrzeuge.

Die dringende Lernaufgabe lautet vor allem, das Aufsteigen von Wut, Zorn, Hass und Rachsucht in sich selbst schon im Ansatz wahrzunehmen und als das zu entschlüsseln, was dieser Energiezuwachs bedeutet: Aktivierung, um etwas zu »tun« – und dann bewusst zu entscheiden, was die »richtige«, nämlich sozial anerkannte Form von Tun wäre. Um zu erkennen, was sozial anerkannt wäre, braucht man Gesprächspartner gleichsam als Vertreter der Gesellschaft – denn wenn man von »heißen« Emotionen geschüttelt oder übermannt wird, setzt meist das vernünftige Denken aus. Es gibt aber auch »kalte« Emotionen, schleichende Impulse, die bis zur einsamen Entscheidung der Rache anwachsen. Das klassische Beispiel dafür sind die School Shootings, die zielgerichtete Gewalt gegen Schulen, Lehrer, Schüler und wer sich sonst noch zur falschen Zeit am falschen Ort aufhält.

Die unselige Strafwut der Eltern pflanzt sich als Allerweltsmodell gegen Unerwünschtes fort: Es ist so leicht, ein Opfer zu finden – und wenn es nur die Person ist, die einem zufällig auf der Straße entgegenkommt –, wenn man in sich gefangen ist und ausbrechen will. Für dieses Gefühl des In-sich-selbst-eingeschlossen-Seins braucht man ein Beispiel für sozial anerkannten Ausdruck, und der lag immer schon in der Kunst in allen ihren Variationen.

Die Art, wie jemand mit Informationen über eine eigene »dunkle Vergangenheit« – oder der von Angehörigen – umgeht, ist eine

Frage persönlicher Identifizierung.[187] Alice Miller weiß: »Wenn z. B. ein Erwachsener beim Verlust eines nahen Menschen keine Trauer erleben darf, sondern mit Hilfe von Zerstreuung den Kummer zu vergessen sucht, oder wenn er aus Angst, eine Freundschaft zu verlieren, seine Empörung über das Verhalten des idealisierten Freundes vor sich selber unterdrückt, muss er wahrscheinlich mit einer depressiven Verstimmung rechnen (es sei denn, die grandiose Abwehr stünde ihm ständig zur Verfügung). Wenn er in seiner Analyse auf diesen Zusammenhang zu achten anfängt, kann er von seiner Depression *profitieren*; er kann von ihr Wahrheiten über sich selbst erfahren. Ein Kind hat diese Möglichkeit noch nicht. Der Mechanismus der Selbstverleugnung ist hier noch nicht zu durchschauen, andererseits ist das Kind von der Intensität seiner Gefühle ohne eine haltende, empathische Umgebung noch viel mehr als der Erwachsene bedroht.«[188]

Egal, welche Fehlhandlungen ein Mensch im Laufe seines Lebens »verbrochen« hat: Taten sind eines – der Mensch selbst ist aber viel mehr als nur sein Verhalten. Man hilft ihm nicht, sich weiter zum Besseren zu entwickeln, wenn man ihn auf Augenblicke des sozialen Versagens festlegt. Ganz im Gegenteil: Man muss fördern, eine realistische Zukunftsvision zu erarbeiten. Dazu ist aber notwendig, eine Neurosignatur des Vertrauens aufzubauen, dass wahre Stärke nicht in einsamen Entscheidungen wohnt, sondern in der Stärke, keine Angst davor zu haben, andere mit einzubeziehen.

7 Einsamkeit als Bestrafung
Warum Einsamkeit die schwerste Strafe ist

Selbstverständlich hat man hier viele traurige Stunden.
Wenn einem Erinnerungen und Bilder von früher auftauchen,
fehlt nicht viel, dass die Tränen kommen.
Die Einzelhaft mit einem Totalverbot jeglicher Zerstreuung,
Beschäftigung und menschlicher Gemeinschaft
ist eine teuflische Rache.

PETER MOENS[189]

Wenn Kinder sich nicht so verhalten, wie es die Mehrheit – Eltern und die geballte Verwandtschaft, beobachtende Nachbarschaft mit inbegriffen – für »richtig« definiert, setzt es fast immer Strafen: aus dem Zimmer weisen, aussperren (vom Balkon über Keller bis aus der Wohnung oder dem Haus), nicht mehr anschauen, nicht mehr reden. Zu nichts machen – vernichten. Nachtisch- und Fernsehverbot sind da Lappalien dagegen – Handy- und Computerverbot hingegen nicht, denn sie dienen der sozialen Erreichbarkeit, aktiv wie passiv, und sind damit Baustein der sozialen Gesundheit.

Wer erlebt hat, wie es sich anfühlt, in der Klassenecke stehen zu müssen, auf den Gang hinaus oder gleich der Schule verwiesen zu werden, weiß, wie sehr diese Zwangseinsamkeit schmerzt – und seit den Büchern des Neurobiologen und Psychotherapeuten Joachim Bauer sollte auch der breiten Bevölkerung bekannt sein, dass seelische Schmerzen die gleiche Wirkung im Gehirn auslösen wie körperliche.[190]

Sigmund Freud schreibt im »Unbehagen in der Kultur«: »Als letzten und gewiss nicht unwichtigsten Charakterzug einer Kultur haben wir zu würdigen, in welcher Weise die Beziehungen der

Menschen zueinander, die sozialen Beziehungen, geregelt sind, die den Menschen als Nachbarn, als Hilfskraft, als Sexualobjekt eines anderen, als Mitglied einer Familie, eines Staates betreffen. Es wird hier besonders schwer, sich von bestimmten Idealforderungen frei zu halten und das, was überhaupt kulturell ist, zu erfassen. Vielleicht beginnt man mit der Erklärung, das kulturelle Element sei mit dem ersten Versuch, diese sozialen Beziehungen zu regeln, gegeben. Unterbliebe ein solcher Versuch, so wären diese Beziehungen der Willkür des Einzelnen unterworfen, d. h. der physisch Stärkere würde sie im Sinne seiner Interessen und Triebregungen entscheiden. Daran änderte sich nichts, wenn dieser Stärkere seinerseits einen einzelnen noch Stärkeren fände. Das menschliche Zusammenleben wird erst ermöglicht, wenn sich eine *Mehrheit* zusammenfindet, die stärker ist als jeder Einzelne und *gegen jeden Einzelnen zusammenhält.*« (Hervorhebungen von mir – R. A. P.), und setzt dann fort: »Die Macht dieser Gemeinschaft stellt sich nun als ›Recht‹ der Macht des Einzelnen, die als ›rohe Gewalt‹ verurteilt wird, entgegen. Die Ersetzung der Macht des Einzelnen durch die Gemeinschaft ist der entscheidende kulturelle Schritt.«[191] Aus der Sicht der Generationen nach der Herrschaft des Nationalsozialismus und nachfolgender autoritärer Regimes ist die Formulierung als »kultureller Schritt« wegen der ihr innewohnenden positiven Suggestion aber sehr zu hinterfragen; ebenso kritisiert werden sollte auch jegliche paternalistische – was angebliche Fürsorglichkeit für als unfähig Bezeichnete bedeutet – »strukturelle Gewalt«, die bestimmten Bevölkerungsgruppen bzw. Gesellschaftsschichten Bildung und darauf basierend politische Mit- und Selbstbestimmung vorenthält. In der Gesetzessprache heißt das dann »Unmündigkeit« und bedeutet, dass jemand nicht für sich selbst sprechen und bestimmen darf. Kinder bis zu einem bestimmten Alter beispielsweise; es ist aber noch nicht so lange her – in Österreich 35 Jahre – dass auch Frauen sich unbedingt nach dem »Oberhaupt« Mann zu richten hatten. Es war die sozialistische Nationalratsabgeordnete Dr. Erika Seda, die seit den 1960er Jahren in unzähligen Reden die »Enthauptung« dieses seit 1812 (dem Jahr des Inkrafttretens des ABGB) den Frauen »Vorgesetzten« forderte – aber es dauerte zwanzig Jahre, bis die Gleichberechtigung von Mann und Frau in der Ehe in der »Großen Familienrechtsreform« Gesetz wurde. Damit wird dem Menschen Subjektstatus entzogen – der Mensch wird zum Objekt gemacht.

Wenn Widerspruch nicht geduldet wird, sondern mit präventiven Drohungen verhindert und gleichzeitig auch das Heldentum von Märtyrern vermieden werden soll, besteht die effizienteste Form dafür im Unmöglichmachen von Kommunikation.

Verbannung

In der Antike wurden Menschen, die man aus welchen Gründen auch immer – beispielsweise weil sie zu populär waren – nicht töten wollte, in die Verbannung, in die »gezielte Vereinsamung« geschickt.

Heute passiert Ähnliches oft mit zur Last gewordenen alten oder kranken Anverwandten – doch was dem einen Last ist, ist dem anderen oft gern geleisteter Dank für frühere Unterstützung. Im Märchen von der Frau Holle sind es die Stiefschwestern Goldmarie und Pechmarie, die unterschiedlich auf Hilferufe reagieren und dafür dann auch Lohn und Strafe empfangen.[192]

Ich habe selbst in meiner Verwandtschaft erlebt, wie eine geistig rege, körperlich nur träge Greisin still und heimlich von einer ihrer Töchter – nämlich derjenigen, die im selben Haus wohnte (!) – gegen ihren Willen in ein Altersheim verbracht wurde, weil sie ungestört zwei Monate auf Sommerfrische fahren wollte. Die bis dahin rüstige und gesunde alte Dame verstarb dort in der dritten Woche ihres Aufenthalts: Sie hatte sich in der kühlen Nacht verschwitzt im Nachthemd ans geöffnete Fenster gestellt und bewusst eine Lungenentzündung provoziert. Der Urlaub der lieblosen Tochter war damit auf jeden Fall gestört … und wie das Schicksal so spielt, starb ihr 32-jähriger Sohn drei Jahre später just auch während der traditionell zweimonatigen Sommerfrische an einem Herzschlag in der Badewanne. Die Nachbarin hörte tagelang das Wasser rauschen und »störte« den Urlaub mit dem Rückruf nach Wien.

»Vereinsamung isoliert uns von anderen, sie schwächt uns, sie zerstört unsere Möglichkeiten des Selbstausdrucks, das Alleinsein nimmt Mut und Kraft weg«, schreibt die evangelische Theologin und Pazifistin Dorothee Sölle, auch aus eigener bitterer Erfahrung, denn: »der Bodensatz von allem ist die Lächerlichkeit, der man sich unweigerlich aussetzt.«[193] Im Falle von Kranken und Alten lautet der Abwehrsatz dann: »Geh, führ dich nicht so auf!« Zur Verweigerung der Kommunikation tritt die Verunglimpfung der Person, die sich dagegen zu wehren versucht.

»Abweichend denken und handeln, ein Dissident sein, bedeutet räumliche Isolierung – plötzlich stehen alle auf der anderen Seite; es bedeutet zeitliche Isolierung – du bist ja von vorgestern, es bedeutet geistige Isolierung – du hast ja die Sachzwänge und Gesetzmäßigkeiten gar nicht verstanden; aber das Schlimmste ist die emotionale Isolierung – du machst dich doch nur lächerlich.«[194]

»Tomi, das Kaff. Tomi, das Irgendwo. Tomi, die eiserne Stadt.« – »Denn in Tomi hatte man sich von der Welt abgewandt, um das Ende eines zweijährigen Winters zu feiern.« – »Von den neunzig Häusern der Stadt standen damals schon viele leer; sie verfielen und verschwanden unter Kletterpflanzen und Moos. Ganze Häuserzeilen schienen allmählich wieder an das Küstengebirge zurückzufallen.«[195] So trist beschreibt Christoph Ransmayr in seiner Fiktion den Ort in Rumänien, an den seinerzeit der römische Dichter Publius Ovidius Naso verbannt worden war und an dem er vermutlich auch starb, und wo ihn nun sein Freund Cotta sucht: »Naso …? War das nicht der Verrückte, der gelegentlich mit einem Strauß Angelruten auftauchte und selbst bei Schneegestöber noch im Leinenanzug auf den Felsen saß? Und am Abend trank er in den Kellern, spielte Harmonika und schrie in der Nacht.«[196] Weswegen Ovid verbannt wurde, ist umstritten. Möglicherweise hatte er nur das sittliche Empfinden Kaiser Augustus' verletzt – oder er war Mitwisser einer anderen derartigen Verletzung. Aber was es für einen Dichter, einen Mann der Sprache, bedeutet, zum Leben in einem fremden Land, dessen Sprache er nicht kennt, weit weg von seiner Lebensstätte und vertrauten Gesprächspartnern, gezwungen zu sein, kann nur jemand verstehen, der selbst erlebt hat, was es heißt, zur ungewollten Sprachlosigkeit verdammt zu sein – so wie heute viele Flüchtlinge.

Im Schubert-Lied »Der Wanderer« (Text von Georg Philipp Schmidt von Lübeck) drückt sich diese Stimmung u. a. so aus: »Die Sonne drückt mich matt und kalt, | Die Blüthe welk, das Leben alt, | Und was sie reden tauber Schall, | Ich bin ein Fremdling überall. || Wo bist du, mein gelobtes Land, | Gesucht, geahnt und nie gekannt? | Das Land, das Land so hoffnungsgrün, | Das Land, wo meine Rosen blüh'n? || Wo meine Träume wandeln geh'n, | Wo meine Todten aufersteh'n, | Das Land, das meine Sprache spricht, | Und alles hat, was mir gebricht?«[197]

Vogelfreiheit

Bei den altnordischen Völkern war die Friedlosigkeit die höchste Strafe; sie wurde von der Gemeinschaft über den vermutlichen Missetäter verhängt: Frieden konnte man nur innerhalb des bewohnten Bezirks genießen, weil dort Opfer die Götter versöhnten und Priester für den richtigen Umgang mit den Göttern sorgten und auch die Dämonen bannten. Verbannung aus diesem Schutzbezirk hingegen war gleichbedeutend mit der Auslieferung an tödliche Kräfte.[198]

Im Gegensatz zu den Bestrafungen, in denen die absolute Willkür der jeweiligen Machtinhaber, Eltern und gewalttätige Ehemänner inbegriffen, zum Ausdruck kommt, findet sich im alten Island die Vorstellung, dass der Verjagte überleben kann, wenn ihm die Götter gnädig sind – also die Vorstellung von einer dem Menschen übergeordneten Kraft: »Die Gemeinschaft will sich nur von ihm befreien, nicht mit seinem Blut beflecken, und nur, wenn einer der Männer auf den Friedlosen trifft, wird dieser erschlagen.«[199] Es gab aber auch mildere Formen wie die Ächtung, Verbannung auf einige, meist drei Jahre (»Lebensringzaun«) oder auf Lebenszeit, in der es verboten war, den so Ausgegrenzten zu töten; auch durfte man ihn nicht an der Emigration hindern.[200]

Jemanden mit »Schimpf und Schande« davonzujagen, soll nicht nur andere davon abhalten, ihm Hilfe angedeihen zu lassen oder sich gar mit ihm zu solidarisieren, sondern hat immer auch den Sinn, ihn zu schwächen. Mir fällt immer öfter auf, dass Leute wähnen, »Schimpfen« bestünde nur im Gebrauch von Schimpfworten. Das stimmt aber nicht: Schimpfen beinhaltet auch üble Nachrede, ja sogar üble Anrede, und zielt darauf ab, die andere Person in der Selbst- wie auch Fremdachtung herabzusetzen und ihr damit Kraft – auch die Kraft der Gemeinschaft – zu nehmen.

Der mit seiner Wasserkristallfotografie bekannt gewordene japanische Alternativmediziner Masaru Emoto (* 1943) engagiert sich für den Nachweis, dass Wasser Gedanken und Gefühle aufnehmen und speichern kann. Zu diesem Zweck beschriftet er Wasserbehälter mit positiven bzw. negativen Worten (beispielsweise »Liebe« oder »Hass«) oder lobt bzw. beschimpft Wasser, lässt es gefrieren und fotografiert nachher die Kristalle. Beim »gelobten« Wasser sind diese symmetrisch und entsprechen der allgemeinen Bewertung von wunderschön, beim »gehassten« Wasser zeigten sich hingegen Deformationen, oft konnte nicht einmal eine Kristallbildung erzielt werden. Emoto schreibt daher: »Der Unterschied zwischen guten und schlechten Worten wirkt sich auf die Qualität der Nahrungsmittel und des Wassers aus.«[201] Das erklärt auch den Sinn des Brauches, beides von Priestern segnen zu lassen – allerdings können wir alle das auch selbst tun.

»Alleinsein nimmt Mut und Kraft weg.«

Als der beliebte Fernsehjournalist Horst Friedrich Mayer (1936–2003) anlässlich seines Pensionsantritts von der Nachrichtenmoderation zur freiberuflichen Sendungsgestaltung wechselte, lud er eine Schauspielerin in seine neue Gesundheitssendung ein, das Gebet des Gretchens aus Goethes *Faust 1* – »Ach neige, du Schmerzenreiche, dein Antlitz gnädig meiner Not« – zu sprechen. Vor der Rezitation sowie nachher wurde ihr Blut abgenommen und der Immunstatus gemessen: Nach der Darstellung der Verzweiflung Gretchens waren die Immunwerte massiv abgesunken![202] Deswegen sollte man auch nicht über Schauspieler spotten, wenn sie psychotherapeutische Dienstleistungen für ihre Psychohygiene nutzen!

Wer psychisch nicht verhärtet ist, braucht diesen Gebetsdialog nur einfühlsam zu lesen und wird spüren, wie auch in ihm oder ihr die Tränen der einsamen Verzweiflung des unverheiratet schwangeren Gretchens hochsteigen, das weiß, dass es aus der Gesellschaft dieser »Schande« wegen ausgestoßen werden wird.

Exkommunikation

Es zählt ebenso zur psychologischen Kriegführung, Gegnern – und da vor allem den charismatischen Führern von Oppositionsbewegungen – mit verbalen Attacken die seelische Gesundheit zu nehmen. Als ich in jungen Jahren Kommunalpolitikerin war[203], wurden wir von einem Psychologen in einem »Sprachlabor« – in Kabinen voneinander getrennt, aber über Kopfhörer mit dem Trainer verbunden – daraufhin geschult, andere Menschen zu verunsichern oder zu demütigen. So lautete eine Aufgabe, Ungebildetere mit »Soziologendeutsch«, d. h. vielen Fremdworten, niederzureden, Gebildetere aber durch möglichst ordinäre Grobheit mundtot zu machen. Als ich dann meinen Beruf als Juristin – wo solche Taktiken vor Gericht auch von vielen Rechtsanwälten geübt werden – wechselte und Psychoanalytikerin wurde, wurde mir klar, dass ich bei solchen Kampfspielen nicht mehr mittun wollte: Sie schädigen nämlich nicht nur die Gesundheit der Gegner, sondern auch die eigene. Man mutiert gleichsam zu einer Waffe und verliert seine Fühl- und Liebesfähigkeit. Dies ist auch ein Grund, weswegen ich – wie bei amerikanischen Kollegen ohnedies üblich – wo immer es geht bewusst auf die »deutsche« Wissenschaftssprache verzichte.

Ähnlich versuchte Boxlegende Cassius Clay alias Muhammad Ali (*1940) noch vor dem Kampf seine Gegner durch Beschimpfungen zu demoralisieren und dadurch zu schwächen. Genau das Gleiche tun aber auch Eltern, wenn sie ihre Kinder beschimpfen, bedrohen und bestrafen.

Oft genügt auch nur der »strafende Blick«, um andere in Angst zu versetzen. »Der Mensch wird am Du zum Ich«, lautet ein weltberühmter Satz von Martin Buber.[204] Es liegt am jeweiligen Du, ob es das Ich des anderen fördert oder schädigt. Egal ob man sich den Eltern, Lehrern, Vorgesetzten oder »Gott« gegenüber befindet – bis man sich aus der Abhängigkeit des Wunsches nach Akzeptiertwerden aufgerichtet hat und aufrichtig aufrecht geworden ist, braucht es Jahre und Kraftquellen, die einem den Rücken stärken. Denn Rückenstärke braucht es zum Aufrichten.

Besonders kleine Kinder, die noch im sogenannten »magischen Denken« befangen sind, erleben den »verdammenden« Blick als körperliche Schmerzzufügung; aber auch sensible Erwachsene spüren solche Blicke wie Nadelstiche: Es ist die negative Energie, die einfühlsam begabte Menschen wahrnehmen, gepanzerte, d.h. extrem muskulär verspannte, aber nicht mehr. Immerhin sind Gedanken chemisch-elektrische Prozesse im Gehirn.

Unabhängig von der Negativbotschaft der Strafblicke sollen die so Verachteten dazu veranlasst werden, die Gemeinschaft gar nicht mehr aufzusuchen. Wem die Gemeinschaft aber wichtig ist – vor allem, wenn es sich um die Gottesdienstgemeinde handelt wie in der römisch-katholischen Kirche, die geschiedenen Wiederverheirateten die Teilnahme an der Eucharistie verweigert – leidet doppelt unter dem Ausschluss: einesteils, weil es Menschen sind, die sich anmaßen, sich zwischen den konkreten Menschen und seinen Gott zu stellen, anderenteils, weil nur sie selbst wissen, welche Ehe die gottgefällige ist. Denn wenn es auch in Matthäus 10,9 heißt, »Was Gott zusammengefügt hat, soll der Mensch nicht trennen« – wer weiß, ob nicht Gott während der langen Lebenszeiten, die wir heute bewältigen müssen, trennt und zusammenfügt und wieder trennt und wieder zusammenfügt ...?

Die »Zauberkraft des Auges« wird nicht nur negativ[205], sondern indirekt auch durch das allsehende Gottesauge im Strahlenkranz symbolisiert (trotz des Bilderverbots von 5 Mose 5,8–10) und steht damit in der Tradition des magischen Strafzaubers. Bei den alten Germanen wurde sogar den Leichen von Menschen, denen man den »bösen Blick« unterstellte, eine Binde über die Augen geknotet, um die Kraft ihrer Blicke hintanzuhalten. (Übrigens glaubte man auch, dass alle Knoten Zauber und magische Wirkungen hemmen könnten.)[206]

Exkommunikation bedeutet Ausschluss aus der miteinander sprechenden Gemeinde und wird als Strafe eingesetzt. Nicht-Reden bedeutet aber nicht, dass nicht über jemanden geredet wird – nur hat man dann eben keine Möglichkeit der Gegenrede und damit der Erklärung, Rechtfertigung und Selbstbehauptung. Kindern und Jugendlichen den Mund zu verbieten – in meiner Jugend hieß das »Sei schweig!« –, schafft ein Fleischgefängnis, in dem man steckenbleibt und nicht »aus sich heraus« darf.

2014 stach sich eine Dreizehnjährige in den Bauch, nachdem ihr die Mutter im Streit das Handy weggenommen und wütend die Wohnung verlassen hatte.[207] Was oft nur mit dem bewussten Ziel, die empfindlichsten und wichtigsten Bereiche der Person zu vernichten, als Strafe eingesetzt wird, hat tiefenpsychologisch gesehen noch ganz andere Gründe: einerseits Konkurrenz mit denjenigen, mit denen lieber kommuniziert wird als mit einem selbst – anderer-

»Der Mensch wird am Du zum Ich.«

seits aber auch die Angst, dass eigene Grausamkeiten publik werden könnten.

Kinder, die Gewalt gegen sich und andere richten, senden deutliche Notsignale aus, das betont wie so viele Experten vor ihm auch der im deutschsprachigen Raum hoch angesehene Pädagoge und Erziehungswissenschaftler Hans-Ullrich Krause (*1954), und er weiß: »Wenn Familien die Last der gesellschaftlichen Anforderungen nicht mehr tragen können, wenn sie stattdessen zunehmend zerfallen und Kinder dabei allein und unbeachtet bleiben oder auch oft zum Sündenbock gemacht werden, zum Prügelknaben wegen der unbewältigten Konflikte der Erwachsenen; manchmal auch *ausgesetzt, abgeschoben, weggedrängt* und bisweilen schwer misshandelt oder sogar getötet, dann ist es wohl höchste Zeit, nach *wirklich neuen Wegen* in der Betreuung von Kindern und Familien Ausschau zu halten.« (Hervorhebungen von mir – R. A. P.) Er warnt, dass der Ausweg aus diesem Dilemma nicht das geschlossene Heim sein kann und ebenso wenig Strafen: »So wie es nicht lohnen wird, schwierige Kinder einzusperren, hat es keinen Sinn, nach härteren Strafen, rigidem Staat und mehr Polizei zu rufen.«[208] Das Einzige, das hilft, sind sichere, ehrliche und verlässliche Beziehungen, und die Geduld, die Zeit aufzubringen, das zu heilen, was in zehn, fünfzehn Jahren oder noch länger an Vertrauen in Menschen und die Gesellschaft kaputtgemacht wurde.

Dass Gefühle »ansteckend« sind, haben Neurobiologen wie Joachim Bauer in leicht verständlichen Büchern[209] eindrücklich dargelegt. Älter ist hingegen die Fantasie, dass »schlechte Gesellschaft« ebenso anstecken könnte. Für mich zeigt das nur, wie wenig manche sich selbst als »guter Gesellschaft« vertrauen – und gleichzeitig, wie sehr die absolute Selbstbehauptung als Mächtige, die man nicht kritisieren darf, primäres Ziel geworden ist anstelle der Fürsorge – aber auch Erziehungspflicht – gegenüber dem eigenen Nachwuchs.

»Nicht nur der Wunsch nach Nahrungsaufnahme, auch weitere

Anzeichen von Vitalität (z. B. die spontane Neigung, sich zu bewegen) lassen unter Isolationsbedingungen, auch wenn genügend Nahrung zur Verfügung steht, drastisch nach«, weiß Bauer, der ja auch Internist, Psychiater und Psychotherapeut ist, und er schreibt: »Soweit es sozial lebende Arten betrifft, gehen über lange Zeit isolierte oder sozial ausgegrenzte Individuen, ungeachtet eines angeblichen ›Selbsterhaltungstriebes‹, zugrunde.«[210]

Das trifft sich mit den Beobachtungen des österreichisch-amerikanischen Psychoanalytikers und Begründers der Säuglingsforschung René Spitz (1887–1974), der 1965 seine jahrzehntelangen Studien an Säuglingen, die in Heimen untergebracht waren, in einer Gesamtübersicht veröffentlichte; er stellte bei zwei- bis dreimonatiger Abwesenheit der Mutter zuerst Weinerlichkeit, dann Kontaktverweigerung fest, Gewichtsabnahmen trotz ausreichender Ernährung, Schlaflosigkeit, Anfälligkeit für Erkältungen, motorische Verlangsamung, Absinken der üblichen Entwicklungsfortschritte und schließlich starre Abwesenheit. Wo es gelang, die Ablehnung der Annäherung zu überwinden, folgte verzweifeltes Sich-Anklammern.[211] Spitz nannte dieses Syndrom »anaklitische Depression«, um es von der Krankheit Erwachsener zu unterscheiden.[212] Kam die Mutter zurück, verschwanden bei den meisten Kindern viele dieser Symptome; wie Spitz vermutete, weiß man heute, dass »Narben« zurückbleiben und sich oft erst spät schmerzhaft bemerkbar machen. Dauerte die Trennung länger als fünf Monate, verstärkte sich der depressive Zustand zu dem, was Spitz als Hospitalismus bezeichnete.[213] Dies führte zu analogen Arbeiten über Verhaltensveränderungen bei Tieren und diese zeigten gleiche Ergebnisse, wenn ihnen Sinnesreize fehlten. Die Folgen zeigten sich umso schwerwiegender, je höher die Evolutionsstufe ist, auf der sich die betreffende Tierart befindet.[214] Gerade weil die Negativfolgen des Mangels nicht nur an Zuwendung, sondern auch an herausfordernd-fördernden Sinnesreizen schon so lange bekannt sind bzw. sein sollten, sollten sie nicht als Strafe eingesetzt werden, denn sonst machen sich die dafür Verantwortlichen einer massiven Gesundheitsschädigung und gegebenenfalls Körperverletzung schuldig.

Einsperren

Es ist nicht allein das physische Alleinsein und der Entzug von Zuwendungsenergie, was so schädigt – es ist die bewusste Ignoranz der Bedürfnisse, die soziale Gesundheit aufbauen und bewahren. Dazu zählt auch das Bedürfnis, in seiner körperlichen Selbstbestimmung respektiert zu werden, und zu dieser gehört auch Bewegungsfreiheit.

Menschen – egal wie alt sie sind – verächtlich nur »Betteln um Aufmerksamkeit« oder gar »Rütteln am Watschenbaum« zuzuschreiben, zeugt von der psychischen Verrohung derjenigen, die mit diesen Glaubenssätzen erzogen wurden.

Oft wird formuliert, es seien »Überforderungssituationen«, in denen Eltern zur Gewalt greifen, und als Ersatzmittel empfehlen Erziehungsexperten »ein Time-out, wo man das Kind für eine kurze Zeit aus dem Geschehen nimmt, ihm keine Anreize bietet und somit Langeweile einsetzt«.[215] Aus meiner Sicht bedeutete dies, den Teufel mit dem Beelzebub auszutreiben. Das, was wirklich not-wendig wäre, besteht in fördernder Kommunikation im Sinne des »Ethischen Imperativs« des weltberühmten, im Heimatland weitgehend unbekannten, österreichischen Systemtheoretikers Heinz von Foerster (1911–2002): »Handle stets so, dass die Anzahl der Wahlmöglichkeiten größer wird.« Aber auch für diese Art von »sozialer Kreativität« braucht man eine grundlegende Neurosignatur: Man muss sie sich »abschauen« können – denn bis man so viele Vor-Bilder hat, dass man in Kenntnis der dazu nötigen psychologischen »Konstruktionsanleitung« selbst etwas ganz Neues erfinden kann, braucht es auch die ethische Eigenständigkeit, auf die gängigen Modelle zu verzichten, wie man jemanden dazu bringen könnte, gegen seinen eigenen Willen das zu tun, was man will –

ohne darum zu bitten. Dabei wären Bitten – Verhandlungsangebote – die Kraft, vor allem aber die vor Negativfolgen schonendste Form, zu dem zu kommen, was man wünscht.

Wenn ein Kind ein einziges Mal roh behandelt wurde, weiß der jungianische Psychoanalytiker Joel Covitz, lebt es weiterhin unter der fortwährenden Drohung der Gewalt, auch wenn sie nie wieder eintritt, weil es mit ihr rechnet; viele assoziieren auch späterhin Problemlösen mit Gewalt. Daraus kann ein Teufelskreis von »Bestrafung, Verschlechterung der Beziehung, Frustration und neuerlicher Bestrafung« entstehen.[216] Dieser Unheilszirkel dräut aber nicht nur über Kindern, sondern auch über den Ehefrauen, die wie Kinder behandelt werden.

Auch heute noch werden Kinder und Frauen eingesperrt – und nicht nur die von türkischen Immigranten wie in dem Film *40 m² Deutschland*. Wenn Fälle bekannt werden von Kindern oder Frauen, die aus Fenstern stürzen, muss immer mit bedacht werden, dass dies ein verzweifelter Fluchtversuch sein kann. Nicht jede hat das Glück, in einer ebenerdigen Wohnung eingesperrt worden zu sein wie eine Klientin von mir, der, selbst Akademikerin, von ihrem Partner, ebenfalls Akademiker, zuerst die Autoschlüssel, dann das Mobiltelefon und zuletzt die Brieftasche weggenommen worden waren, bevor er sie in seiner Wohnung einsperrte. Sie verletzte sich nur geringfügig, als sie aus dem Fenster sprang. Dennoch wollte sie den Gewalttäter nicht verlassen, auch nicht institutionelle Hilfe in Anspruch nehmen – zu groß war ihre Angst vor seinen Drohungen. Im Sinne des ethischen Imperativs galt es also, neue Verhaltensformen zu finden, weitere Gewalthandlungen zu unterbinden, ohne die eigene Selbstachtung zu beschädigen.

Das kann bei Erwachsenen im Alltagsleben gelingen – in der dazu erforderlichen Zeit. Bei Kindern oder im Eingeschlossensein in absoluten Institutionen – »geschlossenen Anstalten« wie Gefängnissen, Anhaltelagern, auch manchen psychiatrischen Abteilungen oder Heimen, in die man ohne besondere Befugnis weder hinein- und als Insasse schon gar nicht hinauskann – gelingt es nur sehr bewussten Menschen, ihre Selbstachtung nicht zu verlieren. Zur Gehirnwäsche in diesen Einrichtungen gehört es ja, Menschen gezielt »klein zu machen« und jeglichen Ansatz einer Selbstbehauptung schon im Keim zu ersticken. Covitz schreibt dazu: »Das Kind, dem die Angst vor übertriebener Strafe in den Knochen sitzt, wird dagegen nie die notwendigen Risiken im Leben eingehen, es wird zu einem verschüchterten, abenteuerscheuen, unterentwickelten Menschen heranwachsen.«[217]

Aussperren

Es gibt aber noch eine Form des Einsperrens, die sich unselig im späteren Leben bemerkbar macht: das Nicht-mitgehen-Dürfen.

Kleine Kinder wollen immer und überall dabei sein – auch wenn sie nicht interessiert, was jeweils vor sich geht; das können sie ja erst wissen, wenn sie es erlebt haben – und genau diese Neugier, alles wissen zu wollen, ist der eine Baustein späterer Aktivitäten. Der andere ist die Sicherheit der Gemeinschaft als wesentliches Heilmittel gegen die Urangst der Verlassenheit. Wer als Kind immer wieder erlebt hat, dass die Eltern sich schön machen, um auszugehen, erfährt, dass es etwas Besonderes gibt, wo man nicht dabei sein darf, und erfindet dafür Gründe (sofern es nicht ohnedies schon schwarzpädagogische Begründungen gehört hat): zu klein, zu schlimm, zu hässlich, zu dumm ... alles das, was auch späterhin die »Kopfbewohner« zuflüstern.

Immer wieder höre ich von Frauen die Klage, dass ihr Partner sie vor der Öffentlichkeit verstecke, sie in der Öffentlichkeit »schneide«, also so tue, als kenne er sie nicht, oder manchmal sogar pseudo-witzige Bemerkungen mache, um sie auf ängstlicher Distanz zu halten. In der Biografie dieser Frauen findet man Eltern, die in bester Absicht dem Kind permanent vermittelten, es sei »nicht gut genug« – für die erwünschte Spitzenleistung, tatsächlich aber für den ersehnten Stolz der Eltern. Dieses »nicht gut genug« kann sich verselbstständigen – außer man erkennt den »Fluch« und spricht sich selbst Segensworte zu. So erinnere ich mich an ein Seminar, das ich in den 1990er Jahren in Schloss Goldegg abgehalten habe, bei dem zwei Frauen teilnahmen, die mitsammen in einer Selbsthilfegruppe für Frauen nach Krebsoperationen waren. Sie berichteten, wie ihnen trotz der Bewältigung ihrer Erkrankungen die verschiedensten Lebensaufgaben nicht mehr zugetraut, sie daher nicht an diese Aufgaben herangelassen wurden – aber sie bestätigten sich selbst diesen Zweiflern gegenüber immer wieder lächelnd mit Sätzen wie »Wir können alleweil noch genug!« und »Es ist alles genug, was wir leisten!«

Ich erinnere mich aber auch an eine für mich richtungweisende Erfahrung in der Zeit, als ich Führungskraft im Verein Jugendzentren der Stadt Wien war und einer meiner Mitarbeiterinnen auf deren (im Tonfall) »aufmüpfige« Frage, warum sie eine bestimmte Repräsentationsaufgabe nicht übernehmen dürfe, in ebensolchem Ton (aber wahrheitsgemäß) antwortete: »Weil du es nicht kannst!«, worauf sie forsch replizierte: »Dann bring es mir bei!« Das hat mir gefallen, daher habe ich »einen Wachstumsschritt gemacht« (Zitat eines Klienten) und es ihr beigebracht.

Ich finde es richtig, Begründungen und Anleitungen einzufordern. Deswegen fordere ich auch immer wieder, dass man Menschen, die sich um einen bestimmten Job bewerben, nicht nur absagen soll, sondern auch mitteilen soll, weshalb man sich konkret für jemand anderen entschieden hat. Erstens vermeidet man dadurch, unbedacht frühkindliche Wunden wieder aufzureißen, und zweitens gibt man damit die Chance, selbst zu entscheiden, ob man so bleiben will wie bisher oder etwas dazulernen. Und drittens gehört es aus meiner Sicht zur heute so oft eingeforderten Sozial-

Freiwilliges Alleinsein zur Besinnung fördert, zwangsweise Isolation schädigt.

kompetenz, anderen möglichst viel Wertschätzung (und damit auch für die eigene Entwicklung wichtige Informationen) angedeihen zu lassen.

Eine meiner Klientinnen, eine Skandinavierin, die der Liebe wegen in Wien hängengeblieben war, litt immer dann unter Ausschlussgefühlen, wenn ihr Partner in Gesellschaft auf eine Exfreundin traf und mit ihr alte Erinnerungen austauschte. Sie stand dann wie gelähmt dabei und geißelte sich innerlich für ihre »Eifersucht«. Aber war es nicht eher ein Gefühl von Benachteiligung, fragte ich nach. Ja genau, kam die Bestätigung. Und ob ihr Freund das auch wisse? Nein – sie hatte sich nicht getraut, das anzusprechen –, aus Angst, dass er sich ärgern könnte. Solche Ängste wurzeln in Mikrotraumata aus der Vor- und Grundschulzeit und brauchen andere Reaktivmuster als Alternativen; also konzipierte meine Klientin mit meiner Unterstützung, wie sie dem Ihrigen vermitteln könnte, welches – zumutbare! – Verhalten sie sich in ihren »Krisensituationen« wünsche und einüben wolle: dass sie neben ihn treten könne – das hatte sie noch nicht ausprobiert – und er dann seinen Arm um sie legen und weiterreden würde, einfach nur so, dass klar sei, dass ihr Platz der an seiner Seite sei.

Manche Menschen können oder wollen nicht verstehen, dass psychisch und sozial gesunde Menschen unter solchen subtilen Ausgrenzungen leiden. Sie tun ihr Missfallen für die aus ihrer Sicht »mangelnde psychische Härte« – die aus psychotherapeutischer Sicht eine Narbenfehlbildung darstellt – mit Hinweisen wie »Du spinnst ja!« und »Sei nicht so wehleidig!« kund. Oder sie denken nicht nach, welche Sätze sie heraussprudeln – wie der Freund des Ehemannes, dem, als er dessen Gattin kennenlernte, spontan entfuhr: »Aber deine Frau ist doch ohnedies ganz passabel!«

Nicht alle sind Sozialsadisten, die anderen auf der Seele herumtrampeln oder im Gegenteil jede Begegnung verweigern. Meist sind sie Opfer der Erziehungsschäden ihrer eigenen Erzieher und wissen das nur noch nicht – oder wollen es auch gar nicht wissen, um sich ihre Illusionen von glücklicher Kindheit nicht zerstören zu müssen. Oder die Illusion, gute Eltern gewesen zu sein.

Wenn man aber die Ent-täuschung wagt, eigene Fehler nicht nur oberflächlich, sondern im Reinigungsprozess der Reue einander zuzugeben, können beide einander fördern, anstatt trostlos oder gar untröstlich in ihrer Innenwelt eingeschlossen zu sein.

Freiwilliges Alleinsein zur Besinnung fördert, zwangsweise Isolation schädigt. »Ein Ziel der Lebenskunst ist es, das eigene Leben so zu führen, dass man bei sich bleibt, sich nicht verliert, zumindest nicht dauerhaft, sondern immer wieder zu sich findet«, schreibt der Frankfurter Soziologieprofessor Rolf Haubl (*1951) – und ich ergänze: und auch zueinander –, »dass man Alleinsein sucht und Einsamkeit meidet.«[218]

8 Die Einsamkeit der sogenannten Minderleister und all derer, die sie lieben

Warum man mit Leistungsgeboten Menschen in die Einsamkeit drängt

Scham ist das Ergebnis, wenn ein geschätzter Teil unseres Selbst
offenbart wird und dann Abscheu in den Augen der anderen sichtbar wird.
Am Ende der Scham liegt die Erfahrung der Vernichtung, die,
allgemeiner gesprochen, der negative Pol der Auge-zu-Auge-Erfahrung ist.

JENS L. TIEDEMANN[219]

Es gibt eine Passage aus einem Brief von Franz Kafka (1883–1924)
an den tschechischen Historiker Oskar Pollak, seinen Klassenkame-
raden, vom 9. November 1903, die ich so sehr schätze, dass ich sie
bei dem Schreibtisch, an dem ich meine Bücher zu schreiben pflege,
immer vor Augen habe: »Wenn Du vor mir stehst und mich an-
siehst, was weißt Du von den Schmerzen, die in mir sind, und was
weiß ich von Deinen. Und wenn ich mich vor Dir niederwerfen
würde und weinen und erzählen, was wüsstest Du von mir mehr
als von der Hölle, wenn Dir jemand erzählt, sie ist heiß und fürch-
terlich. Schon darum sollten wir Menschen voreinander so ehr-
fürchtig, so nachdenklich, so liebend stehen, wie vor dem Eingang
zur Hölle.«[220]

Wenn es um die Hölle geht, haben die meisten Menschen ziemlich konkrete Vorstellungen, haben sie doch schon früh Bilder gesehen und Schauergeschichten gehört. Die können sie dann auch
leicht auf Worte wie »Beziehungshölle« oder »Verkehrshölle«
übertragen. Spricht aber jemand von seelischen Höllenqualen, versagt meist das Vorstellungsvermögen – oder der Vorstellungswille.
Dabei bräuchte man nur mitzufühlen ... aber genau diese Fühlfunk-
tion wird schon von klein auf aberzogen. Sie passt nicht zu der propagierten Coolness.

Coolness – das Gefühl, kalt zu bleiben – wird fälschlicherweise als reifere Form des Umgangs mit Stress definiert. Das wird durch autosuggestive Verengung der Blutgefäße bewirkt und schädigt nicht nur die Frustrationstoleranz, sondern die gesamte Gefühlskompetenz und die physische Gesundheit dazu. Stress erleben die meisten als die Hitze, die auf den Adrenalinstoß folgt, der den körperlichen Energiezuwachs zur Problemlösung signalisiert. Tatsächlich reif ist es hingegen, diesen Energieschub in Kraft transformieren zu können. Das gelingt, wenn man mental geübt ist, ihn mittels bewusster tiefer Atmung zu verlangsamen und im ganzen Körper zu verteilen.

Ansichtssachen

Menschen werden oft als »Augentiere« bezeichnet, aber das ist nur eine Erziehungsfolge. Auf die Welt kommen wir ja als Schmeck- und Riechwesen – also ziemlich hundegleich. Erst wenn wir uns vom Boden erheben, gewinnen wir Sichtweiten – und gleichzeitig erhalten wir üblicherweise eine Fülle von Bewegungsanweisungen zum Schutz vor Stolper- und Absturzfallen, und außerdem werden Berührungstabus vermittelt. Spätestens dann beginnt das Bewertungstraining in Gut und Schlecht.

Gut ist, wer folgsam ist. Der österreichische Essayist Anton Kuh (1890–1941) hat das folgendermaßen beschrieben: »Der ›Hände-auf-die Bank‹-Geist übersiedelt auch in die republikanische Erziehung. Und jede Seite [des Lesebuchs] ruft dem Knaben zu: Sei folgsam! Grüße deinen Lehrer! Halte die Backe hin! Geh paarweise! Spiel mit den Blümelein, horch auf die Vögelein! Freu dich auf den Hirsebrei!«[221]

Gut ist, wer unentwegt und beflissen – das ist mehr als fleißig! – und schnell arbeitet. Schlecht ist, wer nicht arbeitet – außer man sieht von vornherein, dass er oder sie das nicht kann: Kleinstkinder und körperlich wie auch geistig schwache Greise. Schwächlich zu sein gilt nicht – in diesem Zustand sind immer noch Beaufsichtigungsdienste möglich, heißt es. Theoretisch.

Ein junger Mann wurde im Alter von fünfzehn Jahren auf seinem Moped von einer Autofahrerin, die eine rote Ampel überfuhr – »ich dachte, das geht sich noch aus ...« – »abgeschossen« und quer über Kopf und Becken überfahren. Die Kunst der Ärzte flickte ihn im Laufe eines Jahres mit mehreren Operationen so perfekt zusammen, dass sogar die Kopfnarben unter dem Haar verborgen bleiben konnten. Ich sah ihn im Alter von achtzehn – und wieder etliche Operationen erfahrener – in der Badehose, und der Anblick der vielen Narben tat mir in der Seele weh. Noch mehr aber die Schmerzen seiner Mutter, die sich von den Nachbarn anhören muss: »Warum arbeitet der denn nichts?!« Ihnen zu erklären, dass sich bisher noch keine Berufsausbildung gefunden hatte, die er auf Dauer mit seinen mit Draht zusammengeflickten Händen und Kopf- und Gelenksschmerzen in seinen zertrümmerten Schultern durchhalten konnte, scheint ihr sinnlos: Sie selbst würde nur vor Gram zu weinen beginnen, und die Nachbarn würden weder sie noch den Sohn verstehen (wollen) – denn sie sehen ja nur das gepflegte Äußere, nicht, wie es darunter aussieht. In ihrer Zukunftssorge bleibt sie weitgehend einsam – muss sie doch auch den Sohn trösten, wenn er sich gelegentlich authentisch – nämlich klein und verzagt – zeigt und nicht wie bei seinen Freunden auf cool spielt.

Auch einer Textilkünstlerin, ohne »ordentlichen« Hochschulabschluss und noch dazu alleinerziehende Mutter eines »multikulturellen« Grundschulkindes, wurde ihre selbst genähte Designermode am Sozialamt zum Verhängnis: Wer so gut angezogen ist, kann nicht bedürftig sein – dabei war diese der einzige Rettungsanker in ihrem Depressionsmeer und auch der Funke Hoffnung, gleichsam als Werbeträgerin für sich selbst familiengerechte Arbeit zu finden.

Ähnlich ergeht es denjenigen, die sich trauen, im Krankenstand »öffentlich« die Wohltat der Sonne zu genießen. Aber welcher Normalverbraucher hat schon in der Großstadt daheim einen uneinsehbaren Garten samt passend platzierter Parkbank. Noch immer wird »Ausgehzeit« auf Arztbesuche eingeschränkt. Das dient nur der Zeitgestaltung der Kontrolleure, aber nicht den Kranken: Dass Sonnenlicht einen wesentlichen Beitrag nicht nur zur Vitamin-D-Rezeption, sondern vor allem zur Entspannung und damit Hebung des Immunspiegels liefern kann, sollte so weit bekannt sein, dass man es »verordnet«; so kann es helfen, das Recht auf Gesundwerden zu respektieren und nicht neidisch zu reagieren, dass es jemand vermeintlich besser hat als man selbst.

Taugenichtse

»Der Taugenichts ist eine archetypische Gestalt, die für das analytische Verständnis eine besondere Herausforderung darstellt«, weiß der Berliner Arzt und Analytiker Uwe Langendorf (* 1941). »Der Begriff drückt Ablehnung und Verachtung aus, aber wofür? Die Untauglichkeit kann auf einen Mangel an sozialer Kompetenz hinweisen, ebenso auf passive Verweigerung. Oder handelt es sich um Begabungen, die in der betreffenden Gesellschaft nicht wahrgenommen werden oder unerwünscht oder gefürchtet sind? Oder drückt der Begriff eine soziale Schmähung aus, eine Ausstoßung aufgrund kollektiver Projektion?«[222] Kollektive Projektion heißt, wer das tut oder nicht tut, was anderen verboten oder zu riskant ist, muss geschmäht werden. Aber was drängt dazu, auch jemanden, der nur ein »patschertes Leben« hat und ein kleines bisschen Unterstützung bräuchte, zu schmähen (im Doppelsinn des Wortes), frage ich.

Die Umwelt nimmt sich das Recht heraus vorzuschreiben, wie sich jemand verhalten soll, auch wenn sie gar nicht in Beziehung zu der jeweiligen Person steht. Meine Erfahrung ist nicht so positiv wie die von Erving Goffman, wenn er schreibt: »Normale führen wirklich nichts Böses im Schild; wenn sie es doch tun, dann nur, weil sie es nicht besser wissen. Es sollte ihnen daher taktvoll geholfen werden, nett zu handeln«, doch stimme ich ihm zu, wenn er appelliert: »Geringschätzigkeiten, schroffen Abweisungen und taktlosen Bemerkungen sollte nicht gleicherart geantwortet werden.«[223]

Ich meine, durch solch eine »Schonung« lernt man nichts – man dreht nur den Spieß um und definiert die Grobiane als hilfsbedürftig. Ich halte mehr von der Methode, die ich mir von einem Freund, Psychiater und Psychoanalytiker, abgeschaut habe: Er enttarnt dadurch ganz freundlich, dass er eben enttarnt. Er würde also »nett« sagen: »Das war jetzt aber eine geringschätzige/taktlose Bemerkung!« oder aber, indem er Freiraum zur Korrektur schafft: »Wollen Sie mir damit Ihre Abweisung vermitteln?« Im Johannes-Evangelium heißt es: »Die Wahrheit wird euch befreien.«[224]

Wie schon erwähnt, hat »Schmäh« im Österreichischen neben der Bedeutung von öffentlicher Herabwürdigung (wie in »Schmährede« oder »Schmähung« oder »Schmach zufügen«) auch eine witzige Anwendungsform im Sinne von »an der Nase herumführen«. Eine hochrangige Pädagogin übte dies an einem Abend in einem mondänen Seminarhotel, als sie als einzige Frau in der bereits angeheiterten Männerrunde plötzlich mit einem zotigen Witz konfrontiert wurde. Sie riss übertrieben weit die Augen auf und schnappte mit hörbar ersterbender Stimme ganz entsetzt: »Aber das ist ja sexistisch!« Die Herren Direktoren, ertappt, schwiegen betreten, erzählte sie mir, und begannen statt der Witze Schnurren aus ihrer Schulzeit zu erzählen.[225]

Goffman weiß aber auch: »Von den Stigmatisierten wird taktvoll verlangt, wie Gentlemen zu sein und ihr Glück nicht zu erzwingen; sie sollten die Grenzen der ihnen gezeigten Akzeptierung nicht auf die Probe stellen und sie auch nicht zur Basis immer weiterer Forderungen machen«, und er pointiert fast zynisch: »Toleranz ist gewöhnlich Teil eines Geschäfts.« Da er dies nicht weiter ausführt, fantasiere ich, wie dieses Geschäft aussehen könnte: Tausche Wohlverhalten gegen Duldung? Selbstdemütigung gegen Lebensrecht?

Stigma heißt übersetzt »Stich, Punkt, Fleck, Merkmal, Brandmal«.[226] Was andere oder man selbst als Stigma betrachtet, kann so ziemlich alles sein – es kommt auf die jeweilig herrschende Kultur und die darin zum Ausdruck kommende Politik an. Der Amerikaner

Goffman sah vor allem die Annäherung an den ursprünglichen Sinn der Markierung von »Unehre«, nicht von göttlicher Gnade[227]; als österreichische Europäerin, die im letzten Jahr des Zweiten Weltkrieges geboren wurde, sehe ich mehr den Aspekt der willkürlichen Kennzeichnung von Menschen, die nicht ins politische Konzept von Erwünschtheit passen – oder konkreter: die als Sündenböcke für diese Konzeption taugen.

Es hat Jahrzehnte und viel sozialpublizistisches Engagement gebraucht, bis der Begriff des »lebensunwerten Lebens« obsolet geworden ist. Wer ihn heute in West- und Mitteleuropa noch in den Mund nimmt, muss mit Ächtung und Strafverfolgung rechnen – aber manche tun dies bewusst unter Berufung auf das Menschenrecht der Meinungsfreiheit und fühlen sich dann als Märtyrer.

Zu Zeiten Jesu von Nazareth waren es Prostituierte und – Zolleintreiber!, die stigmatisiert wurden. Heute werden beide Berufe eher glorifiziert: die einen, weil sie jenseits ihrer realen Alltagswirklichkeit in filmischen Darstellungen und ihre Dienstleistungen in manchen Presseprodukten heftig beworben werden, die anderen, weil man von ihnen »Law and Order« erwartet. Dagegen werden heute Personen, die nicht voll im Erwerbsleben stehen, diskriminiert – außer, wenn ihr Antlitz nicht abstößt, ihre Sprache verständlich ist und ihre Krankheit oder Behinderung durch vorauseilende Mitleidspropaganda ein Gefühl »gütigen Erbarmens« auslöst. Mit Respekt und Wertschätzung hat dies nichts zu tun – ganz im Gegenteil schafft es den so Bedauerten schlechte Gefühle und fördert Rückzugstendenzen So beschreibt Goffman die Selbsterkenntnis eines Blinden, die auf einen selbstironischen Scherz folgte: »Das Schweigen sagte mir, dass ich nicht der Mann war, der Witze machen sollte, nicht mal gute.«[228]

Bewertungen

Absolut gesetzte Bewertungen – verstärkt mit Mimik und Tonfall – gehören zu den beliebtesten Erziehungsmitteln der meisten Eltern wie der Gesellschaft insgesamt. Das war auch eine beliebte Werbestrategie: der potenziellen Kundschaft Schuldgefühle machen – nur gab es, spät aber doch, Proteste zu Klischees wie der »klugen Clementine«, die im TV-Spot mit bedrohlicher Stimme feststellte, dass die Wäsche zwar rein, aber nicht »porentief« sauber wäre. Solche Methoden des »Hard Selling« sind heute unter kommerziellen Werbeprofis nicht mehr angesagt – bei Spin-Doktoren rechtslastiger Parteien hingegen schon, und im Alltag leider auch noch immer wohlgelitten. »Soft« hätte die Botschaft lauten können: »Ja, das kommt mir schon recht rein vor – aber ich denke, es geht noch sauberer.« Mit einer solch subjektiven Formulierung wird der Eindruck vermieden, dass es nur eine einzige richtige Form gebe. Aber genau diese Botschaft soll ja vermittelt werden: Du darfst keine andere Meinung haben als ich! Im Wort Meinung steckt jedoch genau die Aussage drinnen, dass sie etwas Höchstpersönliches darstellt und daher nicht geteilt werden muss, sehr wohl aber respektiert.

Der Respekts-Unterschied liegt einfach in Sprachformen wie »das ist …« gegen »ich sehe das so …«; Letztere lässt Raum für eine eigene Bewertung. Man darf auch gegenreden: »Ich sehe das aber anders!«

Auch wenn Persönlichkeit eines und Verhalten etwas anderes ist, auch wenn beides oft untrennbar zusammenzuhängen scheint, hören viele Menschen aus der Negativbewertung von einem Leistungsergebnis Kritik an ihrer Person heraus. Ein klassischer Fluch aus der Schulzeit: Statt »das« ist »du« gesagt worden und damit ein einzelnes Werk absolut gesetzt worden, womöglich noch verstärkt mit »immer und ewig« – so wie Rainhard Fendrich in seinem Lied »Macho Macho« singt: »Du bleibst ein Leben lang ein Dodel | hat ihn der Lehrer oft geneckt | heut ist er Unterhosen-Model, | ein Macho und ein Lustobjekt.«[229] Ich sehe daran allerdings nichts »Neckisches«, sondern einen »Fluch«.

Wenn man jemanden bewertet, macht man ihn zu einem Objekt, anstatt ihn oder sie als Person zu betrachten, »achtungswürdig, selbstständiger Entscheidungen fähig, als Person, deren Gefühls- und Erlebniswelt eine kostbare Quelle ist, aus der man schöpfen und auf die man vertrauen kann.«[230] Das gilt auch für Lob. Man reduziert den Menschen auf eine veränderbare Eigenschaft – z.B. Übergewicht, auf eine zeitweilige Verhaltensweise – z.B. Substanzmissbrauch, auf Lebensumstände – z.B. Armut oder Krankheit, oder »etikettiert« äußerliche Details wie Abstammung, Herkunft, Religion, Alter, Geschlechtlichkeiten, um damit unterschwellig Grenzen zu einer als Normgruppe verstandenen Differenzgröße aufzubauen, deren viele unterschiedlichen Qualitäten ignoriert werden. Der geheime Sinn besteht darin, sich als den »Richtigen« Machtvorteile gegenüber den »Falschen« zu verschaffen und gleichzeitig durch gezielte Einschüchterungen Proteste – oder überhaupt Anwesenheit! – hintanzuhalten.

Goffman verdeutlicht das mit folgender Beschreibung: »Zum Beispiel gibt es in einem gewichtigen Sinn nur *ein* vollständig ungeniertes und akzeptables männliches Wesen in Amerika: ein junger, verheirateter, weißer, städtischer, nordstaatlicher, heterosexueller protestantischer Vater mit Collegebildung, voll beschäftigt, von gutem Aussehen, normal in Gewicht und Größe und mit Erfolgen im Sport. Jeder amerikanische Mann tendiert dahin, aus dieser Perspektive die Welt zu sehen; dies stellt *einen* Sinn dar, in dem man von einem allgemeinen Wertsystem in Amerika sprechen kann. Jeder Mann, der in irgendeinem dieser Punkte versagt, neigt dazu, sich – wenigstens augenblicksweise – für unwert, unvollkommen und inferior zu halten.«[231] Da die USA diese Stereotypen samt zugehöriger Produkte und Dienstleistungen über Filme, Games, aber auch Nachrichten – z.B. über Wahlkämpfe – in die ganze Welt zu transportieren versuchen, kann man im historischen Vergleich gut beobachten, wo diese Vor-Bilder überall Fuß gefasst haben.

»Ich sehe das aber anders!«

Sehr deutlich sieht man dies an der Angst vor dem Ausschluss aus der Berufsgemeinschaft aufgrund des Alters. Das wird verständlich, wenn man die Mängel an Sozialversicherung in den USA in Betracht zieht und auch den erbitterten Widerstand der Republikaner gegen eine diesbezügliche Reform. Das erklärt auch den Export all der amerikanischen Verjüngungsmethoden bis zu chirurgischen Körperkorrekturen und damit des sogenannten Jugendkults. Wer alt aussieht, ist out; wer nicht täglich seine Fitness beweist, auch. Wer so tut, zwar auch, kann sich aber der Selbsttäuschung hingeben – nur verabsäumt er oder sie, sich eine neue Identität aufzubauen. Man konzentriert seine Energie auf das Problem der Vermeidung von Alterszeichen und damit auf Äußerlichkeiten, nämlich die gefürchtete Abwertung durch die unsichtbaren Besserwisser und innerlich hörbaren »Kopfbewohner«.

Ein Problem haben, heißt immer auch, sich nicht zu mögen, wie man ist, schreibt der Wiener Rogers-Schüler Peter F. Schmid.[232] Ich ergänze: aber auch umgekehrt! Wenn man systematisch von klein auf gehindert wurde, sich zu mögen – etwa durch den Fluch »Komm dir nur ja nicht gut vor!« – hat man ein Riesenproblem, gelassen zu sich zu stehen, vor allem wenn man kritisiert wird.

Abwertungen

Kritisiert wird man, wenn man »zu wenig leistet«: nicht arbeitet oder gar nicht vollbeschäftigt ist – aber auch, wenn man keine Kinder, sprich Pensionszahler, gebiert (der Vorwurf trifft immer nur Frauen, aber nicht die verantwortungsscheuen Männer!), wenn man zu wenig tut, um gesund zu bleiben (und damit die Krankenversicherungen schädigt), sich nicht fortbildet (wie wenn das die Jobs herbeizaubern würde), keine freiwilligen Pflege- und sonstigen Sozialdienste leistet – und überhaupt nichts dazu tut, so jung, schön und »kooperativ« – ein Behübschungswort für unterwerfungsbereit – zu sein, dass die potenziellen Big Spender Freude an einem haben.

Ich habe unzählige kluge, tüchtige und vor allem arbeitswillige Frauen therapeutisch begleitet, die offensichtlich deswegen keine Probezeit überlebten, weil sie den jeweiligen männlichen Vorgesetzten keine »Augenweide« boten. Meist wurde ihnen sogar noch unterstellt, lesbisch zu sein – eine andere Erklärung konnten sich die Männer nicht vorstellen, weshalb sich eine Frau nicht ihrem Barbie-Puppen-Wunschbild anglich. Umgekehrt kam mir nur einmal ein Mann unter, bei dem Äußerlichkeiten störten – er pflegte in seinen Nachtdiensten im Spital im Tagesgewand zu schlafen und morgens nicht zu duschen –, aber den Arbeitsplatz verlor er deswegen nicht und thematisiert wurde die Geruchsbelästigung der Kollegenschaft auch nicht (trotz Anleitung und Training).

Von dem amerikanischen Biochemiker, Juristen, Soziologieprofessor und Bildungspolitiker David Riesman (1909–2002) stammt die Unterscheidung in traditions-geleitete, innen-geleitete und außen-geleitete Verhaltensformen; der nicht minder berühmte Soziologe Helmut Schelsky (1912–1984) fasst in seinem Vorwort zu Riesmans Werk zusammen: »Eine ›traditions-geleitete‹ Gesellschaft lenkt die Einzelindividuen durch überkommene, sehr konkrete, oft kasuistische soziale Werte, die durch ihre institutionelle Veräußerlichung in Sitte, Brauchtum, Zeremoniell usw. auf den Einzelnen in lange gleichbleibenden Situationen einwirken; die ›innen-geleitete‹ Gesellschaft bestimmt die Individuen durch persönliche, verinnerlichte Werthaltungen prinzipieller Art, die dem dynamischen Wechsel der Situationen gegenüber durch ihre Abstraktheit anwendbar bleiben; in einer ›außen-geleiteten‹ Gesellschaft wird die Anerkennung der ›anderen‹, das Sich-Richten nach der öffentlichen Meinung und ihren ›Signalen‹, d. h. den Informationen der Massenpublizistik, nach Kollegen, Alters- und Standesgenossen usw. zum entscheidenden Maßstab, mit dem die Einzelnen ihre Handlungen messen und bewerten.«[233] Was damit gesagt werden soll, ist, dass es jungen Datums ist, selbst zu denken, anstatt alten Denkmustern zu folgen. Außenleitung nützt zwar all den Verkäufern, die Abhilfe anbieten, verfehlt aber seinen eigenen Lebenssinn – den herauszufinden ohnedies eine Lebensaufgabe darstellt, denn er kann sich immer wieder wandeln.

Den eigenen Weg zu finden und auf ihn zu schauen und nicht scheelen Auges auf den anderer, braucht stete Selbsterinnerung in unserer außen-geleiteten Gesellschaft – und Abschied von der »Sicherheit des Klischees«, wie Richard Sennett mahnt: »Die Vertreter der Armen tun dies, wenn sie an die Stelle der Wörter: ›Ich bin gescheitert‹ das angeblich heilende: ‚Nein, das bist du nicht, du bist ein Opfer‹ setzen. Wie bei allem, was man sich auszusprechen weigert, werden sowohl die innere Besessenheit als auch die Scham dadurch nur größer. Unbehandelt bleibt der harte innere Satz: ›Ich bin nicht gut genug.‹«[234] Ich schlage als »Behandlung« die sprachliche Ergänzung vor: »Ich bin *dafür* und *derzeit* nicht gut genug«; dann kann man nämlich in Ruhe nachdenken, ob es sinnvoll erscheint, Energie in diese spezifische Selbstverbesserung zu stecken – oder sich lieber dorthin zu wenden, wo man vermutlich besser abschneidet. Man muss in seiner Leistung ja nicht »einzigartig« sein – man ist es ja sowieso als ganzer Mensch.

»Eine der Vorstellungen, die in dem Begriff der ›Einzigartigkeit‹ eines Individuums einbezogen sind, ist die eines ›positiven Kennzeichens‹ bzw. eines ›Identitätsaufhängers‹, wofür das fotografische Bild des Individuums in den Köpfen anderer oder das Wissen um seinen speziellen Platz in einem bestimmten Verwandtschaftsnetz als Beispiele stehen können«, schreibt Erving Goffman, und gibt als Zweck dafür an, dass das Individuum von anderen unterschieden werden kann.[235] Wer sich in Beziehung setzt, kann das ohnedies, meine ich – wenn der andere aber nur wie eine Ware für die narzisstische Selbstdarstellung »gebraucht« wird, dann kann solch eine Differenzierung schwierig werden. Das kann man gut

»Einzigartig« ist man ja sowieso als ganzer Mensch.

bei den »Gespielinnen« mancher sogenannter Prominenter beobachten, die stets ihrem »Beuteschema« treu bleiben.

Der elterliche Fluch, man müsse sich nur mehr anstrengen, dann wäre man erfolgreich, versagt in der heutigen Konkurrenzgesellschaft, in der sowohl Individualität als auch Teamfähigkeit zählen: Man muss seine eigene Unverwechselbarkeit finden (oder erfinden) und gleichzeitig aushalten, deswegen konkurrenziert zu werden.

Rivalitäten

Was viele nicht an- und auszusprechen wagen, ist Rivalität und Konkurrenz. Sie tritt immer auf – auch dort, wo man meint, keine Bedrohung darzustellen. Aber wie andere auf einen reagieren, liegt außerhalb der eigenen Macht und hat meist viel mit deren Psychoprofil zu tun und wenig mit Paar- oder Gruppendynamik.

Wenn beispielsweise eine Großmutter stichelt: »Warum tun die Kinder das nicht?«, lautet die geheim mit transportierte Kritik vordergründig: »Warum hast du sie nicht besser erzogen?« und hintergründig: »Ich hätte das Problem nicht, denn ich hätte sie besser erzogen – bin ich doch die bessere Erzieherin!« Auf Verteidigungsversuche heißt es dann oft: »Na, du bist wieder hysterisch!«, im Klartext: Kritisieren verboten!

Die »Minderleistung« besteht in solchen Fällen im Vergleich der Erziehungsleistung. Die Minderleistung kann aber auch im Kochwettbewerb, im Putzwettbewerb, im Eheglückwettbewerb etc. festgestellt werden – alles subtile Versuche, jemanden aus dem Konkurrenzfeld zu vertreiben, nicht nur Schwiegertöchter, sondern auch die leiblichen, denn viele Mütter umbuhlen den Schwiegersohn (oft auch finanziell) statt sich auf den eigenen Partner, so vorhanden, auszurichten. Suchen dann die so attackierten Töchter oder Schwiegertöchter Unterstützung beim Ehemann, kommt meist wieder als »Laiendiagnose« das Schimpfwort »Hysterie« – und deswegen wird dieses Wort, wie bereits gesagt, von Fachleuten nicht mehr verwendet, denn in der Ursprungsbedeutung besagte es nichts anders als unverständliche körperliche Symptome ohne organische Ursache.[236]

Unverständlich bedeutet, dass jemand etwas nicht versteht. Das kann viele Ursachen haben: beispielsweise zu wenig Information, Fehlformulierungen oder aber Doppelbotschaften; darunter versteht man unter anderem, dass nonverbal (über Blick, Mimik, Gestik, Tonfall oder auch Körperhaltung und Atmung) eine andere Botschaft vermittelt wird als verbal. Wer schon als Kind hier Mikrotraumata »erworben« hat, wiederholt dann oft spontan die damalige Schockstarre – und in dieser ist man »dissoziiert«, d. h. von den anderen abgeschnitten. Diese Form von Einsamkeit dient dem Schutz vor unerträglichen Gefühlen. Wer diese neuronale Reaktion mit dem Vorwurf »neurotisch« kommentiert, tritt damit in die Fußstapfen der damaligen Gewalttäter: Er oder sie wirkt retraumatisierend.

Derzeit ist der Begriff Resilienz modern geworden, welcher Widerstandskraft im Sinne von Bewältigung von unangenehmen Veränderungen bedeutet; man müsse Menschen, insbesondere Kinder resilienter machen, wird für Bücher und Seminare getrommelt, was im Klartext heißt: Menschen sollen wie antike Helden Unmenschliches ohne Schäden ertragen können. Wer das nicht kann, wird dann der nächste Minderleister sein, der im Sinne der Zwei-Drittel-Gesellschaft in den Orbit ausgestoßen wird.

Alice Miller warnte bereits 1969 vor dieser Entwicklung zur »Grandiosität«, die sie als Abwehr gegen die Depression sowie die Depression als Abwehr des Schmerzes über den Selbstverlust sah: »Der ›grandiose‹ Mensch *wird überall bewundert*, und er braucht diese Bewunderung, kann gar nicht ohne sie leben. Er *muss* alles, was er unternimmt, glänzend machen, und er kann es auch (etwas anderes unternimmt er eben nicht). Auch *er* bewundert sich – seiner Eigenschaften wegen: seiner Schönheit, Klugheit, Begabung, seiner Erfolge und Leistungen wegen.« Hier könnte man noch Resilienz einfügen! »Wehe aber, wenn etwas davon aussetzt, die Katastrophe einer schweren Depression steht dann vor der Tür. Man findet es allgemein natürlich, wenn kranke oder alte Menschen, die vieles verloren haben, wenn Frauen im Klimakterium z. B. depressiv werden. Aber es gibt doch auch andere Persönlichkeiten, die den Verlust von Schönheit, Gesundheit, Jugend oder geliebten Menschen ertragen können, und zwar mit Trauer, aber ohne Depression.«[237]

Trauern gehört heute auch zu den Verhaltensweisen, die unerwünscht sind. Dann schon eher Depression – solange man anderen nicht die Ohren volljammert im Suchen nach einer Person, die einen aus dem inneren Gefängnis befreit und aushält, was dann zum Vorschein kommt ... Denn hinter der Depression lauert meist Wut und Zorn über Leistungszwänge, und wenn es nur die Leistung wäre, nicht zu zeigen, wie man wirklich fühlt ...

Ich erinnere mich an eine Klientin, die mir ihrer Depressionen wegen von dem Rehabilitationszentrum zugewiesen worden war, in dem ihr Ehemann nach einem Schlaganfall regelmäßig betreut wurde. Sie hatte ihren geliebten Beruf aufgeben müssen, um den mehr oder weniger im Wachkoma liegenden Mann rund um die Uhr betreuen zu können; nur wenn er halbjährlich eine Woche zur Kontrolle in der Krankenanstalt war, hatte sie einen Hauch von eigenem Leben. In der dritten oder vierten Stunde gestand sie mir, dass sie daheim in der Pflege nur das Nötigste leiste – gerade so viel, um nicht mit dem Strafgesetz in Konflikt zu kommen – und wie verzweifelt sie sei, dass ihr Mann in der Klinik immer wieder körperlich perfekt aufgepäppelt würde, um dann als lebender Leichnam wieder bei ihr daheim »aufgebahrt« zu liegen. Sie fühle sich schon wie ein Pflegeroboter, presste sie heraus, und sie wünsche sich nichts so sehr, als dass die Leute aufhören würden, sie andauernd wegen ihrer »Leistung« zu bewundern und zu loben.

Hinter der Depression lauern
meist Wut und Zorn über Leistungszwänge.

Robotermenschen

Nun, seit damals sind gut zwanzig Jahre vergangen, und es gibt die Pflegeroboter bereits – und es gibt immer mehr Bestrebungen, Menschen zu fühllosen Robotern zu trainieren. Für Männer gilt das dann als Qualifikation für Führungsaufgaben – auch wenn sie mit ihrer Kälte die Mitarbeiterschaft ruinieren. Aber Frauen sollen ihren – nämlich genau diesen – »Mann stehen«. Denn auch wenn ihr menschlicher Führungsstil gelegentlich in Studien positiv hervorgehoben wird –, wenn sie Beistand suchen, geraten sie oft an Coaches, die ihnen auch nur wieder Kampfmethoden und Waffenkammern anbieten. Das erfahre ich immer wieder, weil viele dieser Frauen enttäuscht zu mir wechseln, weil sie sich nicht verstanden gefühlt haben.

Aber auch im privaten Bereich wird von Frauen gefordert, alles aushalten und immer perfekt funktionieren zu müssen. So höre ich immer wieder, dass erst, wenn die chronisch überlastete Berufs- und Hausfrau und Mutter zusammenbricht – etwa »ohne Schonzeit« nach einer Operation alles selbst machen muss, weil Kinder und Männer erbetene Unterstützung auf »Jetzt nicht, später ...« verschieben –, eine Reaktion, nämlich »Warum hast du nichts gesagt?« folgt ... Und dann fragen die Frauen: Muss ich denn übertreiben, damit ich ernst genommen werde?

Österreichs einziger internationaler Popstar Falco fällt mir ein: »Muss ich denn sterben, um zu leben?«[238] Ist es nur Neid, der so mit Mitgefühl geizen lässt? Hat das Leistungsdenken in der Leistungsgesellschaft schon alle Bereiche des Lebens – wie Sexualität ohnedies bereits – vereinnahmt? Oder geht es nur darum, keine Zeit zu verlieren – denn Fühlen geht nicht schnell, es braucht Zeit.

Wir müssen nur aufpassen, dass Fühlen und Mitfühlen nicht auch noch als Leistung definiert werden. Was bleibt denn sonst noch als Unterschied gegenüber Robotern?

9 Die Einsamkeit des Sterbens
Warum Sterben nicht einsam machen muss

Wer sich selbst noch nicht beruhigen kann,
braucht einen anderen, der beruhigend auf ihn einwirkt.
MARKUS PREITER[239]

»Wer die Welt noch nicht versteht, braucht einen Vermittler, um in ihr zu überleben, *einen Vermittler, der vorläufig noch das ersetzt oder ergänzt, was mir noch fehlt.* Ohne Ergänzer kein Überleben nach dem Auszug, kein erfolgreiches Ankommen im gefährlichen Außen, das die unbekannte, noch zu erforschende Welt ist«, schreibt der Hamburger Psychiater Markus Preiter (*1965).[240] Aus diesem Grund haben sich wohl Menschen in vielen Kulturen nach Ergänzern umgeschaut, wenn sie sich dem Übertritt in die »andere Welt« genähert haben – nach Priestern und Schamanen, sofern sie nicht das Glück hatten, so jemanden in der Familie oder zumindest in der Nachbarschaft zu finden. Das ist heute nicht mehr so – zumindest in der sogenannten zivilisierten Welt.

Gerade dann, wenn man mit der eigenen Endlichkeit konfrontiert ist – wenn der erste Schulkamerad verstirbt oder jemand, mit dem man einst liebend verbunden war, wenn man selbst in eine lebensbedrohliche Situation gerät oder so etwas auch nur in Film oder Nachrichten miterlebt –, löst das eine Emotion, eine innerliche Bewegung aus; die Benennung als Gefühl folgt erst später – und meist durch jemand anderen. Alles, was wir erleben oder tun, verändert unser Gehirn, wie Joachim Bauer weiß.[241] Das kann sehr extreme Formen annehmen und wird dann oft mit einer psychiatrischen Diagnose belegt, sobald es andere ängstigt. Grob gesprochen kann man die sogenannten Neurosen als Erlebensweisen klassifizieren, unter denen die betroffene Person leidet und die die Umwelt kaum zur Kenntnis nehmen muss (außer sie ist eben sehr interessiert und aufmerksam), eine Psychose hingegen als eine Erlebensform, in der sich die anderen geängstigt, gestört fühlen, die betroffene Person aber nicht, da sie ihrer inneren Logik entspricht. »Eine Psychose meint immer krankheitsverursacht eine tiefgreifende Veränderung des Erlebens, Denkens und Handelns eines Menschen«, schreibt Markus Preiter.[242] Ich meine: Wir sollten uns nicht verführen lassen, vorschnell mit Angst und Abwehr zu reagieren, sondern üben zu fühlen, was der andere fühlt. Dann können wir möglicherweise verstehen und brauchen uns nicht hinter Angst zu verstecken.

Als ich vor einigen Jahren das erste Mal anwesend war, als eine unserer Hündinnen krankheitshalber eingeschläfert werden musste, und bis zum Ende mitfühlen konnte, wie das Leben langsam aus ihrem Körper entwich, bis nur mehr ein »leerer Sack« dalag, fand ich die praktische Bestätigung dessen, was ich theoretisch schon lange ahnte: So wie das Tierärztepaar unsere Hündin Rhea in »grenzenloser Empfindsamkeit«[243] streichelte, der eine links, die andere rechts, sollten alle Lebewesen »hinüber«geleitet werden.

Als ich dann wiederum Jahre später einen schweren Autounfall erlitt – ich war glatteisbedingt in einen Baum geknallt und hatte ihn gefällt und mich danach, im Auto festgeschnallt, dreifach überschlagen – und infolge der aufgegangenen Airbags und deren Rauchgeruchs nichts sah und nicht wusste, ob mein Auto brennt und bald explodieren wird, dachte ich an Rheas Tod und begann mich auf meinen Tod vorzubereiten: Das also ist mein Tod, dachte ich und gab mir Autosuggestionen – atmen, entspannen, sich auf Gott ausrichten – und schnell noch nach meinem Mobiltelefon tasten und mich von denen verabschieden, die ich liebe: von dem Mann meines Herzens, dem einzigen, den ich je wirklich geliebt habe, und meinen Söhnen. Zweimal Tonband. Nur ein Sohn war wach und kam sofort zur Unfallstelle – wie auch zuvor zwei Männer und der Gemeindearzt vom Nachbarort, der zufällig von einem Nachtbesuch des Weges vorbeifuhr. Erst als diese mein Auto wieder aufstellten, war mir klar, dass es nicht brennen konnte – sonst hätten sie ja anders gehandelt.

Kleiner Exkurs: Zwei Botschaften möchte ich weitergeben, die mir aus diesem Erlebnis bewusst geworden sind. Erstens: In Fahrschulen sollte man auf solche Situationen vorbereitet werden; als ich meine Fahrprüfung ablegte – 1976 – gab es noch keine Airbags, zumindest habe ich davon nichts erfahren. Heute achte ich immer darauf, dass ich meine Handtasche so in Reichweite habe, dass ich auch, wenn ich durch Airbags von allen Seiten umhüllt wäre, nach meinen Handtelefonen greifen kann – auch einer der Gründe, weswegen ich Fahrzeuge mit Automatik wähle; dann ist der Platz neben dem linken Fuß frei. Zweitens: Krankenpflegepersonal sollte daraufhin geschult werden, wie man Unfallopfer betreut, während sie auf die Kontrolluntersuchungen warten; ich habe mich nach dem Unfall im Spital selbst defused und debrieft[244], weil ich die Methoden beherrsche – aber was tun Laien, denen der Schock noch in den Knochen und im Bindegewebe steckt?

Manche Emotionen seien so unerträglich, dass oft nur durch Selbsttötung Erlösung angedacht werden könne, betont Markus Preiter.[245] Ich habe im Zuge meiner vielen psychotherapeutischen Aus- und Fortbildungen gelehrt bekommen, dass man Menschen nach schockierenden Erlebnissen – und dazu kann auch eine Geburt zählen oder ein Autounfall – nicht allein lassen soll, weil immer die Gefahr besteht, dass sie psychotisch – selbst- oder fremdgefährdend – reagieren.

Ars moriendi[246]

»Auch das grandioseste Wissen endet mit dem Tod und kann nicht vererbt werden; das Leben aller, die nach Ehrlichkeit streben, verlief anders, als sie es in jungen Jahren wünschten«, schreibt Ulrich Beer und erinnert: »Es ist bemerkenswert, wie viele heute gefeierte Geister in ihrer Zeit einsam, arm und verbittert, unverstanden und bekämpft, von Freunden und Familie verlassen, in geistiger Umnachtung oder durch eigene Hand endeten. Kein strahlendes Schicksal bleibt bis vor die Schwelle des Todes in Glanz und Glück bestehen; niedergeworfen und gebeugt, geknickt und gedemütigt – gerade die Größten. Und dennoch – der lungenkranke Schiller schreibt Dramen voll geistiger Freiheit, der syphilitische Heine seine schönsten Liebeslieder, der taube Beethoven den ›Hymnus an die Freude‹. Schwermütige Trinker sind die heiteren Realisten des 19. Jahrhunderts, todgeweihte Kranke und Selbstmörder die meisten großen Expressionisten dieser Zeit.«[247]

Dass manche Todgeweihte im Erahnen, dass ihre Zeit um ist, panische Betriebsamkeit entwickeln können, weil sie der Welt noch so viel mitzuteilen haben, kann auch als Selbstbetäubung interpretiert werden. Es gibt immer mehrere Ansichtsseiten: Die einen wollen noch herausbringen, was in ihnen steckt – die anderen wollen gar nichts mehr wissen, sondern nur mehr möglichst viel Lust empfinden – aber, wie der Autor Manfred Greisinger so treffend formuliert:

Ich hab's mit Sex versucht,

mit Arbeitswut, mit Reisen, mit Freunden,

sogar mit einigen Partnerschaften ...

Aber Schreiben ist noch immer

das beste Mittel

gegen Einsamkeit.[248]

Der amerikanische Suizidforscher Edwin Shneidman (1918–2009) zitiert in seiner Abhandlung über die *Lotsenbücher des Todes*[249] – Aufzeichnungen über die persönliche Situation im Angesicht des Todes – aus dem heimlich verfassten Tagebuch von Marie Bashkirtseff, einer wohlhabenden jungen Russin, die im 19. Jahrhundert in Paris an Tuberkulose starb und ihrer Angst Ausdruck verlieh, dass: »in kurzer Zeit nichts, aber auch gar nichts, von mir zurückbleiben würde! Dieser Gedanke hat mich schon immer gequält: zu leben, so voll Ehrgeiz zu stecken, zu leiden, zu weinen, zu kämpfen, um am Ende vergessen zu sein – gerade so, als ob ich nie existiert hätte.«[250] »Seine Füße eindrücken in die Betonspur der Vergänglichkeit« nennt das Manfred Greisinger[251], wie auch die Münchner Soziologin und Psychologin Margot Pennington schreibt: »Das Gewahrwerden des eigenen Todes ist entscheidende Bedingung für die kulturelle Schöpferkraft. Kultur verspricht Dauer, Kultur schöpft Sinn, Kultur handelt mit Transzendenz. Ihr implizites Ziel ist es, das, was vorgegeben ist, zu überschreiten und ihm so Dauer zu verleihen. Die Frage nach dem Sinn des Todes verweist immer auf die Frage nach dem Sinn des Lebens.«[252]

Mir sind die Erklärungen zu wenig, wie sie Sigmund Freud oder Zygmunt Bauman liefern, dass Kulturschaffen eine Folge der Verdrängung des Endlichkeitsbewusstseins sei[253]; ganz im Gegenteil sehe ich darin einen Weg, sich auszudrücken: Das, was in einem drinsteckt, zu lösen und damit auch zu erlösen. Ich sehe den Sinn jedes individuellen Lebens nämlich darin, etwas – was es ist, muss man im Laufe der Zeit herausfinden – aus sich heraus an die große Gemeinschaft zu geben. Das können Kinder sein oder andere »Produkte«, Fertigkeiten, Erkenntnisse ... oder einfach Mitgefühl. Im Sinne der Erkenntnis, dass alles Leben Bewegung ist, merkt man bald, dass etwas nicht stimmt, wenn man nur aufnimmt und nicht abgibt – wie beispielsweise bei Asthma oder Obstipation. Im Tod gibt man jedenfalls beides ab: Atem und Körpermüll. Im Leben kann man beides als Sprechen und Singen und als Malen und Modellieren wiederfinden.

Ich sehe all das als Kultur an, wo Menschen zu gestalten versuchen: Mal wird Kunst draus, mal Kitsch – aber beides sind Formen von Kultur. Auch einander beizustehen kann als Kunst bezeichnet

Auch Fühlen ist ein Tun, und Mitfühlen sogar eine Kunst: Man muss sie »können«.

werden, und ebenso ist es eine Kunst, die richtigen Worte zu finden, besonders dann, wenn man »blind« vor Schmerz ist.

Aber Kunst ist nichts Elitäres, das nur besonders Hochbegabten zur Verfügung steht. Jeder Mensch hat seine besondere Affinität zu einer bestimmten Kunstform, nur werden die wenigsten darin gefördert. Ganz im Gegenteil finden regelmäßig Unternehmungen statt, die angeblich unnötigen »musischen« Fächer aus dem Lehrplan für Schulen herauszunehmen, um für angeblich wichtigere, der Wirtschaft dienende, Platz zu schaffen. Was dabei vergessen wird, ist, dass gerade in Mitteleuropa Kunst einen wesentlichen Wirtschaftszweig bildet, sowohl in den Lehr- und Produktionsstätten als auch als Anziehungspunkte in Tourismus und Gastronomie. Als wichtigstes Argument sogar für einen Ausbau dieser Unterrichtsgegenstände sollte aber erkannt werden: dass Kunst einen leicht erlernbaren wesentlichen Beitrag zum Erhalt der psychischen Gesundheit darstellt. Wer fähig ist, sich in dieser sozial anerkannten Form von quälenden – oder aber enthusiastischen – Gefühlen, womöglich noch gar öffentlich und mit Applaus, zu befreien, muss sie nicht an anderen auslassen.

Musik und Schauspiel könnten auch Vor-Bilder für ein humanes Sterben liefern (wie auch umgekehrt für ein inhumanes): Sie können die Seelenmusik des Sich-Ausatmens darstellen. Der auf Trauerprozesse spezialisierte ehemalige griechische Opernsänger und danach deutsche Gestaltpsychotherapeut Jorgos Canacakis (*1935) plädiert für das Hinaussingen von Trauer, wie es in seinem Herkunftsland als spontanes Trauerlied *Myroloja* Tradition besitzt, in dem die Klagenden, fast in Halbtrance, individuelle Aussagen über den Toten und sein Leben, über seine soziale und ökologische Umgebung, aber auch über historische und politische, soziale und ökonomische Probleme der Gegenwart von sich geben.[254] Er schreibt: »Es ist ärgerlich, dass Medizin, Psychologie und Soziologie bis heute die psychohygienische Bedeutung der Myroloja nicht wahrgenommen haben. Die Vertreter wissenschaftlicher Disziplinen in

Griechenland müssen sich Vorwürfe gefallen lassen, bis heute keine entsprechenden Untersuchungen angestellt zu haben.«[255]

Möglicherweise liegt das daran, dass eine solche Forschung nicht finanziert wird, weil man in unserer erfolgsversessenen Zeit von der Bearbeitung solcher Themen keinen Profit erwartet.

Weinen als Form des Ausdrucks von Trauer reinigt zwar die Seele, aber das zählt nicht zu den Erfolgskriterien im Umgang mit Verlusten. Gesellschaftlich belobt wird, wer trotz Verlust von Heimat, Herzensbindungen, Körpergliedern oder der Fähigkeit, ohne Betreuung ein selbstständiges Leben zu führen, der Allgemeinheit »nicht zur Last fällt«. Damit werden aber diejenigen, für die diese Art von Heldentum keine Option darstellt, ins Abseits gewiesen.

Loslassen

Im Verlauf der Zivilisierung zu den Verhaltensweisen, die wir Mitteleuropäer heute als gutbürgerlich bezeichnen, wurden immer mehr Spontanäußerungen und Impulshandlungen als Zeichen der Unerzogenheit unterer Gesellschaftsschichten verachtet. Gesittet galt und gilt, wer sich »zusammennimmt«. Je höher der soziale Rang, desto »gesetzter« das Verhalten – allenfalls verliert man Achtung. So hat mir mein langjähriger Supervisor, Psychotherapeut und damals noch aktiver katholischer Priester erzählt, wie sie alle im Priesterseminar vom »Magister elegantiarum« auf »würdige« Körpersprache trainiert wurden. Ich sehe in dieser künstlichen Verlangsamung eine Hilfe für die soziale Kontrolle im Rahmen einer straffen Hierarchie: »Höflichkeit« – der Verhaltenskodex bei Hofe – soll vor allem die Herrschenden vor überraschenden Attacken schützen – aber auch Respekt einflößen. Schnell müssen nur Dienende sein. Das wurde als Prinzip auch für die republikanischen Machtetagen übernommen.

Heute kommt noch die Anforderung dazu, sich als fühlloser Robotermensch für Führungsaufgaben zu qualifizieren. Ein »Held der Arbeit« trauert nicht – der arbeitet. Dennoch wird zumindest für die Zeitspanne eines Begräbnisses der sichtbare Ausdruck von Trauer erwartet und sicherheitshalber herzzerreißende Musik gespielt, damit man vielleicht doch noch dem kollektiven Leistungsdruck entsprechen kann.

Nach Philippe Ariès fängt im 19. Jahrhundert der »Beginn der Lüge«[256] – der Verheimlichung des Todes – an: »Der Mensch heute stirbt einsam und der Öffentlichkeit entzogen, um den eigenen Tod und um den eigenen Sinn betrogen.«[257] Und auch alle »anderen«, ergänze ich, werden um die Lernaufgabe geprellt, das große Loslassen mitzugestalten und zu erlernen.

Möglicherweise hängt das auch mit dem heutigen Tempowahn zusammen: Alles, was länger dauert als im Film, wird vielfach als »Gewalt« erlebt – als ob man jemanden zu Gefühlsreaktionen zwingen wollte, und gerade Trauer nähert sich der Furchtschwelle der Entgrenzung – wie auch der »kleine Tod« im Orgasmus (der auch ohne Genitalkontakt möglich ist[258], den viele scheuen und lieber durch ein schnelles Druckablassen ersetzen). Margot Pennington schreibt: »Unsere moderne Gesellschaft verhält sich der Trauer gegenüber duldend ungeduldig. In den meisten Situationen wertet man sie als zu langwierig, als unangebracht, nicht rasch genug abklingend usw. ab. In der Öffentlichkeit wird sie oft genug versteckt und als Krankheit betrachtet, also als etwas Unnatürliches, ja sogar Pathologisches, das bekämpft werden muss. Wo wird das Trauern zum Thema gemacht, wo sind die Modelle für die Kinder, wo die Vorbilder, die uns den Umgang mit der Trauer nahezubringen wissen? In der Schule, in den Universitäten, am Arbeitsplatz ist die Trauer kein Thema. Das Thema trägt das Zeichen der Todesnähe, wer lässt sich schon gerne freiwillig an dieses unliebsame Thema erinnern?«, und sie stellt fest: »Es fehlt der geeignete Rahmen, es fehlt das Wissen um natürliche Trauer, es fehlt ein sozial verbindliches Ritual, und es fehlt zu guter Letzt ein *tragendes Kollektiv* für die aktuelle und langfristige Unterstützung von Betroffenen.«[259] (Hervorhebung von mir – R.A.P.)

Aus meiner Sicht ist es vor allem aber die drohende »Ansteckungsgefahr«, wenn unsere Spiegelnervenzellen auf die Gefühlslage der Sterbenden mit Gleichklang reagieren. Sie wird nicht als Fähigkeit zur Einfühlung positiv wahrgenommen, sondern unbewusst als plötzlich einsetzender Sterbeprozess fehlgedeutet. Aber genau das wäre aus meiner Sicht die Unterstützung des geforderten »tragenden Kollektivs« – einfach nur mitzufühlen.

Immer wieder werde ich mit Fragen konfrontiert: »Was tut man denn dann?« – eine Folge unseres verinnerlichten Leistungszwangs. Wir glauben immer, nur dann »richtig« zu handeln, wenn wir etwas Aktives, Sichtbares tun. Dabei sagt schon der Fuchs in *Der kleine Prinz* von Antoine de St. Exupéry: »Man sieht nur mit dem Herzen gut. Das Wesentliche ist für die Augen unsichtbar.«

Auch Fühlen ist ein Tun, und Mitfühlen sogar eine Kunst: Man muss sie »können«.

Verneinungshaltungen

Mit dem Satz »Bei uns ist so etwas nie passiert!« charakterisiert der italienische Suizidforscher, Psychiater und Soziologe Paolo Crepet (*1951) den Versuch, Diskussionen über Selbsttötungen von Personen im Nahumfeld hintanzuhalten. Schnell würden psychiatrische, biologische oder gar genetische Erklärungen herbeigezogen, weiß er, um die eigenen Mitverursachungen verneinen zu können.[260]

Ich möchte nochmals an den Fluchsatz »Nur wer nichts tut, macht keine Fehler« erinnern. Er verführt zum Vermeiden sichtbarer Handlungen. Aber er ist unwahr: Wir tun immer etwas – auch wenn wir anscheinend nichts tun: Beispielsweise schauen wir weg. Oder fantasieren irgendetwas.

Zu den von Crepet als Verneinungshaltungen bezeichneten Fremd- und Autosuggestionen gehören auch Sätze wie: »Das gibt es nicht!«, »Das macht nichts!« und, besonders beliebt: »Das siehst du falsch!« Dabei kann man gar nichts »falsch« sehen – man kann immer nur sehen, was man gerade sieht ... Korrekt müsste die Botschaft entweder lauten: »Also, ich sehe das anders« oder präziser: »Es stört mich, dass du das so siehst – ich möchte, dass du das so wie ich siehst!«

Wir haben jeder unseren eigenen höchstpersönlichen Blickwinkel – das ergibt sich schon aus unserem Gefangensein im Raum-Zeit-Gitter: Wir können nie denselben Blick einnehmen wie jemand anderer, denn auch wenn wir auf dessen Schoß säßen, wären wir weiter vorne und höher, hätten also maximal die gleiche Blickrichtung. Die einzige Möglichkeit, den Blick zu teilen, gewinnen wir durch totale Einfühlung, und das hat zur Voraussetzung, auf eigene Interessen zu verzichten – was kaum geht. Denn wenn wir denselben Blickwinkel einnehmen »wollen«, sind wir schon wieder mit einem eigenen Interesse konfrontiert (außer wir verleugnen es vor uns).

Deswegen halte ich nichts von »barmherzigen« Lügen. Sie behindern nur die zur Seelenreinigung nötigen Trauerprozesse.

Als mir 1981 das erste Mal eine sehr ersehnte Schwangerschaft malheurte, versuchten manche Ärzte im Spital, mich mit Sätzen wie »Sie haben doch ohnedies schon zwei Kinder – andere bekommen gar keine« und »Sie werden, sehen, beim nächsten Mal gelingt es sicher!« zu trösten, oder besser: meine Trauer zu unterdrücken. Nur mein eigener Gynäkologe fand die richtigen Worte: »Es tut mir leid« – und das war auch spürbar. Ich habe noch zweimal – und dann nicht mehr – versucht, ein drittes Kind zu bekommen (das letzte Mal waren es sogar Zwillinge), aber »das nächste Mal« gelang nicht – dafür wusste ich aber schon, wie es sich anfühlt, wenn in einem drinnen etwas stirbt. Traurig. Und das ist auch das echte und daher richtige Gefühl, meine ich. Und: Man kann es nicht teilen.

Auch wenn eine große Gruppe von Menschen trauert – es trauert jeder Mensch einsam. Und das ist auch gut so: Gilt es doch, den Verlust zu akzeptieren, und das kann man nur in der Tiefe des eigenen Herzens spüren.

Helfer

Eines meiner Lieblingslieder lautet im Original »Help me make it through the night«[261]; die darin enthaltene Strophe »Yesterday is dead and gone | And tomorrow's out of sight | And it's sad to be alone | Help me make it through the night« heißt in der deutschen Fassung der steirischen Pop-Gruppe STS: »Gestern, des is schon weit fort | Und für morgen s' noch viel z'früh | nur, allein sein is net gut | gö, du bleibst heut Nacht bei mir.«[262]

Wie schon Sokrates in seiner Verteidigungsrede vor Gericht sinniert, können Schlafen und Sterben Gemeinsamkeiten haben, wenn es um das Hinübergleiten geht. In der griechischen Mythologie schifft der Fährmann Charon die Toten über den Fluss Styx hinüber in den Hades, das Totenreich. Im Grimm'schen Märchen vom Gevatter Tod steht dieser am Bett der Sterbenskranken so wie die Todesengel in dem Film *Die Stadt der Engel* mit Nicolas Cage und Meg Ryan (1998). Die Vorstellung eines Psychopompos (Seelenbegleiters) weist auf die Vorstellung hin, dass die Seele sozusagen »in Empfang genommen« wird – ein Trostbild für die Einsamkeit des Sterbens.

Körper, Seele und Geist sind eine Einheit; sie wirken gleichzeitig aufeinander ein, auch wenn wir im üblichen linearen Denken (d.h. einer gedachten Linie von A zu B) immer etwas als Ursache und alles andere als Folge ausmachen wollen – es finden immer Wechselwirkungen statt. C.G. Jung hat das sehr einsichtig in der Metapher einer kreuzweisen Anordnung unserer Wahrnehmungs- und Bewusstseinsfunktionen verdeutlicht: Der senkrechte Kreuzbalken sieht an der oberen Spitze das kognitive Wissensdenken vor und am untersten Ende das emotionale Fühlen, in dem die Vernunft auslässt; der waagrechte Kreuzbalken zeigt am linken Ende die körperliche Empfindung und am rechten die Intuition, das Ahnen.[263] Wenn man sich einem Endpunkt auf diesen Balken annähert, verschwindet der andere aus dem Bereich der gewussten Möglichkeiten. Dann braucht man Hilfe, um sich wieder zur Mitte hin bewegen zu können – außer man hat die zu dieser Erkenntnis nötige Neurosignatur bereits erworben und kann sich im inneren Dialog selbst Mut zusprechen.

Wenn man in sein letztes Lebensdrittel eintritt, häufen sich die Verlusterlebnisse: Für viele fällt der Beruf als Identitätsfaktor weg, oft auch der Lebenspartner, die Abnützungserscheinungen lassen Körperkräfte schwinden, abrupt, wenn man nicht eine langfristige schrittweise Reduktion vorgesehen hat, und bei den geistigen Kräften gibt es ähnliche Phänomene – so wie der Volksmund weiß: Wer rastet, der rostet. Für viele verdunkelt sich dann die Stimmung – und wer schon von früher Erfahrung mit depressiven Verstimmungen hat, weiß, dass man oft jemanden braucht, der einen aus der Seelendunkelheit herausholt, denn selbst hat man dann – siehe das Bewusstseinsquadrat nach C. G. Jung – im Empfinden des körperlichen Kraftverlusts keine Ahnung (Intuition), was man selbst, innerlich, tun kann, um eine Vision von »Aufhellung« zu erzielen. Nur: Depressive Menschen werden in ihrer Bedürftigkeit oft abgelehnt – vielen ist es zu anstrengend, sich ohne Pause gegen den »Sog der Dunkelheit«, des Energievakuums, der »großen Leere«, wappnen zu müssen.

Der spanische Mystiker Johannes vom Kreuz (1542–1591) hat *Die dunkle Nacht* als Weg zum göttlichen Licht erkannt. Dunkelheit gilt traditionell als Metapher für Melancholie und Depression. Aber ob man sie als Mauer fantasiert, an der es nicht mehr weitergeht, oder als Tunnel, durch den man streben muss, oder auch als einen Punkt auf einer Bandbreite, die auch Stellen von Dämmerung und letztlich Licht enthält, ist eine Frage der Fantasie im Sinne der oben zitierten Quadrinität nach C. G. Jung. Je mehr man Trauer körperlich erfährt – als Verlust von Vitalkraft, ohne diese als Sammlung von Energie für den Neubeginn zu erkennen –, desto weniger ist einem

Es trauert jeder Mensch einsam.

die Fantasie der Zukunftssicht verfügbar. Dafür braucht man jemanden, der einem die Zauberfragen stellt: Wie stellst du dir die Zukunft vor? Und allenfalls korrigiert: Und ist das ein realistisches Bild ohne Alternativen? Oder könnte es auch anders sein? Damit wird die Aufmerksamkeit auf das innere Potenzial gelenkt – und um genau dieses geht es immer in Augenblicken der Einsamkeit.

Es ist die erfolglose Suche nach einem Ergänzer im Sinne Preiters, die Menschen in Anbetracht von Grenzsituationen nach außen treibt. Ich verstehe Grenzsituation als Ankommen an der Grenze des gewohnten und vertrauten Verhaltensrepertoires: Plötzlich merkt man, dass die üblichen Bewältigungsmuster nichts mehr nützen. Manche bleiben dann wie betäubt an dieser Stelle ihres Lebensweges stehen und warten, dass von irgendwoher als »Deus ex Machina«[264] Hilfe kommt, andere fordern mehr oder weniger aggressiv von den ihnen dafür geeignet erscheinenden Personen – meist den eigenen Kindern –, dass sie »etwas tun« sollen oder auch nur, dass sie kommen, und hoffen, dass sie dann mit Liebe energetisch aufgeladen werden. Das Gegenteil ist aber meist der Fall.

Aus ähnlichen Überlegungen wurden früher Altersschwachen junge Mädchen ins Bett gelegt in der Hoffnung, dass sich deren Vitalkräfte übertragen würden. Berühmt ist das Beispiel von König Salomo in 1 Könige 1–4; aber es hat nichts mehr genutzt. Heute hingegen tummeln sich vermögende Greise mit jungen Gespielinnen in der Seitenblicke-Gesellschaft und holen sich die Energie von den Blitzlichtern der Kameras – das Püppchen an ihrer Seite ist nur der stellvertretende Blickfang.

Margot Pennington schreibt, dass sich die Notwendigkeit, eine neue Sinnkonstruktion zu entwerfen, zur Zeit kaum auf gesellschaftlicher oder global-kollektiver Ebene auswirke: »Sie wird vielmehr von den Individuen als persönliche Herausforderung gedeutet, die sich ihrer persönlichen Sinnsuche stellen, indem sie immer neue Grenzerfahrungen mutwillig herbeiführen. Es sind die modernen Sinnsucher, die den neuen Extrem- und Trendsportarten einen so großen Auftrieb geben. Erst nach einer riskanten Situation wird das Leben wertvoll, erst dann spürt man sich als lebendig. An den Grenzen kommen wir in Kontakt mit dem Unvertrauten, das sich nicht von vornherein in unseren bisherigen Lebensplan und unsere Ordnungsmuster, Wertesysteme und Ideologien einfügen lässt – und von dem man sich neue Impulse, neue Kräfte und vielleicht auch neuen Sinn verspricht.« Weiteren Sinn-Ersatz sieht Pennington in den Esoterikangeboten des New Age, in lärmenden Rhythmen der Techno-Kultur als Ekstase- und Trancetechnik und damit Religionsersatz und in Drogen, aber auch in »Picknickangeboten (inklusive Todeserfahrung) auf dem Mount Everest, Freeclimbing, Rafting, Vertibiking, dem Sprung am Seil in den Abgrund der Rocky Mountains, der sakralen Reise zu den Amazonasvölkern inklusive des Konsums ihrer heiligen Drogen. Überlebt man diese Spiele, gehört man zu den Siegern, man hebt sich von der grauen, langweiligen Masse ab – aber nur für den Moment, bevor das Spiel von vorne beginnt. Wenn der Kick verbraucht ist, verlangt man immer schneller nach immer härterem Ersatz, immer näher an der Nulllinie – es ist wie mit der Sucht.« [265]

Die Suche hat die falsche Richtung gewählt – nach außen statt nach innen – und das falsche Ziel: dem Tod zu entkommen statt ihm entgegenzugehen.

Flow

Der britische Geistliche Robert Burton (1577–1640) führt in seinen Überlegungen zur Entstehung von Melancholie einen bemerkenswerten Gedanken aus: Unter dem Titel *Maßlose Ertüchtigung als Ursache. Einsamkeit und Müßiggang* sinniert er unter Berufung auf die Ärzte Galen und Fuchsius: »Das Gegenteil der Übung ist der Müßiggang, das Kennzeichen des Adels, oder die Untätigkeit, ein körperlicher und seelischer Fluch, die Amme jeder Unart, Stiefmutter der Zucht, Hauptursache allen Unheils, eine der Todsünden und einziger Grund dieser und zahlloser anderer Krankheiten, Kissen des Teufels, wie Gualter sie nennt, und seine liebste Ruhestatt. Denn der Geist ist immer in Bewegung und denkt über das eine oder andere nach, und wenn er keiner ehrbaren Beschäftigung nachgehen kann, stürzt er sich aus eigenem Antrieb in die Melancholie.«[266] Es geht also darum, seinen eigenen Geist nicht zu vernachlässigen, denn sonst könnte er »verwildern«.

Alles Leben ist Bewegung – dauerhafter Stillstand signalisiert Tod. Ich zeichne in meinen Seminaren immer eine Wellenlinie, um zu verdeutlichen, dass es dabei auch Tiefpunkte mit mehr oder weniger langen Ruhepausen gibt; dass aber auch, wenn diese lange dauern, der Blick auf das nächste Hoch gerichtet werden sollte, das nicht nur sicherlich kommt, sondern auch aktiv herbeigeführt werden kann – und dafür Vorsorge zu treffen, gehört zur Prävention.

Burton weiß auch: »Müßiggänger geraten nur ins Lamentieren, ohne sich auf die einfachen und auf der Hand liegenden Mittel zu besinnen, die ihnen helfen würden, und leiden also weiter unter der Schwermut.« Sie warten wie resignierte Babys, dass sie eine spendende Mutterfigur »hochhebt« – ohne sich zu erinnern, dass gesunde Babys schreien und zappeln, sich also in Bewegung bringen, wenn sie spüren, dass ihnen (körperliche wie seelische) Nahrung fehlt. Wenn nun aber die Lebenskraft zur endgültigen Neige geht und körperliche Bewegung nicht mehr möglich oder erstrebenswert ist, man sich vielleicht auch wegen der »erzwungenen« Untätigkeit und damit Belastung anderer schuldig fühlt, wird oft vergessen, dass jetzt die Verlagerung auf die innere Bewegung – welche auch immer das sei, die melancholische oder die zuversichtliche – angeraten ist.

Ich biete den Menschen, die bei mir um Rat, Beistand und Therapie suchen, gerne als Metapher die Musik an. Denn so wie man dort

In Augenblicken der Einsamkeit geht es darum, die Aufmerksamkeit auf das innere Potenzial zu lenken.

Tempo, Rhythmus, Intensität, Betonung, aber auch das Zusammenspiel mit anderen gestalten kann, kann man auch seine »Seelenmusik« selbst »komponieren«: In einer bestimmten Form von Langsamkeit ohne Monotonie und Herzensintensität gerät man in den »Flow« und kann ihn, wenn man will, bis zu einer Halbtrance steigern. Denn wie man mit diesem »leibeigenen« Instrumentarium andere beeinflussen kann, kann man das auch bei sich selbst.

Frauen, die Methoden der »sanften Geburt« eingeübt haben, wissen, dass man durch Steuerung des Atems Schmerzen herabmindern kann. Hypnotherapeutisch geschulte Zahnärzte bemühen sich auch unter anderem mit Atemanleitungen, die Gabe von Schmerzmitteln herabzusetzen. Ebenso kann man sich auf »sanftes Sterben« vorbereiten – aber es ist gut, einen »Atemhelfer« mit dabei zu haben, so wie zu Beginn unseres Lebens.

Ich meine, dass es kein Fehler wäre, dies bereits in der Schule zu vermitteln – deswegen bin ich für die Namensgebung »Leibesübungen« und nicht »Bewegung und Sport«, denn damit wird das Unterrichtsfach seiner Ganzheitlichkeit beraubt, einseitig auf Wettkämpfe ausgerichtet und für »Minderleister« diskriminierend und damit gesundheitsschädlich.

Gesundheit ist ein ganzheitlich zu verstehender Begriff mit einer weiten Bandbreite: Wir sind körperlich, seelisch, aber auch geistig immer mehr oder weniger gesund oder krank, und das hängt sehr stark mit dem sozialen Umfeld und den Beziehungen zusammen, auf die wir reagieren, die wir aber auch gestalten – und wie man das tut, vor allem in Krisensituationen, gehört für mich zum Schulunterricht in »sozialer Bildung«.

Im Sterben gilt es wohl, sich von der Angst vor der Leere der Ungewissheit zu befreien: Sie basiert auf einer visuellen Vorstellung von nichts. Stattdessen geht es um ein seelisches Erspüren der Weite, die auch zu dieser Leere gehört. Und das betrifft alle, die dazu in Beziehung stehen.

10 Das Geschäft mit der Einsamkeit
Warum viele glauben, dass »der Markt« alles regeln kann

Wir alle sind mittlerweile dermaßen gegen Unehrlichkeit –
und zwar unsere eigene und die anderer – abgehärtet,
dass es schon großer Anstrengung bedarf, die Heimtücke des »Betrugs«
bei uns und unseren Mitmenschen zu erkennen.
ANNE WILSON SCHAEF[267]

Traditionell vertrauten wohlbestallte Eltern auf Tanzveranstaltungen, um ihr Angebot an paarungsreifem Nachwuchs allfälliger Nachfrage zu präsentieren. Ob Kirtag oder Faschingsbälle – immer wurden die Mädchen wie Waren herausgeputzt und gleichsam »in die Auslage gestellt«: Es gab einen »Käufermarkt«. Damenwahl war eher scherzhaft gedacht; nahm ein weibliches Wesen diese Möglichkeit zielgerichtet zu ernst, hatte sie bald einen schlechten Ruf. Den zu vermeiden, boten sich immer schon Zwischenträger/innen an: weise Frauen, die insgeheim Liebestränke verkauften, oder Kupplerinnen, Heiratsvermittler, Schadchen …, »Mobilienmakler« gleichsam, immer auf der Suche nach vermarktbaren »Objekten«. Dass ihre Dienstleistungen oft kontraproduktiv wirkten, erlebt man beispielsweise in der tragischen Form in Richard Wagners *Tristan und Isolde*, in der eleganten bei Richard Strauss' *Rosenkavalier* und in der komischen in Bedřich Smetanas Oper *Die verkaufte Braut*.

Der Mensch denkt und Gott lenkt, kommentiert dazu der Volksmund.

Erst im 20. Jahrhundert ergab sich für andere Männer als Soldaten und Abenteurer – oder Söhne des Bildungsbürgertums – eine umfassende Reisetätigkeit und damit auch die Möglichkeit, sich eine Frau aus fernen Landen heimzubringen (oder bei ihr zu bleiben).

Frauen waren vordem »fürsorglich«, sprich »kontrollierend« ans Haus gebunden; erst zwei Weltkriege mit der Notwendigkeit, Männerarbeitsplätze an Frauen zu vergeben, ermöglichten auch ihnen zuerst beschränkte, heute hingegen umfassende Mobilität. Allerdings ist der Urlaubsflirt meist kein Mann fürs Leben – auch wenn es südliche Liebhaber gibt, die sich gerne in der Rolle sähen. So erinnere ich mich an eine lebenslustige Mathematikprofessorin, die bass erstaunt war, als der tunesische Kellner, der ihr die nordafrikanischen Urlaubsnächte versüßt hatte, plötzlich mit zwei Koffern vor ihrer Salzburger Wohnungstür stand. Für seine Verhältnisse war sie eine Millionärin und die Brücke zum sozialen Aufstieg – für sie war er bloß eine Zuwaage zum Hotelservice gewesen.

Ähnlich geht es den Männern, die wähnen, mit einer leidenschaftlichen Slawin oder Südamerikanerin oder aber anschmiegsamen Asiatin, so die Klischees, die Erfüllung ihrer Beglückungsträume zu finden, während diese das Spiel »Wie angle ich mir einen Millionär?« (in ihrer eigenen Währung gerechnet, versteht sich) praktizieren. Ich habe unzählige erfolgreiche Manager, Unternehmer, ja sogar Journalisten betreut, die sich plötzlich »leidenschaftlich« tyrannisiert oder mit der nachgesiedelten Großfamilie »anschmiegsam« umzingelt fanden. Die intelligentesten von ihnen erlernten vor dem Bruch mit der jeweiligen »Vampirin« deren Sprache und gewannen so – neben der neuen Lebenserfahrung – wenigstens eine nützliche Kompetenz dazu, die anderen verloren nur Illusionen (und Geld).

Man sollte also meinen, es gäbe viel mehr Optionen, passende Partnerpersonen zu finden, man wäre daher nicht mehr auf die elterlichen Suchdienste – inklusive deren ökonomischer Interessen – und Kuppelhobbys von Freunden und Freundinnen angewiesen oder auf professionelle Agenten. Beides kann ja auch nerven. So erinnere ich mich, dass meine geliebte Großmutter mütterlicherseits, bei der ich ab und zu während meines Jusstudiums (1962–1966) wohnte, bei jedem Mann, der mich gelegentlich abholte, sofort zu sinnieren begann: »Wär der nicht was für dich?« Was zum Heiraten, meinte sie, und begann dann meist vor allem die Zähne des von ihr in Aussicht Genommenen zu kommentieren – was offensichtlich in ihrer Generation (sie war 1885 geboren) ein Gütesiegel bedeutete. Vergleiche mit dem Pferdemarkt sind wohl zulässig.

Partnermärkte

»Natürlich gibt es heute eine Unzahl von ›Partnermärkten‹«, schreibt der Psychologe Ulrich Beer (1990!). »Für junge Leute bieten sich Diskotheken an, und viele wissen nicht, wo sie sonst ihre Zeit am Abend verbringen sollen. Aber wenn ein Mann oder eine Frau mittleren Alters in eine Diskothek ginge, würden sie dort wohl kaum den richtigen Partner finden.«[268] Irrtum, weiß ich aus meiner beratenden Tätigkeit – etliche ältere Männer glauben auch heute noch, das wäre der richtige Ort, die ersehnte Traumfrau zu finden, und erleben dann die Frustration, die die steirische Pop-Gruppe STS in ihrem Song »Fürstenfeld« so beschreibt: »Da geh i gestern ins U4 | Fangt a Dirndl an zum red'n mit mir | Schwarze Lippen, grüne Haar, | Da kannst ja Angst krieg'n, wirklich wahr.«[269]

Ich erinnere mich an mehrere Klienten – junge Informatiker, Ärzte, Hochschulprofessoren –, denen kein anderer Begegnungsort eingefallen war als Discos, wo sie dann mit einer für sie völlig fremden Welt konfrontiert waren, für die sie aber wiederum auch kein Interesse aufbrachten. Nicht einmal Neugier. Denn wenn beispielsweise eine Partnervermittlungsagentur im Werbefernsehen den Hinweis schaltet, manche Menschen hätten die gleichen Interessen – konkret: im Auto Musik hören und mitshaken oder vegetarisch essen –, wüssten es aber nicht, wird auf dieses Minimum an Anpassung hingewiesen, und das ist auch gut so. Viele Menschen haben nämlich gar keine andere Vorstellung von Zusammenleben – und sei es auch nur für ein Wochenende – als das Modell, das sie bei ihren Eltern abgeschaut haben, und das lautet: Frau ist immer für dich da – Mann macht, was er will. Dieses Muster funktioniert aber spätestens seit den 1980er Jahren nicht mehr vorbehaltlos: Vor allem Frauen stellen ebensolche Verfügbarkeitsansprüche und tolerieren nicht mehr alles, was in der Männergemeinschaft als Durchsetzungsstärke gilt.

Wenn es nicht mindestens ein starkes und damit verbindendes gemeinsames Interesse gibt, wird eine Partnerschaft die Erstkontakte nicht überleben.

Meine Klientinnen, die in den 1980er Jahren noch auf Zeitungsinserate setzten und heute in der zweiten Dekade des 21. Jahrhunderts auf Internet-Partnerbörsen vertrauen, berichten immer von der gleichen Diskrepanz: Männer suchen entweder schnellen Sex ohne Verpflichtung oder eine alles verzeihende, ewig spendende Mutterfigur (was eigentlich kein Gegensatz ist!), während die Frauen seelische Nähe, geistigen Austausch und gemeinschaftliche Bewältigung des Alltags ersehnen. Und: Die Frauen sind anspruchsvoll geworden, haben genaue Vorstellungen von gepflegtem Äußeren und Umgangsformen, sind eingelesen in populäre Lebenshilfeliteratur und neigen zum Psychologisieren, was bedeutet, dass ihnen psychische Unzulänglichkeiten, wenn nicht sogar Störungen, auffallen und sie abschrecken. Viele sind genau so, wie es in der TV-Werbung heißt »Akademiker(innen) und Singles mit Niveau«. Da aber gerade Männer dieser Zielgruppe, die auf der Suche nach einer Partnerperson sind, solche mit »Schrullen« sind, sammeln die Frauen hier viele ent-täuschende Erfahrungen: Meist treffen sie auf entweder noch ledige Männer im Alter von 40+ mit ausgeprägtem Verantwortungsgefühl für eine »verlassene« Mutter, oder schuldig Geschiedene – und oft sogar Verheiratete, die einen außerehelichen »Energieschub« suchen.

In den boomenden TV-Sendungen wie *Bauer sucht Frau* oder *Liebesg'schichten und Heiratssachen* sieht man hingegen sofort, worauf man sich allenfalls einlassen würde. »Männer sind meistens verrückter als Frauen«, erzählt die Filmemacherin Elisabeth T. Spira (*1942), die seit 1997 in der ORF-Sendung *Liebesg'schichten und*

Heiratssachen partnersuchenden Menschen ein Forum zur Selbstpräsentation bietet. Auch seien Männer hemmungsloser und exhibitionistischer als Frauen, sagt die Journalistin.[270] Kein Wunder – sie haben auch keinen gesellschaftlich verordneten »guten Ruf« zu verlieren so wie Frauen.

Möglicherweise haben viele allein gebliebene Männer aber auch kein »Gefühl für Grenzen«. Denn wie sonst erklärt es sich, dass manche Männer Fotos ihres Penis an Kolleginnen senden; ich weiß von einem Fall, wo der Bürokollege solch eine SMS bei gleichzeitiger Anwesenheit gleichsam »über den Schreibtisch« »jagte«; die Zimmernachbarin erstarrte im Schock – und kam dann deswegen in Beratung, weil sie erkannte, dass sie – noch – keine passende Reaktion in ihrem Verhaltensrepertoire besaß. Dazu: Oft reagieren dann die Nächstangesprochenen, bei denen man Rat und Beistand sucht, mit Sätzen wie »Na *mir* ist so was noch nie passiert!« und »Also wenn *mir* so was passieren würde – dem würde ich was erzählen!« oder gar »Dem würde ich gleich eine auflegen!« Solche Sätze sind nicht hilfreich – sie verstärken nur das Gefühl der Ratsuchenden, nicht verstanden und allein gelassen zu werden. Hilfreich sind hingegen Fragen, wie sie vielleicht hätte reagieren können; damit kann man sich schrittweise der Grenze der Aggressionshemmung annähern und dadurch zumindest mental neue Nervenverbindungen zu knüpfen beginnen – denn es sind immer die »Braven«, denen solche Übergriffe passieren. Die »Schlimmen«, Unangepassten, Unberechenbaren, die »Pippi Langstrumpfs« werden selten derart insultiert – eben weil man(n) spürt, dass man mit unliebsamen Überraschungen rechnen muss.

Wenn also der Berliner Psychotherapeut Jens L. Tiedemann 2013 schrieb, »ein Zurschaustellen unserer Gefühle – oder gar Nacktheit – wird mit Isolation und Verachtung gleichsam gesellschaftlich sanktioniert«[271], stimmt das nicht mehr. Ich beobachte zwar stets Reaktionen von verlegenem Grinsen oder schweigendem Abwarten, aber von Distanzierung, geschweige denn Sanktionen, kann keine Rede mehr sein, dazu sind die Outings viel zu viele und daher »normal« im Sinne von üblich (nicht im Sinne von gesund).

Elisabeth T. Spira sagt, dass viele der Partnersuchenden in ihrer Sendung »ungeschickt« seien: »Sie haben oft das Organ nicht, mit dem man die andere Person spürt: Was fühlt sie? Was denkt sie?«[272] Vom Ungeschick zur Unschicklichkeit ist es dann oft nur ein Schritt: Sogar Anthony Weiner, Kandidat für das Amt des New Yorker Bürgermeisters, glaubte offensichtlich, das Foto des eigenen Penis wäre die richtige Art, auf Twitter für sich zu werben. Ich weiß aus der psychotherapeutischen Arbeit mit Exhibitionisten, dass viele diese Selbstentblößung als Kompliment wähnen und erwarten, dass die so »angesprochene« Frau ihnen anbetend folgen würde. (Manche können aber auch – noch – nicht anders mit ihrem Triebdruck umgehen, oder sie wollen die Macht ihrer Schockwirkung erproben. Sie wiederholen dann Verhaltensweisen, die ab und zu im Alter von Drei- bis Vierjährigen auftreten, und offenbaren damit ihr psychosexuelles Niveau.)

Es gibt also nicht nur »Selfies« von oben – es gibt sie auch von unten. Seitdem es Fotoapparate mit Selbstauslöser gab, wurden hausgemachte Pornofotos geknipst, sobald Filmkameras erschwinglich waren, Homevideos, und seitdem es Facebook und YouTube gibt, werden diese Selbstporträts weltweit veröffentlicht – ohne an mögliche Negativfolgen bei künftigen Partnern/Partnerinnen oder Arbeitgebern zu denken.

Menschen haben den Selbstdarstellungsdrang – und je ungesättigter dieses Bedürfnis nach Gesehen- und Erkanntwerden bleibt, desto extremer können die Bewältigungsstrategien ausfallen. Offensichtlich reichen Karneval und Faschingstreiben nicht mehr. Oder sie sind zu bieder geworden in unserer immer schamloser werdenden Gesellschaft.

Schlafzimmergeheimnisse

Scham, pointiert Jens L. Tiedemann, wäre im Grunde als persönliches Schutzgefühl zu deuten, das die Integrität des Selbst behüten und beschützen will.[273] Angst vor Bloßstellung, vor dem Gesehen- und Angesehenwerden mit Furcht vor Strafe kann als gleichsam Signal-Scham zu Vermeidungstendenzen und damit auch zu Symptombildungen führen.[274] In der psychotherapeutischen Praxis findet man dazu häufig im Hintergrund des Lebensstils einsamer Menschen die Selbsteinschätzung versteckt, mit seinen sexuellen Vorlieben und Sexualpraktiken inakzeptabel zu sein.

Ich erinnere mich beispielsweise an einen Mann, der mir in der Zeit, als ich in der von mir gemeinsam mit dem Diplomsozialarbeiter Werner Neugebauer, dem damaligen Leiter der Ehe- und Familienberatungsstellen der Stadt Wien, begründeten 1. Wiener Sexualberatungsstelle mitarbeitete[275], auf Teambeschluss zugeteilt worden war. Er saß, die Hände zwischen den krampfhaft zusammengepressten Knien eingeklemmt, da und flüsterte, er habe ein Problem, das sei so schrecklich, dass er es gar nicht sagen könne. Ich antwortete ihm, dass das bei mir jetzt ungeheuerliche Fantasien auslöse, und fragte, was denn so unsagbar »erschreckend« sein könnte – ob er es etwa mit Leichen triebe? Das sei das Ärgste, was ich mir vorstellen könne. Da lachte er kurz auf und presste heraus: Nein, das nicht – er betreibe Masturbation. Da seufzte ich demonstrativ erleichtert auf und meinte freundlich, damit sei er ja voll im Durchschnittsbereich.

Von Woody Allen stammt der Ausspruch »Don't knock masturbation – it's sex with someone you love« (Mecker nicht über Masturbation – sie ist Sex mit jemandem, den du liebst). Auch wenn heute nur mehr selten die schwarzpädagogischen Drohungen des 19. Jahrhunderts eingesetzt werden, um triebgeplagten Halbwüchsigen die Lust am eigenen Körper zu vermiesen, gilt doch den meisten Menschen die einsame Selbstbefriedigung als Makel: Sie sehen darin inbegriffen ihr Versagen, eine liebende Partnerperson zu »haben«.

Erich Fromm (1900–1980) weist darauf hin, dass Haben und Sein zwei grundverschiedene Formen menschlichen Erlebens seien, deren jeweilige Stärke die Unterschiede zwischen den Charakteren von Einzelnen, aber auch zwischen verschiedenen Typen des Gesellschafts-Charakters bestimme.[276] Er führt dazu aus, dass die einen »besitzen« wollen, die anderen aber nur ehrfurchtsvoll wahrnehmen. Fromm schreibt: »Mit ›Sein‹ meine ich eine Existenzweise, in der man nichts *hat* und nichts *zu haben* begehrt, sondern voller Freude ist, seine Fähigkeiten produktiv nutzt und *eins* mit der Welt ist.«[277] Allerdings sieht er auch die Gefahr, dass der »moderne« Mensch den Geist einer Gesellschaft nicht zu begreifen vermag, die nicht auf Eigentum und Habgier aufgebaut ist.[278] Diese Geisteshaltung findet sich gegenwärtig auch im Design des Modells vom gelungenen Privatleben: Man muss einen Partner, eine Partnerin »haben« und wenn solch eine »Verbindung« auseinandergeht, möglichst gleich ein »Neumodell erwerben«. Gelingt ihnen dies nicht, sehen sich viele als »Versager«; tatsächlich versagen sie sich aber selbst (im anderen Sinn des Wortes) das Eingeständnis, nur einen Lückenbüßer gegen die Einsamkeit, einen Haussklaven (meist weiblich) oder eine Potemkinsche Fassade gegen kritische Besserwisser zu suchen – anstatt ohne Absicht abzuwarten, ob sie jemandem begegnen, der oder die ihre Herzensmusik zum Klingen bringt, und dann nur zu lauschen und zu genießen und nicht als passendes Accessoire festzubinden.

Wenn der bereits zitierte italienische Soziologieprofessor Francesco Alberoni, dessen Sichtweisen ich in vielem seriöserweise heftig widersprechen muss, schreibt, Männer (vermutlich er selbst) wünschten in ihrer Fantasie eine Frau, die »keine ethische Wiedergutmachung für die Lust« verlange[279], erklärt genau diese – und

Dass Ratschläge auch Schläge sind, ist ein Bonmot, das viele schon nervt.

wie ich meine zu Recht – erwartete Forderung deren geheimes Interesse an Pornografie, Peepshows und Masturbation: Sie bevorzugen die Einsamkeit gegenüber möglichen Stressgesprächen. Alberoni ist sich sicher: »In der männlichen Erotik steckt ein anarchischer, antisozialer Anteil, einer Unruhe der Freiheit, die Männer selbst nur mühsam zugeben mögen.«[280] In der psychotherapeutischen Praxis sieht das allerdings ganz anders aus: Da gibt es nicht männliche oder weibliche Erotik, sondern nur Klischees, und konkrete Menschen, die darunter leiden, in ihren Sehnsüchten und Bedürfnissen nicht ernst genommen zu werden.

Glückserwartungen

Eigentlich ist der Satz »Bis du heiratest, ist alles wieder gut!« ein Fluch: Er fixiert den Zustand von Sorglosigkeit auf einen möglicherweise nie eintretenden Hochzeitstag und damit auf eine Zukunft hin, deren Realisierung nicht in eigener Macht liegt.

Gleichzeitig wird mit dem Wortteil »hoch« das Hochgefühl skizziert, das traditionell durch lange Wartezeiten und Vorbereitungsstress initiiert werden konnte – vorausgesetzt, es handelte sich um eine freiwillige Paarung. Denn viele junge Frauen wurden bis weit in das 20. Jahrhundert hinein von ihren Eltern oder Vormündern in Ehen mit wesentlich älteren Männern gezwungen – früher konnten sich viele ja noch keinen eigenen Hausstand »leisten« –; da war von Hoch-Zeit keine Rede, sondern von Angst und Verzweiflung. Hinter der Heirats-Euphorie verbarg und verbirgt sich aber nur zu oft der Triumph über die Einsamkeit – die Einsamkeit, die sich aus der Konkurrenz ergibt, die künstlich geschürt wurde.

Waren es früher sowohl Drei-Groschen-Romane als auch Dramen der Weltliteratur, sind es heute Filme, in denen ein liebendes Paar etliche Außenstörungen zu überwinden hat, bis es einander in die Arme sinken kann. Die wahren Dramen werden heute aber nicht mehr durch strenge Eltern und rivalisierende »Freundinnen«

in Gang gesetzt, sondern durch berufsbedingte Trennungen, vor allem die über Landes- und Ländergrenzen hinweg.

Es zählt zu den Bausteinen krisenfester Beziehungen, einander zu verstehen und beizustehen. (Nachdem im österreichischen Eherecht Mängel an gemeinsamem Wohnen, Wirtschaften und Fortpflanzen keine Scheidungsgründe mehr darstellen, bleibt als wesentliches Kriterium die Beistandspflicht »in guten wie in schlechten Zeiten«.) Beistandspflicht bedeutet aber nicht Entertainment! Sie bedeutet Austausch: miteinander regelmäßig abklären, was in naher oder weiterer Zukunft gemacht oder vermieden werden soll und in welcher Form. Das braucht Sprachkompetenz.

In den Ratgeberseiten und -sendungen heißt es meist nur: Sprechen Sie mit Ihrem Mann/Ihrer Frau ... oder: Teilen Sie Ihre Wünsche mit! Denn vielfach leben zwei stumm und einsam nebeneinander und keiner ahnt, was dem anderen fehlt (selbst wenn das nur eine irreale Fantasie wäre). In der konkreten Beratungssituation beim Paartherapeuten kommt auf die Nachfrage: »Haben Sie das schon einmal angesprochen?« fast immer die rasche Antwort: »Ja! Ich hab gesagt: So geht das nicht weiter ...«, und dann folgt eine Schilderung einer Schimpftirade, wie sie wohl alle Menschen von ihren Eltern oder wiederum aus Filmen kennen.

Vielfach buchen dann Frauen und seltener Männer Plätze in einem Seminar zum Kommunikationstraining, besonders wenn eines im beruflichen Kontext angeboten wird, und meist verlieben sie sich dann prompt in irgendjemanden, der dort auch teilnimmt – eine klassische Folge der Nähe, die sich beim Einüben von Zuhören, Mitdenken, Verständniskontrolle und Einfühlsamkeit ergibt. Deswegen gebe ich beispielsweise, wenn ich Sexualberater ausbilde, gleich zu Beginn eine »Warnung der Beziehungstherapeutin: Diese Lernaufgaben können Ihre Partnerschaften gefährden!«, gebe aber dann auch Empfehlungen, wie man dem gegensteuern kann.

Viele Menschen entscheiden sich, eine Ausbildung zu machen, weil es doppelten Effekt hat: nicht nur die diskrete Behebung eigener neurotischer – was heißt: auf alten Nervenverschaltungen beruhenden – Fixierungen, sondern gleichzeitig auch einen »Schein« (im Doppelsinn des Wortes), der gestattet, anderen gleich Leidenden oder auch nur Verunsicherten Beratung und Betreuung anzubieten.

Nothelfer

Neben den Agenturen gibt es nämlich noch eine Gruppe von Professionellen, an die sich Partnersuchende und andere Einsame wenden: die Angehörigen psychosozialer Berufe; egal ob sie in Beratungsstellen, Pfarren, psychotherapeutischen Praxen oder ärztlichen Ordinationen arbeiten. Sie werden nicht nur aufgesucht, um Auswege aus unerwünschten Lebenssituationen aufzuzeigen, sondern oft auch nur, um überhaupt mit jemandem reden zu können.

Im Gegensatz zu den alternativen Ansprechpersonen im Wirtshaus oder auf der Parkbank ist die Wahrscheinlichkeit groß, dass man nicht nur mit einer Phrase abgespeist wird, sondern je nach Beruf zehn Minuten oder eine knappe Stunde Gehör findet. Schwieriger ist es hingegen, eine wahrhaftige Rückmeldung zu bekommen.

Wahrheit ist ja etwas sehr Subjektives, und oft dient sie als Deckmantel, jemanden brutal mit der Aufdeckung von Geheimnissen zu konfrontieren. Wahrheit muss bewiesen werden – vor Gericht beispielsweise durch Beweise, aber auch die können manipuliert oder überhaupt zielgerichtet konstruiert sein. In dem Kultfilm *Rashomon* aus dem Jahr 1950 zeigt der Regisseur Akira Kurosawa, wie unterschiedlich ein Verbrechen aus dem Blickwinkel mehrerer Personen berichtet werden kann – und doch meint jeder, die Wahrheit zu sagen.

Es empfiehlt sich daher immer auch mitzubedenken, dass Wahrheit letztlich nur das ist, worauf wir, die Gesellschaft, uns geeinigt haben, dass wir es als Wahrheit bestätigen.

Wahrhaftigkeit verstehe ich hingegen als Bemühen, im Wissen um diese verschiedenen Wahrnehmungen achtsam und unter bewusstem Verzicht auf Manipulationen (wie Fantasien, Garantien oder Drohungen etc.) die eigene Sichtweise – und eben deklariert als nur die eigene – rückzumelden. Genau davor schrecken aber viele zurück, weil sie unbewusst ahnen, dass ihnen beim Versuch einer Antwort aggressive oder konkurrierende Gefühle dazwischenkämen, daher unterlassen sie das – durchaus berechtigterweise – und schweigen (statt ehrlich zu sagen: »Da kann ich jetzt nichts dazu sagen – ich bin wortlos/ hilflos/unerfahren etc.«).

Wir alle kennen die trivialpsychologischen Ratschläge – die Zeitungen sind ja voll davon und der Buchmarkt auch, und dass Ratschläge auch Schläge sind, ist ein Bonmot, das ebenso viele schon nervt.

Wendet man aber den kritischen Blick weg von diesen Tipps und Tricks, wie man für sich das mediale Gaukelbild des immerdar konfliktfrei liebenden Paares mit Familienauto samt Vorzeigekindern und Luxuswohnung samt wohlschmeckender Packerlsuppe realisieren soll, und hin zu den tatsächlichen Hemmnissen halbwegs passender Paarungen, so findet man

unrealistische Fantasien; so erlebe ich immer wieder, dass Frauen ohne eigenes Begehren mit Männern, die sie nur oberflächlich oder gar flüchtig kennen, kopulieren, weil sie hoffen, sie so an sich »binden« zu können, und dann doppelt auf sich selbst böse sind, einerseits weil sie entgegen ihrem Gefühl gehandelt haben, andererseits weil sie sich nicht wertgeschätzt erleben und meinen, sich nicht gut genug »eingesetzt« zu haben – was ich als Folge der Sextipps in Frauenmagazinen, aber auch in den Medien von massiv beworbenen Büchern wie *Schoßgebete* sehe.

Achtsamkeit bedeutet, sich die Zeit zu nehmen, die andere Person zu beachten und zu achten.

Ungeeignete Liebesobjekte: Psychologische Tests haben mehrfach nachgewiesen, dass in funktionierenden Paarbeziehungen beiden Teilen gleiche optische Attraktivität zugeschrieben wird. Auch ist es ein unter Psychotherapeuten wohlbekanntes Phänomen, dass Langzeitpartner einander immer ähnlicher werden – auch optisch. Immerhin »verkörpern« wir ja auch unser Sein (und manche Menschen ähneln vielsagenderweise mehr ihrem Hund als ihrem Lebensgefährten).

unpassende Kontaktaufnahmen. So erinnere ich mich an einen Klienten, der sich wegen des Problems an mich wandte, dass er zwar immer wieder Frauenbekanntschaften mache, es aber nur selten zu einem zweiten Treffen gekommen sei. Zum Erstgespräch in meine Praxis kam er mit einem Riesenblumenstrauß. Ob er auch seinem Zahnarzt Blumen mitbringe, fragte ich ihn schmunzelnd. Nein, wieso, fragte er daraufhin erstaunt. Dann darf ich Sie aufklären, schmunzelte ich weiter: Sie sind hier auch in einer Ordination ... und Blumen seien nur nach erfolgreichem Abschluss der vereinbarten Arbeit angemessen. Das war dann auch der erste Hinweis auf seine »Fehler«: Es fehlte ihm das Taktgefühl für mögliche Grenzverletzungen.

Das Wort Taktgefühl stammt aus der Musik – und von »Seelenmusik« spreche ich auch oft, wenn ich darzustellen versuche, dass es Achtsamkeit und Anpassung braucht, um »auf eine Wellenlänge« zu kommen oder, neurobiologisch modern formuliert, Spiegelneuronen wirksam werden zu lassen.

Achtsamkeit bedeutet, sich die Zeit zu nehmen, die andere Person zu beachten und zu achten – aber auch dazu braucht es wieder eine diesbezügliche Neurosignatur. Die meisten Menschen verteidigen sich, sie wären ohnedies achtsam, aber sie verwechseln Absicht und Verwirklichung – nicht böswillig, sondern rein aus Zeitmangel und Oberflächlichkeit.

Ent-Täuschungen

»Wenn jemand durch eine Anzeige in einer Zeitschrift eine Bekanntschaft sucht, hat er schon mehrere Enttäuschungen hinter sich«, behauptet Ulrich Beer. Heute muss man bei diesem Satz auch an die Partnersuchsendungen erinnern. »Viele Menschen sehen darin die letzte Möglichkeit, einen Partner zu finden, sei es, weil sie zu schüchtern sind, jemanden anzusprechen, oder aber in Worten besser auszudrücken vermögen, was ihnen unter vier Augen schwerfällt. Aber wenn es doch den Aufgebern einer Anzeige so ergeht, dann müsste es denen, die auf eine Anzeige schreiben, genauso ergehen, sonst würden sie wohl kaum antworten«, und er fragt: »Wie kommt es dann, dass oft feste Bindungen ausbleiben?« Seine Antwort lautet: »Das liegt wohl daran, dass sich ein Alleinlebender einen eigenen Lebensstil angeeignet hat«, denn: »Da er oft bereits über Jahre allein gelebt hat, wird er unsicher und kritischer. Enttäuschungen sollen vermieden werden. Unmerklich kommt die Gefahr, überängstlich zu werden und in jedem nur das Negative zu sehen. Zudem lebt er unregelmäßig, fühlt sich von der Umwelt benachteiligt und wird deshalb oft ungerecht. Das alles führt dazu, dass vielfach das Gute übersehen wird.«[281]

Auch wenn man nun meinen könnte, diese Zeilen, 1990 verfasst, hätten heute keine Gültigkeit mehr, sei daran erinnert, dass sie die üblichen Argumente der Anverwandten beinhalten, mit denen Partnersuchenden persönliche Schuld zugeschrieben wird, das gesellschaftliche Ideal von Zweisamkeit zu verfehlen.

Vielfach scheuen Eltern und Geschwister davor zurück, sich um einsame, womöglich noch betreuungsbedürftige Anverwandte kümmern zu müssen. »Keine Zeit«, heißt das Argument – und genau darum geht es auch.

Es kann nicht oft genug in Erinnerung gerufen werden: Die medialen Vorbilder präsentieren »Kinozeit«: In 90 Minuten werden oft mehrere Generationenfolgen vorgeführt, damit jedoch nur markante Bruchstücke von Entwicklungen, und da vor allem krisenhaften. Wenn man Kindern und Jugendlichen – und auch vielen Erwachsenen – nicht die Wahrnehmungssensibilität vermittelt, Fiktion, und sei sie noch so kunstvoll und damit suggestiv, von der Alltagswirklichkeit zu unterscheiden, schafft man Missverständnissen ein breites Wirkungsfeld. Man denke nur an das James-Bond-Klischee: Da sieht Agent 007 eine attraktive Frau – in der nächsten Szene liegt er schon mit ihr im Bett – und in der nächsten erschießt er sie, hat sie sich doch als feindliche Agentin entpuppt. Ähnliches wird dann oft in den realen Alltagsbeziehungen »nachgespielt« (inklusive Mord und Totschlag): Affekthandlungen werden als ganz normal erlebt, hat man(n) sie doch wieder und wieder gesehen und »jederzeit abrufbar« ins semantische Gedächtnis eingespeichert.

Geschwindigkeit behindert Nachdenken, Nachfühlen und damit ethische Kontrolle: Finde ich das wirklich richtig? Oder sagt mir meine innere Stimme etwas ganz anderes? Von klein auf wird uns von Menschen, die sich als Besserwisser ausgeben, suggeriert, was »gut« ist – nämlich für diese. Was für uns selbst gut ist, müssen wir selbst herausfinden, und das braucht oft fünf Jahrzehnte. Darin sehe ich außer höheren Entlohnungskosten einen wesentlichen Grund, weshalb ältere Arbeitnehmer/innen Schwierigkeiten haben, ihren Platz am Arbeitsmarkt zu finden und zu behaupten: Sie sind zu erfahren, daher auch zu kritisch. Dabei zeigt jede Kritik nicht mehr als *eine* Verbesserungsmöglichkeit auf. Aber auch dies wahrzunehmen, braucht Zeit – und Gespräch.

Noch einmal zur Erinnerung: Eine gelungene Beziehung – egal ob privat oder beruflich – findet in Phasen statt: Nach oberflächlichem Kontakt gilt es, eine wirk-liche Beziehung aufzubauen, was bedeutet, einander kennen und »aushalten« zu lernen; dabei kann es zu Augenblicken von Intimität kommen – dann, wenn man Ein-

Liebe heißt zuerst Selbstliebe.

blick ins Seelentiefe gewinnt oder gestattet. Auch da gilt es, die eigene Reaktion – »Rührung« – auszuhalten und nicht mit einem Kopulationsangebot zu verwechseln. Wenn ein solches aber tatsächlich eine – und bitte private! – Option darstellen sollte, sollte sie in keiner Situation übersprungen werden; Überraschungen haben nur zu oft Gewaltcharakter!

Aus Filmen abgeschaut, meinen viele, der Aufbau einer Dauerbeziehung müsste doch auch in der Abfolge Kontakt – geschlechtliche Vereinigung gelingen, und Beziehung und Intimität könne man getrost auslassen.

Dreijährige »Verlobungszeiten« wie im 19. Jahrhundert – in einer Zeit, in der die Aussteuer händisch genäht werden musste, da es noch keine industrielle Massenware gab – gelten als unmodern, hatten aber den Sinn, abzutesten, ob es sich nicht nur um Strohfeuer oder Heiratsschwindel handelte.

Heutzutage, wo oft gescherzt wird, heiraten wollten ohnedies nur noch Schwullesben und katholische Priester, sollte man besser von »Beziehungsschwindel« sprechen: Ziel ist vielfach nur, eine Trostfrau oder einen Trostmann zu wissen, die oder der bei gelegentlichen Einsamkeitsanfällen die Not lindert. In dem nach wie vor hochaktuellen Film *Menschenfrauen* von Valie Export (1979) blättert denn auch der Held, ein Journalist, jeweils in seinem Notizbuch nach Telefonnummern in seinem »Repertoire« und ruft dann eine nach der anderen an … aber leider ohne echtes Interesse an den jeweiligen Frauen, sondern nur an der Verbesserung seines Leere-Zustands.

11 Soziale Gesundheit mit und ohne Einsamkeit
Warum Einsamkeit auch gesund sein kann

Nur das Kennenlernen, die Erkenntnis,
ist fähig, kontinuierlich zuzunehmen,
ohne sich zu wiederholen und ohne sich zu erschöpfen.
FRANCESCO ALBERONI[282]

Unsere neuronalen Potenziale entfalten sich nur in unterstützenden sozialen Kontexten, erinnert Joachim Bauer.[283] Doch muss auch hier berücksichtigt werden, dass wir im Raum-Zeit-Gitter leben, schränke ich ein, und daher zu klären ist, in welcher Nähe der unterstützende soziale Kontext jeweils zu bestimmen ist und wie lange er dauern soll.

Sobald unsere Fähigkeit zur Selbstreflexion verfügbar ist – das wäre dann, wenn wir erlernt haben, dass man Fragen nach den eigenen höchstpersönlichen Bewertungen stellen kann und darf und dass man zumindest sich selbst wahre Antworten geben sollte (und die im Sinne des selbstschützenden Containing[284] nicht gleich und überall heraussprudeln) –, bedarf es der Übung, dieses Selbstgefühl gegenüber »erzieherischen« Suggestionen zu bewahren, auch dann, wenn man sich entschieden hat, sich äußerlich anzupassen. Verhalten ist ja nur ein Teil unserer Gesamtpersönlichkeit und sollte daher nicht unbedingt unsere authentische Identität dominieren.

Das Wort »unbedingt« weist darauf hin, dass wir darauf achten sollten, dass in jedem »Kontext«, d.h. Zusammenhang, meist auch Bedingungen enthalten sind. Ganz krass ist das in der Kindererziehung zu beobachten, wenn der Satz »Ich hab dich lieb« mit Bedingungen wie etwa »nur wenn du schön aufisst!« verbunden wird.

Einsamkeit kann man nur als »Einsamkeit« spüren, wenn man bereits eine Neurosignatur von den Erfahrungen Zuwendung, Geborgenheit, Nähe, vielleicht auch Liebe erworben hat. Das kann auch aus einem Film, einer Oper oder einem Lied, Gedicht, Roman »übertragen« worden sein. Anderenfalls ist die Emotion, die ich hier ins Gedächtnis rufe, Überlebenswille – man braucht etwas (und weiß dann oft nicht, was), das das Absinken des vitalen Energieniveaus ausgleicht. Entsprechend der ersten, der sogenannten »oralen« Phase der kindlichen Entwicklung greifen die meisten dann unbewusst zu etwas, das dem damaligen Munderleben ähnelt: Trinken, Essen, Rauchen. Küssen ist ja nicht so leicht verfügbar.

Und manche suchen dazu auch Gleichgesinnte – im Gasthaus gleichsam als Ersatz für einen Kindergarten für Erwachsene. Tagesheimstätten, Clubs, aber auch Bordelle dienen dem gleichen Zweck: Sie sind Asyle für seelisch Bedürftige, je nach deren finanzieller Leistungskraft, und auf Männer zugeschnitten. Frauen blieben traditionell nur Kirchen und Klöster, alle anderen Zufluchtsorte waren seit den Hexenverfolgungen verdächtig, wenn sie nicht der Produktion nützlicher Gegenstände dienten – und ähnliche Bewertungen finden sich heute noch immer wieder gegenüber autonomen Frauengruppen.

Akzeptanz

Wenn man etwas ändern will, muss man es zuerst einmal als das wahrnehmen, was es ist, sonst verfehlt man sein Ziel. Und zu dieser Akzeptanz zählt auch, sich selbst nicht zu belügen – das besagt bereits das Wort wahr-nehmen.

Hinter dem Bemühen, der Einsamkeit zu entfliehen, können sich etliche andere Bedürfnisse verbergen: beispielsweise jemand als »narzisstisches Schaustück«[285] präsentieren zu können – den bedrängenden Eltern, verächtlichen Freunden und Freundinnen, misstrauischen Auftraggebern oder auch nur den »Kopfbewohnern«. Oder ein menschliches Unterhaltungsprogramm für unausgefüllte Wochenenden. Oder zupackende Hände für Wohnungsrenovierung, Waschtag oder Wochenendeinkauf. Jemand zur Erfüllung von Fortpflanzungsgeboten. Oder einen Alibimenschen für indiskrete Fragen nach der sexuellen Orientierung. Oder auch nur zum Teilen der Wohnungskosten ... oder ... oder ... All diese Motive sind »redlich« – sie können beredet werden, und werden es ja auch gelegentlich.

Und dann gibt es die Situationen, wo man wie der Autor in Goethes Gedicht vom Veilchen nur so vor sich hingeht, und plötzlich sieht man in zwei Augen und die ganze Welt ändert sich. Ich selbst musste 54 Jahre alt werden, bis ich diesen »Zufall« – es fällt etwas zu, das man nicht gesucht hat – erleben durfte. Aber so wie Ben Furman schreibt, es sei nie zu spät, eine glückliche Kindheit zu haben, sollte man wissen, dass es überhaupt nie zu spät ist, Glück zu erleben.

Es gibt ein Buch, das heißt *Der Erleuchtung ist es egal, wie du sie erlangst*. Darin schreibt der Autor, wichtig wäre, dass im Kopf kein Widerstand herrsche und man rein aus Liebe handle: »Es gibt keine Handlungsweise, die in jedem Fall richtig oder falsch wäre. Die einzige richtige Variable ist die Liebe, aus der heraus du handelst.«[286]

Liebe heißt zuerst Selbstliebe, auch trotz oder wegen der nicht so hochgelobten Eigenschaften und Verhaltensweisen, deretwegen wir uns schämen (oder wissen, dass wir uns nach Wollen der anderen schämen sollten). C. G. Jung nennt sie Schattenanteile, weil wir sie gerne ins Dunkle unseres Unbewussten verbannen und verheimlichen. Ich benütze dafür gerne die Metaphern vom Vorgarten, in dem wir das präsentieren, wovon wir glauben, dass es gelobt wird, und vom Misthaufen hinter dem Haus, in den wir versenken, was wir an uns verabscheuen – und der doch auch Kompost für Prachtpflanzen abgeben kann. Jung spricht von Schattenintegration, die nötig ist, um sich selbst zu vervollkommnen (»individuieren«). Ich verwende dazu das Bild einer Lichtquelle hoch über uns:

Je weiter man von ihr entfernt ist, desto größer ist der Schatten, den man wirft – nur wenn man sich direkt unter ihr befindet, steht man und verdeckt man den Schatten ganz; dann hat man ihn integriert und braucht sich nicht mehr anzuspannen, ihn unsichtbar werden zu lassen. Selbstakzeptanz wäre also der erste Schritt zur »Entspannung«.

Wenn daher Carl Rogers, der Schulgründer der Gesprächspsychotherapie, den ich im Unterricht noch erleben durfte, seine Schülerschaft darauf hinweist, dass »bedingungslose Akzeptanz« Voraussetzung für eine gelungene therapeutische Arbeit darstelle, befindet er sich im Gefolge dessen, was im Christentum als bedingungslose Liebe Gottes bezeichnet wird: jemanden anzunehmen, ohne ihn oder sie als Person zu bewerten. Das bedeutet aber nicht, dass man sich nicht in Beziehung setzt und »alles durchgehen lässt«. Unterstützung besteht eben auch darin, jemanden darin zu fördern, Fehlhandlungen zu erkennen und durch bessere Verhaltensweisen zu ersetzen – und das zu schaffen, ohne zu kritisieren, nörgeln, spotten oder strafen, ist eine Kunst – aber erlernbar.

Heute wird jedoch mit allgegenwärtigen Rankings und »in & out«- bzw. »top & flop«-Listen in den Medien Bewertung als Lebensstil propagiert. Man fürchtet sie – man praktiziert sie. »Eine möglicherweise passiv zu ertragende Scham wird aktiv umgewandelt, indem der Betreffende jemand anderen beschämt, um seine eigene Scham nicht erleben zu müssen«, betont Jens L. Tiedemann und ergänzt: »Ebenfalls eine Schamabwehr ist die exzessive Zurschaustellung, der *Exhibitionismus* – gleichsam eine ›Verkehrung ins Gegenteil‹. Er soll die abgewehrten Gefühle von Minderwertigkeit, Unterlegenheit und Unsicherheit verbergen und stellt eine Form von Reaktionsbildung gegen Schamgefühle dar.«[287]

Eine Reduktion der möglichen Statussymbole auf den gemeinsamen Maßstab des Geldes erhöht jedoch nur den Kreis der Konkurrenten, weiß der polnische Soziologe Stanislaw L. Andreski (1919–2007)[288], nährt den Mythos eines allgemeinen Aufstiegs, vermehrt aber nicht die Spitzenplätze[289] – und, ergänze ich, auch nicht die in den Herzen der Nächststehenden.

Die erste unterstützende Umwelt sollten logischerweise Eltern und nahe Anverwandte bieten, und das nicht nur psychisch, sondern auch materiell. Ortsveränderungen, die nicht erklärt und begründet werden, entsprechen nicht dieser Notwendigkeit. Die Sicherheit spendende und damit unterstützende Wirkung von Heimat wird vielfach unterschätzt.

Entwurzelungen

Mir ist erst in der therapeutischen Arbeit mit Menschen, die als Kinder nach Ende des Zweiten Weltkrieges beispielsweise aus dem Sudetenland fliehen mussten, bewusst geworden, welches Trauma diese Trennung von Gewohntem und Geliebtem bedeutete und wie wenig ihnen ihre Bezugspersonen Beistand bieten konnten, standen diese doch selbst unter traumatischem Druck. Später ist mir dann in vermindertem Ausmaß Analoges bei Diplomatenfamilien aufgefallen: Dort lag es an der verfügbaren Zeit zur Anpassung und der Aussicht auf den nächsten Ortswechsel, ob sie der Anforderung an Flexibilität ohne psychische Beeinträchtigung folgen konnten.

Richard Sennett nennt den vielleicht verwirrendsten Aspekt der heute geforderten beruflichen Flexibilität ihre Auswirkung auf den persönlichen Charakter: »Der Charakter konzentriert sich insbesondere auf den *langfristigen* Aspekt unserer emotionalen Erfahrung. Charakter drückt sich durch Treue und gegenseitige Verpflichtung aus oder durch die Verfolgung langfristiger Ziele und den Aufschub von Befriedigung um zukünftiger Zwecke willen.«[290] (Hervorhebung von mir – R. A. P.)

Charakter bedeutet für mich Festigkeit – dabei denke ich an ein starkes Rückgrat, an Aufrichtigkeit und Widerstandsmut – und die beruht auf Vertrauen, zuerst zu anderen und, aus der Erfahrung, dass Beziehungen halten, auch wenn es Differenzen und Distanzen gibt, darauf gegründet auf sich selbst. Nur: Wird dies heute gefördert? Sennett schreibt: »Wie aber können langfristige Ziele verfolgt werden, wenn man im Rahmen einer ganz auf das Kurzfristige ausgerichteten Ökonomie lebt? Wie können Loyalität und Verpflichtungen in Institutionen aufrechterhalten werden, die ständig zerbrechen oder immer wieder umstrukturiert werden? Wie bestimmen wir, was in uns von bleibendem Wert ist, wenn wir in einer ungeduldigen Gesellschaft leben, die sich nur auf den unmittelbaren Moment konzentriert?«[291] Meine Antwort lautet: Indem wir zu unseren Werten stehen – den »stehen« bedeutet ja innehalten, Standfestigkeit zu üben und »beständig« zu sein. Treu. Zumindest sich selbst.

Möglichst oft seinen Lebensraum zu wechseln, nützt der Wirtschaft: Selbst wenn man an seinen »lieben Dingen« hängt, geht immer einiges kaputt oder in Verlor. Bei Scheidungen muss die Habe getrennt werden, sofern es nicht zur überstürzten Flucht Hals über Kopf kommt – und auch die wird in ihren psychischen Langzeitfolgen unterschätzt. Das zeigt sich in der Herzlosigkeit, mit der die reiche Erste Welt auf die neue Völkerwanderung aus der Dritten Welt reagiert: Umweltverlust ist ein Trauma, und die Bewältigungsversuche sind oft schwer nachvollziehbar – außer man geht in eine »echte«, d. h. am Leben der anderen Person interessierte statt nur distanziert »professionelle« Beziehung hinein, so wie es gute Eltern oder engagierte Sozialpädagogen tun sollten.

Je tiefer man in eine Person, einen Beruf, eine Umwelt eingewurzelt ist, desto mehr kann sich ein Wechsel (daher mit Neubeginn) oder Verlust (also ohne einen Neubeginn) dem klinischen Phänomen des Persönlichkeitsverlusts annähern. »Als wär's ein Stück von mir« heißt es in dem traditionellen Soldatenlied vom guten Kameraden von Ludwig Uhland (aus 1809) – und genau daran scheiden sich die Geister: Ist es ein Zeichen von Unreife, sich so »symbiotisch« an jemand anderen zu binden wie ein Ungeborenes im Mutterleib – oder zeugt es eher von besonderer Reife, solch eine Verbundenheit zu ertragen und bei Verlust nur zu betrauern, aber nicht zu leiden?

»Die Erfahrung einer zusammenhanglosen Zeit bedroht die Fähigkeit der Menschen, ihre Charaktere zu durchhaltbaren Erzählungen zu formen«, formuliert Richard Sennett.[292] Und genau deswegen suchen Menschen heute wieder verstärkt nach Gemeinschaft, nachdem sie aus meiner Beobachtung die letzten zwei, drei Dekaden eher Autonomie und Autarkie[293] gesucht haben. Menschen mussten nicht mehr aus ökonomischen Gründen heiraten, wie noch im 19. Jahrhundert, als es für Frauen keine andere Erwerbstätigkeit gab, als »in den Dienst zu gehen« – egal ob beim Bauern, in der Fabrik oder bei »höher Gestellten« –, und deren Eltern daher ihre Schönheit, ihren Fleiß und ihre Folgsamkeit »verkaufen« mussten, und der Durchschnittsmann ohne Pioniergeist eine billige Haushälterin und Sexgelegenheit »kaufte« – wenn er es sich »leisten« konnte. Denn bis weit ins 20. Jahrhundert gab es Heiratsverbote für »Untergebene«. So musste sich mein Großvater väterlicherseits, ein tschechischer Schneider, selbstständig machen, als er heiratete; Verheiratete wurden nicht beschäftigt, weil man fürchtete, dass sie Stoff so zuschneiden könnten, dass Bahnen für Kinder oder die Frau abgezweigt würden.

»Krisen dürfen nicht überwältigen, sie müssen gemeistert und zum eigenen Wohle genutzt werden«, mahnt Ulrich Beer.[294] Der Psychiater Markus Preiter weiß aber, »die verschiedenen Auslösungsgründe für psychische Krisen sind theoretisch unendlich. Das Gehirn hat aber nicht unendlich viele Reaktionsmöglichkeiten, um auf potenziell unendlich viele Schädigungsprozesse zu reagieren, sondern wenige, in unserer Sprache, Binnenvolumen-Raum-Konfigurationen[295] als seelisches Strukturgerüst, die sich zeigen, wenn das Gehirn ›überstresst‹ reagiert.«[296]

In ungeübten Krisensituationen – denn Übungen sind nur für

Der größte Energieräuber ist die Angst – besonders die Angst vor der Isolation.

die Angehörigen von Notfallsberufen (und darstellenden Künstlern)
vorgesehen – kommt es zu Regressionen: Man fällt auf ein frühes
Entwicklungsstadium zurück, läuft »kopflos« umher, macht sich
oft an, schreit, weint und braucht eine beruhigende Elternersatz-
figur. Dass jemand, der rechtzeitig merkt, dass Einsamkeit ihn oder
sie in die Nähe solch eines Rückfalls bringt, nach dem Not wenden-
den Ergänzer sucht, sehe ich als kluge Vorsorge gegen einen dro-
henden Absturz in ein psychotisches Reagieren.

Energieräuber

Wie andere – »die außen« – agieren, liegt außerhalb der eigenen
Macht. Sehr wohl in unserer Macht liegt aber, wie wir darauf reagieren (wollen). Ein Beispiel liefert der Mannheimer Psychoanalytiker Gerhard Schneider, wenn er Donald Winnicott zitiert, der bei
der Vorbereitung eines Vortrags seinen Wunsch, »das Recht auf
Nicht-Kommunikation zu verteidigen« entdeckte, was er als »Protest aus meinem Innersten, gegen die erschreckende Fantasie, unendlich ausgenützt zu werden« erkannte.[297]

Wo beginnt die Pflicht zum Beistand und wo das Recht, sich
gegen Ausbeutungsversuche abzugrenzen?

Im beruflichen Bereich kann und sollte man so etwas vertraglich
regeln, dafür gibt es professionelle Helfer – und wenn man selbst so
einer ist, sollte man auf der professionellen, d. h. finanziell abgeklär-
ten und eventuell sogar bevorschussten Beziehung bestehen oder
eine deutliche Grenzziehung vornehmen.

Was aber bei Privatbeziehungen? Und wie die beiden trennen?
Ich habe etliche sogenannte Freundinnen vergrämt, weil ich nicht
bereit war, Therapieleistungen zu verschenken – und dass ich mich
verweigerte, war auch gut so: Man kann nicht »bedingungslos akzeptieren«, wenn man sich ausgebeutet fühlt. Daher plädiere ich –
u. a. auch als Juristin – immer für Eheverträge und allenfalls auch
dafür anwaltliche Beratung, damit klar ist, wo die eheliche Beistandspflicht aufhört – bei riskanten Finanztransaktionen etwa.

Und ich denke, es wäre auch nicht schlecht, solche Verträge ebenso für das Verhältnis zwischen erwachsenen Kindern und ihren Eltern vorzusehen (und nicht für den Erblass).

Es gilt also zu überlegen, wem es nützt, wenn er oder sie jemandem Beistand in Lebenskrisen verweigert. Wer Menschen in Krisen abwertet, kann damit rechnen, dass die schweigende Mehrheit von dem so Stigmatisierten abrücken wird. Ich meine: Es nützt vor allem denjenigen, die auf diese Weise »selektieren« – in Lebenstüchtige, »Resiliente«, »Sieger« und Loser. Loser sind meist diejenigen, deren Begabungen sich nicht »auf den ersten Blick« aufdrängen und die daher zu »niederen Diensten« eingeteilt werden, weil sie sonst »ohnedies zu nichts nütze sind« und auf diese Weise weiter behindert und verhindert werden, vor allem aber in ihrer Selbstachtung, Motivation und letztlich Gesundheit geschädigt werden.

Der größte Energieräuber ist die Angst – und da besonders die Angst vor der Isolation, in der einem niemand mehr hilft.

Ich höre auf meine Fragen, weshalb jemand einen Partner, eine Partnerin suche, von Frauen immer die Antwort, weil sie jemand zum Reden bräuchten, von Männern hingegen, dass sie das Alleinsein nicht mehr ertrügen. In beiden Fällen geht es um die Bewältigung des Leeregefühls: Es sollte einfach »jemand da sein«.

Dennoch stellt Margot Pennington für die jüngste Zeit fest: »Die Menschen verstehen sich als voneinander völlig unabhängige und nicht füreinander verantwortliche Einzelwesen«.[298] Die modernen Paarbeziehungen seien inzwischen von allen Seiten durchleuchtet und die Analysen der Experten bis zu den Beteiligten durchgedrungen, und die meisten meinten zu wissen, was Zusammenleben erschwert, konstatiert Ursula Nuber, und dennoch sei Besserung nicht in Sicht: »In vielen Beziehungen fehlt Intimität. Da bleibt oft etwas Fremdes, Unverständliches, ein Unbehagen, das nur schwer in Worte zu fassen ist und sich wie ein Grauschleier über die Beziehung legt.«[299] Da taucht sie wieder auf – die fehlende Intimität!

Aber Voraussetzung der Intimität mit jemand anderem ist die

Intimität mit sich selbst: Wenn etwas bekannt vorkommt, aber schwer in Worte zu fassen ist, kann man davon ausgehen, dass es sich um Neurosignaturen aus frühester Biografie handelt, als man noch nicht der Worte mächtig war. Die angesprochene Intimität entschlüssle ich als die Empfindung, mit dem anderen wortlos in Einklang zu sein – eine Sehnsucht, die zur »guten Mutter« der ersten Lebenstage gehört. (Ich formuliere bewusst nicht »hinreichend gute Mutter«, wie sie zur Entlastung von Perfektionismusstreben oder Abgrenzung von inkompetenten Müttern in der Fachliteratur genannt wird; die »gute« Mutter ist aus meiner Sicht diejenige, die so ist, wie wir sie uns wünschen – also ein Wunschbild!)

Intimität findet in kostbaren »Augenblicken« statt: dann, wenn man einander ansieht und voll Empathie spürt und weiß, was im anderen vorgeht, und dann auch darauf reagiert – und das kann auch wiederum nur ein Blick der Augen oder ein synchroner Atemzug sein.

Entgrenzung und Entleerung

In der postmodernen Welt gebe es keine Verbindung in die Zukunft ebenso wenig wie eine Rückbindung in die Vergangenheit, stellt Pennington pessimistisch fest. Ich sehe das nicht so, sondern meine, es ist unser aller Aufgabe, unsere Blickwinkel in beide dieser Richtungen zu erweitern. Pennington schreibt kritisch: »Was immer das Leben zu bieten hat, bietet die Gegenwart jetzt – so lange der Vorrat reicht. Es muss nichts für Dauer getan werden, das Leben ist in ständigem Fluss. Wissen, neue Technologien, Fertigkeiten, die ich mir heute unter großen Opfern aneigne, sind morgen schon wieder unbrauchbar. Also wozu das Ganze? Die Arbeitsstelle, die Karriere, die Beziehungen lösen sich bei den ersten Anzeichen von Unzufriedenheit auf«, denn »es gilt nicht mehr, ›bis dass der

Eine gelungene Beziehung wächst in Phasen.

Tod uns scheide‹. Alles Verbindliche droht, sich in den flüchtigen Augenblick hinein aufzulösen.«³⁰⁰

Genau solch eine Sichtweise raubt Energie und vernichtet die eigenen Lebenskräfte, denn so wie das mechanische Automobil Stehzeiten braucht – zumindest zum Reinigen, Nachtanken und Abschmieren –, braucht auch der Mensch wohl berechnete Ruhepausen zur Feststellung seines augenblicklichen Zustands, und auch der Gesellschaft als Ganzes wäre so etwas dringend anzuraten. Statistiken und Befragungen allein sind dazu zu wenig aussagekräftig. Eher zeigen die Einschaltquoten bei Funk und Fernsehen ein Zustandsbild dessen, wonach sich wie viele sehnen bzw. woher sie hoffen, Energie zu beziehen, denn es sind die elektronischen »Ergänzer«, die sich durch stete Verfügbarkeit auszeichnen und in ihrem Angebot nach den Publikumswünschen richten – und das ist all das, was reale Menschen nicht bieten.

In den 1990er Jahren habe ich etliche Menschen zurück in die Realitätssicht begleitet, die sich im Chat in persönlich unbekannte Personen verliebt und in Fantasien von gemeinsamem Leben verloren hatten und dann psychisch abgestürzt waren, als sie erkannten, dass sie ihre Energie an ein Phantom verloren hatten. Aber passiert das nicht allen, die sich nicht die Zeit nehmen, ihre eigene Selbstkonzeption und all das, was sie an Sichtweisen und Erwartungen in eine Partnerperson hineinlegen, gründlich zu überprüfen?

Ich sehe es als eine Frage von Nähe und Distanz und meine dies räumlich wie auch zeitlich: Eine gelungene Beziehung wächst in Phasen. Es kann nicht oft genug erinnert werden: Auf den ersten Kontakt – der meist einseitig gesucht wird – folgt die Zeit des Beziehungsaufbaus, in dem es zu wechselnder Anziehung und Abstoßung kommt und Angleichungen bzw. Grenzziehungen erforderlich sind (wenn man das will). Die dritte Phase wäre die der Intimität: Jetzt ist man einander sehr nahe, spürt die andere Person und ist hoffentlich achtsam genug, sie nicht zu überfahren und zu verletzen. Erst wenn sich diese Nähe so verdichtet hat, dass man »ineinander versinkt«, wäre Vereinigung passend (wobei das Signal dazu von der Frau ausgehen muss – so wie im Tierreich auch).

Aber es gibt auch diese Augenblicksleidenschaft – die ist jedoch kaum eine Basis für eine krisenfeste Dauerbeziehung.

Wenn sich viele Menschen am Beginn ihrer »Beziehungskarriere« an filmischen Vorbildern und daher an »Kinozeit« orientieren, ist das viel zu schnell, um in den Zustand der Intimität zu gelangen, daher wird er – und ebenso die Phase des Beziehungsaufbaus – gar nicht angestrebt. Er kostet Zeit und die will man(n) nicht investieren. Wenn »es« nicht »gleich« klappt, wird auf ein Neumodell umgestiegen – so wie Pennington berichtet: »Die Arbeitsstelle, die Karriere, die Beziehungen lösen sich bei den ersten Anzeichen von Unzufriedenheit auf.«[301] Die Leere bleibt und die Einsamkeit auch.

Erst in der Intimität kann man sich zeigen, wie man wirklich ist, und Intimität ist nicht nur in Lebenspartnerschaften möglich, die ja fast immer auch die geschlechtliche Vereinigung beinhaltet, sondern beispielsweise auch in Beratung oder Therapie (wo Geschlechtskontakte als Inzestanalogie verboten und strafbar sind) oder unter echten Freunden. So berichtet Erving Goffman von einer kleinwüchsigen Frau, die unter Fremden die Rolle einer Scherzboldin spielte. »Nur wenn sie unter Freunden war, konnte sie ihre Kappe und Schellen fortwerfen und es wagen, die Frau zu sein, die sie wirklich war: intelligent, traurig und sehr einsam.«[302] Und er zitiert auch eine blinde Person, die erzählt, dass man sich fast automatisch eine »logische Fundierung« bereit halte, um sein Verhalten zu erklären: »Man entwickelt eine ›Philosophie‹. Die Leute scheinen darauf zu bestehen, dass man eine hat, und sie denken, man hält sie zum Besten, wenn man sagt, man habe keine. So tut man sein Bestes, um zu gefallen: den Fremden, die man in Zügen, in Restaurants oder in der Untergrundbahn trifft und die wissen wollen, was einen am Leben erhält, sagt man seinen Spruch auf.«[303]

Sich immer den Erwartungen anderer anzupassen (anstatt um

sich zu »vertragen« eben »Verträge« zu schließen), verletzt die eigenen Grenzen – man gestattet, dass sie an falschen Stellen geöffnet werden. Viele benützen dazu den Geschwindigkeitsrausch, denn in ihm merkt man Fehlstellen nicht, man »geht einfach drüber« – vor allem in der vollzogenen Geschlechtlichkeit. Für die Person, die ihren Körper öffnen muss, stellt das eine Vergewaltigung dar – nur wird das so nicht empfunden, weil es in Filmen als »normal« (im Sinne von üblich, nicht im Sinne von gesund) dargestellt und daher übernommen wird. Margot Pennington beruft sich auf den französischen Philosophen Gabriel Marcel (1889–1973), wenn sie schreibt: »Die Welt steht im Zeichen des Funktionalismus und der Sinn für das Sein geht verloren. In ihr ist, weil der Mensch von seinen Funktionen her bestimmt wird, für eine Hoffnung über den Tod hinaus kein Platz mehr. Diese Welt des Objektiven ist für Marcel problematisch: Das ist die Welt der vereinzelten, der isolierten Gegenstände, die den Menschen beherrschen. Erst im Durchbruch zur Welt des wesentlichen Seins, im Übergang der sich selbst übersteigenden Liebe, die er die oblative nennt, tritt der Mensch in die Offenheit für den anderen ein, *bringt sich ihm dar*, wird berührbar, *lässt den anderen an sich teilhaben*.«[304] (Hervorhebungen von mir – R. A. P.)

Entgrenzung in langsamer Übereinstimmung, wie sie im Tantra praktiziert wird, ist Voraussetzung ganzheitlich – Körper, Seele und Geist in synchronem Einklang – gelebter Geschlechtlichkeit. Aber dieses In-einander-Verschmelzen macht vielen auch Angst, weil es mit Kontrollverlust verbunden ist und daher großes Vertrauen[305] voraussetzt.

Wenn sich Menschen, die auf diese Art ihre Grenzen füreinander geöffnet haben, trennen, besteht die Gefahr, dass einer von bei-

Sich immer den Erwartungen anderer anzupassen, verletzt die eigenen Grenzen.

den »im anderen entleert bleibt«, also Teile von sich zurücklässt und als »halber Mensch« zurückbleibt. Das ist einer der Gründe für dauerhafte Einsamkeitsgefühle: Statt sich die »vergessenen« Seelenanteile zurückzuholen, wird versucht, am anderen kleben zu bleiben.

Die Einsamkeit der Vertrauten

Es gibt aber auch hier ein Umkehr-Phänomen: Es besteht darin, jemand anderem etwas »hineinzudrücken«, mit dem er oder sie nicht umgehen kann. Dazu zählen beispielsweise Geständniszwänge, Racheinformationen (was oft das Gleiche ist – beispielsweise wenn dem anderen die eigene Untreue an den Kopf geworfen wird) oder einfache Unfähigkeit zum Containing (nämlich Energie bei sich behalten zu können).

Vor allem einsame »Geheimnisträger erster Klasse« oder »Alleinentscheider« drückt ihr Wissen und Gewissen über unredliche Machenschaften – aber statt ihr Verhalten in Coaching oder Psychotherapie in ihr Verantwortungpotenzial integrieren zu lernen, vertrauen sie sich ihren Frauen an – und geben so die Last der Mitwisserschaft weiter ... und weiter ... Wie etwa Rechtsanwälte oder Spin Doktoren, die »Fehltritte mit Folgen« von Mächtigen diskret »in Ordnung« oder »Vergessenheit« bringen sollen und an ihrer Geheimnislast fast zusammenbrechen, daher unter dem Siegel der Verschwiegenheit der Frau an ihrer Seite verraten, diese wiederum erzählt es der besten Freundin und die wiederum ... hoffentlich jemandem, der oder die unter professioneller Schweigepflicht steht, damit die Stille-Post-Kette zum Stillstand kommen kann. Das sind dann die Situationen, wo auch Männer »jemanden zum Reden« brauchen – nur geben sie das sich selbst gegenüber nicht zu, denn jemanden »brauchen« hieße ja in Männersprache Schwäche zugeben.

Geheimnisträger zu sein, macht einsam – außer man hat gelernt, d. h. eine Neurosignatur erworben, die Energie bedeutsamer

Mitteilungen bei sich zu behalten, ohne durch diese »Belastung« zum Opfer zu werden.

Als ich bei einer Podiumsdiskussion einmal auf die Frage antworten sollte, wie Psychotherapeuten die vielen Beschwernisse ihrer Klientel aushielten, ohne Schaden zu nehmen, sagte ich: Um zu wissen, wie ein Eintopf schmeckt – was er alles enthält –, muss ich ihn mir nicht komplett einverleiben; ihn zu kosten und zu schmecken genügt.

Zu viel aufzunehmen kann bedrücken und dazu führen, dass man nicht mehr empfangsbereit ist.

Viele Menschen bedenken nicht, dass gerade Feinfühligkeit Begrenzung braucht. Und wendet man sich nicht gerade an sensible Personen, wenn man Verständnis und psychische Entlastung sucht?

Professionelle, d. h. gut ausgebildete und praxiserfahrene Anbieter psychosozialer Dienstleistungen, wissen, dass sie in Supervision gehen sollten, wenn die tägliche Gewissenserforschung oder aber auch Dokumentation – das »Bannen auf Papier« – nicht reicht (oder untunlich erscheint) und sie weiterhin Schwierigkeiten haben, Gehörtes, Erfahrenes zu »verdauen«. Es gibt eben Unverdauliches – so wie man bei manchen Speisen Verdauungshilfen braucht, benötigt man Hilfsmittel bei »unverdaulichen Brocken«, die zu groß, zu schwer, zu scharf oder auch einfach giftig sind. In Supervision kann man »das Herz ausschütten«. Und genau darum geht es: das Herz offen – und rein! – zu halten.

Salutogenese

In der Gesundheitsdefinition der Weltgesundheitsorganisation WHO (World Health Organization) wird Gesundheit nicht bloß als Abwesenheit von Krankheit oder Behinderung definiert, sondern als umfassendes körperliches, seelisches, soziales und spirituelles Wohlergehen. Damit soll auch der Blick weg von der Pathogenese – den Ursachen von Störungen – hin zur Salutogenese –

den Gesundheit aufbauenden und erhaltenden Ursachen – gelenkt werden.

Die Wortneubildung Salutogenese stammt von dem amerikanisch-israelischen Medizinsoziologen Aaron Antonovsky (1923–1994), der als Erster zu forschen begann, weshalb in Gruppen von Menschen, die alle die gleiche Hochstress-Situation (KZ-Folter) überlebt hatten, manche auf Dauer traumatisiert blieben, andere aber keine derartigen Einbußen ihrer Gesundheit aufwiesen. Er kam zu dem Schluss, dass es an einer bestimmten Art des Umgangs mit solchen Gefährdungen lag, und nannte dies »Kohärenzsinn« – »eine globale Orientierung, die ausdrückt, in welchem Ausmaß man ein durchdringendes, andauerndes und dennoch dynamisches Gefühl des Vertrauens hat«, die Begebenheiten des Lebens verstehen zu können, Ressourcen zu deren Bewältigung zu finden und auch die Motivation dazu, sich auf diese Aufgabe einzulassen.[306]

Um zu vertrauen, braucht es nicht immer jemand, dem man dieses Gefühl verdankt. Man kann sich auch selbst vertrauen. Dann ist man mit sich selbst in Einklang – aber das ist kein Ursprungsgefühl, im Gegenteil, es ist ein Prozessabschlussgefühl: Man hat seine Verunsicherungs-Gefühle überdacht – im Sinne C. G. Jungs: auf der vertikalen Achse des Bewusstseins-Kreuzes in Balance gebracht – und spürt und ahnt – körperlich und intuitiv, also in der Mitte der horizontalen Achse – sich selbst in Vollständigkeit.[307] Im Gegensatz zum »nur« Bauchgefühl besteht der Endpunkt jedes Selbstfindungsprozesses immer im gedanklich verbalen Abschluss durch Selbstbestätigungsworte.

Dorothee Sölle, die als politisch engagierte Theologin zeitweise viel Kritik ertragen musste, warnte: »Vereinsamung isoliert uns von anderen, sie schwächt uns, sie zerstört unsere Möglichkeit des Selbstausdrucks, das Alleinsein nimmt Mut und Kraft weg.«[308] Nur, wenn man noch nicht gelernt hat, Vereinsamung auch als Folge eines langdauernden Denk-Fühl-Prozesses zu erkennen, den wir selbst gestaltet haben: Wie beim »Kosten des Eintopfs« reicht es, zu registrieren, dass man in manchen Situationen eben keine »Unterstützung von außen« erhält – und dass daher »Unterstützung von innen« fällig wird: den Stützapparat – das Rückgrat – aufrichten, sich fest in den Boden gründen und – ruhig atmen. Standfest. Bei sich bleiben.

Soziale Gesundheit umfasst im salutogenetischen Sinn zu erkennen, was alles auf einen einwirkt und umgekehrt. Wir stehen alle in einem Netz von Beziehungen – nicht nur zu Menschen, Tieren und Pflanzen, sondern auch zu Landschaften, Elementen und Energien, zu Kunstwerken usw. – und wenn wir unser Herz öffnen (und dazu gibt es Atemübungen) und die »Schöpfung« in uns aufnehmen, können wir uns an ihr erfreuen, sie lieben und behüten – und dann sind wir niemals einsam.

Das Geheimnis besteht darin, Einsamkeitsgefühle nicht zu bekämpfen, sondern als Hinweis auf eine Wegkreuzung zu verstehen: Will ich mich auf dem Weg des Gekränktseins weiter bewegen – oder will ich überlegen, ob ich etwas zu mehr Freude in der Welt beitragen kann und wie, in welcher Zeit, mit welcher Form.

Dazu noch ein ungewohnter Blickwinkel von Manfred Greisinger:

Wenn du mich besuchst,
freue ich mich.
Wenn du mich besuchtest,
würde ich mich freuen.
Wenn du mich besucht hättest,
wäre ich vielleicht enttäuscht gewesen.
Bitte besuche mich lieber nicht;
so kann ich mich richtig
über die Freude freuen ...[309]

12 Vom Alleinsein zum All-ein-Sein

Warum Spiritualität gegen Einsamkeit hilft

Weil mir kein Nest war,
wuchsen mir Flügel.

IRENE SUCHY[310]

»Einer geringen Minderzahl wird es durch ihre Konstitution ermöglicht, das Glück doch auf dem Weg der Liebe zu finden, wobei
aber weitgehende Abänderungen der Liebesfunktion unerlässlich
sind«, schreibt Sigmund Freud. »Diese Personen machen sich von
der Zustimmung des Objekts unabhängig, indem sie den Haupt-
wert vom Geliebtwerden auf das eigene Lieben verschieben, sie
schützen sich gegen dessen Verlust, indem sie ihre Liebe nicht auf
einzelne Objekte, sondern in gleichem Maße auf alle Menschen
richten, und sie vermeiden die Schwankungen und Enttäuschungen der genitalen Liebe dadurch, dass sie von deren Sexualziel ablenken, den Trieb in eine *zielgehemmte* Regung verwandeln. Was sie
auf diese Art bei sich zustande bringen, der Zustand eines gleich-
schwebenden, unbeirrbaren, zärtlichen Empfindens, hat mit dem
stürmisch bewegten, genitalen Liebesleben, von dem es doch abgeleitet ist, nicht mehr viel äußerliche Ähnlichkeit.«[311]

Freud bevorzugt, scheint es, ein am Tierleben orientiertes Sexua-
litätsmodell, schließe ich amüsiert aus seinen Worten. Paul Watzlawick (1921–2007) fällt mir ein, nach dem jeder Mensch, wenn er
etwas von sich gibt, etwas *von sich* gibt.[312] Das erinnert mich an eine
Vorlesung über spirituelle Sexualität, die ich an der Universität
Graz hielt, in der mich ein Mann aus dem Publikum mit wütenden
Protesten unterbrach, Sexualität sei doch etwas Wildes, Unbe-
herrschbares ... Worauf ich antwortete: Ja, seine vielleicht ... Aber es

gebe auch andere, und mein Thema sei spirituelle Sexualität und nicht animalische. Denn: Tiere agieren primär aus Stammhirn-Impulsen – Menschen hingegen besitzen ein Großhirn samt den darin lozierten Fähigkeiten von Sprache und Selbstreflexion und sind daher in der Lage, über Folgen nachzudenken und nicht nur gedankenlos dem Triebimpuls nachzugeben.

Als ich mein Buch *Heute schon geliebt?* bewerben wollte, stieß ich immer wieder auf erfreutes Grinsen bei Männern und fand auf Befragen heraus, dass sie von einer Erlaubnis fantasiert hatten, täglichen Geschlechtsverkehr einfordern zu dürfen.

Tatsächlich geht es aber nicht um Sex, sondern darum, sich zu üben, im Zustand der Liebe zu leben. Damit meine ich aber nicht, holdselig grinsend durch die Gassen zu ziehen und fromme Sprüche von sich zu geben, sondern ganz im Gegenteil sich von dem »Glückszwang« zu befreien, der vielen schon von klein auf suggeriert wurde. Joel Covitz beschreibt diese »Tyrannei der Stimmungen«, die in Elternhäusern mit Sätzen wie »Du hast nicht das Recht, in meinem Haus unglücklich zu sein« betrieben wird.[313] Viele Menschen ertragen es nicht, wenn Menschen in ihrem Nahbereich nicht fröhliche Laune verbreiten – sie entschlüsseln dies als Kritik an sich selbst und statt zu fragen, ob etwas passiert sei, gehen sie zum Angriff über, um die erwünschte lächelnde Sklavenmiene zu erzwingen. Tatsächlich erzeugen sie aber nur Angst.

Das Wort Angst stammt vom lateinischen *angustus*, eng – und eng macht sie einen auch: Man verkleinert seinen Körper, um weniger Angriffsfläche zu bieten, zieht die Schultern hoch und den Kopf ein, verhält seinen Atem, damit man nicht durch ihn seinen Standort verrät, und »hält stille«. Das mag für Augenblicke sinnvoll sein – als Dauerzustand führt diese Körper- wie Geisteshaltung zu Muskelverspannungen, Abstoppen des Energieflusses im Körper und im Geist – und zur Verengung der Herzkranzgefäße.

Die Gegenhaltung dazu liegt in der Herzöffnung, und die gelingt durch Zuversicht, Vertrauen und Liebe.

In diese Zustände kann man sich selbst bringen – man muss nicht (und sollte auch nicht) darauf warten, dass jemand anderer sie einem »macht«.

Verzweiflung

Zu den »kleinen« elterlichen Flüchen gehört das verwehrende »Lass das, ich mach das schon« in Verbindung mit »Du kannst das nicht!« Werden diese Sätze aber weiterhin, in der Schule, am Arbeitsplatz, in der partnerschaftlich genützten Küche oder am Sportplatz etc. stetig wiederholt, wachsen sie sich zu einer »großen« selbsterfüllenden Prophezeiung aus. Sie beschädigen die Selbstachtung, den Selbstwert und das Selbstvertrauen – das bekanntlich mit Gottvertrauen identisch ist, denn Gott wohnt im Herzen jedes Einzelnen. Leider nehmen auch Götzen ebendort ihr Logis. So betonte Martin Luther (1483–1546) in seinem *Großen Katechismus* in der Auslegung des ersten Gebots: »Woran du nun (sage ich) dein Herz hängst und verlässt, das ist eigentlich dein Gott.«[314]

Das Herz anhängen deutet darauf hin, dass es da um etwas Äußerliches geht; Buddhisten würden sagen: um eine Anhaftung.[315] Das Urbild dafür findet sich wiederum in frühester Kindheit. Als ich meine Söhne gebar – 1972 und 1974 –, wurde ich von meiner Mutter und ihren Altersgenossinnen kritisiert, weil ich meine Kinder am Leib trug; damals gab es nämlich die ersten Mothercare-Shops in Wien mitsamt ihrem total neuen Angebot von Babytragetüchern. Zu dieser Zeit begann auch der legendäre Kinderarzt Hans Czermak Frauen wieder zum Stillen zu ermutigen, die Psychologin Krista Schüssel – vielen nur als Gattin des späteren Bundeskanzlers bekannt – engagierte sich für die Möglichkeit, dass Eltern gemeinsam mit ihren kranken Kindern in Spitälern aufgenommen werden dürften, die »sanfte Geburt« wurde in Kursen gelehrt und »Rooming-in« (der Verbleib des Neugeborenen im Zimmer mit seiner Mutter) propagiert – alles Maßnahmen der Liebe, um Bindung zwischen Müttern und ihren Kindern zu fördern. Man war endlich daraufgekommen, dass es ein Irrglaube war, Kinder müssten so schnell wie möglich von ihrer »Tyrannei des Schreiens« befreit werden. Bis zu den 1970er Jahren war es Standard, Neugeborene sofort von der Mutter zu trennen und in enge Steckpolster fest einzuwickeln: Training zum Alleinsein vom ersten Tag an, ein geheimes Disziplinierungsprogramm gegen »Verweichlichung«, aber auch gegen späteres Freiheitsstreben. Mihaly Csikszentmihalyi schreibt sogar sehr deutlich: »Das Wesentliche an dieser Sozialisation [des Belohnungsaufschubs, Anm. R. A. P.] ist, den Menschen von sozialer Kontrolle abhängig zu machen, so dass er vorhersehbar auf Belohnungen und Strafen reagiert.«[316]

Einer meiner Klienten erzählte mir, dass er als Baby in dem Schloss, in dem sein Vater als Forscher tätig war, mit seiner Wiege immer in einen unbewohnten Trakt des Riesenhauses verfrachtet worden war, weil er so viel schrie. Aber wie hätte er sich sonst bemerkbar machen sollen, wenn sich niemand um ihn »sorgte«? Ich zitiere gerne Ulrich Beer, der in einfachen Worten schreibt: »Selbst in der größten Einsamkeit müssen wir darauf bedacht sein, dass der Zustand nicht zur Verzweiflung führt«, und er erklärt: »Einsamkeit bedeutet schon von sich aus den Verlust des Zugangs zu anderen, Ausschluss aus der Gemeinschaft, Absonderung. Wir erfahren die Isolierung, die uns von anderen abschließt. Jeder hat seine eigene Isolierung, die lähmend wirkt. Solange der Mensch eingebunden war in eine Gemeinschaft, solange er Geborgenheit hatte in einer Großfamilie, in einer Sippe oder einer religiösen Gemeinschaft, lebte er in einer Einheit und Identität. Später identifizierte er sich mit seiner Familie, seiner Heimat und seinem Beruf. Diese Identität bricht zusammen, je mehr wir auf uns selbst gestellt sind und uns von dem lösen, an das wir einmal gebunden waren« – »Dies, zunächst als eine gewisse Freiheit angesehen, schließt uns von dem Teilsein am Ganzheitlichen aus.«[317]

Heute leben wir im »globalen Dorf« und schaffen uns über Facebook bzw. Fakebook, wenn wir darin flunkern, Inseln von Selbstdar-

203

stellungen, die wir dann für Identität halten. Gleichsam als »Auslage« für das Unternehmen »Ich-AG« mag das wohl passen – aber für echten Austausch mit Sehen, Hören, Spüren und Fühlen reicht das nicht. Manche bleiben auf dieser Insel der Einsamkeit stecken, manche entwickeln sich darüber hinaus – so wie Carl Rogers in seinem berühmten Beispiel von den Kartoffeln, deren Triebe sich auch im tiefsten Keller nach dem Licht ausrichten.

Entwicklung gibt es aber nicht nur nach außen – es gibt sie auch nach innen.

Ulrich Beer schreibt: »Der Mensch – dazu bestimmt, zu transzendieren – strebt aus dem Gefängnis der Einsamkeit, das er nicht aufbrechen kann, hinaus in die erweiterte Innenerfahrung«, und er weiß: »Für die meisten ist dies der Rausch, und wenn der Rausch zur Gewöhnung wird, ist es die Sucht.«[318] Im Drogenrausch verschwimmen Grenzen, die Verzweiflung der Zwietracht – der getrennten Zweiheit – von Wunsch und Realität vermischt sich in diffuser Betäubung. Erweiterte Innenerfahrung gibt es andererseits aber auch in Exerzitien oder Meditationen. Der promovierte Biochemiker und Bewusstseinsforscher Ken Wilber (*1940) rehabilitiert sogar Kontemplation als »moderne Erkenntnistheorie, die in einer prämodernen Welt ihrer Zeit voraus war«.[319] Aber auch sie kann süchtig und damit abhängig machen – wie so ziemlich alles, was vom trivialen Alltagsbewusstsein abgesonderte Bewusstseinszustände auslöst, nur kommt man sich dann elitär und von den »Stinos« – den Stinknormalen[320] – abgehoben vor.

Ulrich Beer resümiert: »Was übrig bleibt am Ende fast jeden menschlichen Lebens, ist die erschütternde Einsicht Salomos: ›Alles ist eitel und Haschen nach Wind.‹«[321] Wind kann dabei als luftgleiche Zukunft – im Gegensatz zur wassergleich fließenden Gegenwart und erdhaften Vergangenheit – gedeutet werden.

Herzöffnung gelingt durch Zuversicht, Vertrauen und Liebe.

Zeitfallen

Viele seelische Leidenszustände basieren darauf, dass man zwanghaft an Vergangenes denkt oder illusionär an mögliches Zukünftiges. In jeder gelungenen Psychotherapie gelangen die Lernenden zu der Erkenntnis, dass selbstbestimmtes Leben nur im Hier und Jetzt möglich ist – nicht in der Vergangenheit und nicht in der Zukunft, und dass es daher wesentlich ist, das eigene Handeln in eben diesem Augenblick ganzheitlich zu erfassen. Ganzheitlich bedeutet für mich, zwischen der Skylla Es-Impulse und Charybdis Über-Ich-Hemmungen einen balancierten Weg zu finden.

Nun ist es aber durchaus hilfreich zu wissen, welche »Glaubenssätze« man gleichsam als »Skript« (Claude Steiner) oder »Fluch« (Joel Covitz) in Kindheit und Jugend und immerdar durch Werbeinformation eingepflanzt bekommen hat – und dass selbst sogenannte wissenschaftliche Erkenntnisse nur so lange gelten, bis sie überholt sind. Ich selbst beispielsweise fordere meine Studierenden immer auf, auch meine Aussagen mit ihrer eigenen Lebenserfahrung zu überprüfen und im Widerspruchsfall von mir eine Begründung und ausführliche Argumentation zu verlangen. Wenn man seine eigenen Denkmuster nach Herkunft und Effizienz überprüft, zeigt sich oft, dass sie einen bei der Bewältigung unbekannter Herausforderungen behindern – beispielsweise dann, wenn man sich allein gelassen, hilflos und einsam fühlt und keine Mutterfigur da ist, die einen in die Arme nimmt, oder Vaterfigur, die weiß, was zu tun ist. (Diese Geschlechterdifferenz wähle ich entsprechend der Medien- und Bilderbuchklischees, wohl wissend, dass in der Realität heute eher umgekehrte Kompetenzen zu beobachten sind.)

Ein zweites hilfreiches Vergangenheits-Wissen stellt für mich das Bewusstsein über den Erwerb der nichtsprachlichen Neurosignaturen dar: Viele Empfindungen werden deswegen nicht eigenständig beherrscht, weil man sie mangels Identifizierung nicht benennen kann. Mein Musterbeispiel steckt im Märchen vom

Rumpelstilzchen: Aus meiner Sicht ist es nicht Wut allein, die das kleine Männlein dazu bringt, sich *entzwei* zu reißen, sondern ein Mischgefühl aus *Verzweiflung*, dass es ausgebeutet, mehrfach betrogen und zuletzt noch gedemütigt wurde. Wut ist auch dabei – als der aggressive Impuls, der zur Königin gehörte, sich aber mangels Realisationsmöglichkeit gegen sich selbst richtet. Aber weil dieses komplexe Gefühl nur als Wut erkannt wird – was mehr über die Erkennenden aussagt als über denjenigen, der fühlt –, wird nicht nach einer besseren Benennung gesucht. Es gibt sie auch – noch – nicht. In einem Beitrag für das Wochenmagazin *Die Furche*[322] habe ich in den späten 1980er Jahren dazu geschrieben, einen konkreten Namen für dieses Gefühl gebe es wohl deswegen nicht, weil sich dann zu viele Ehefrauen, die ihre studierenden Männer durchs Studium gefüttert hatten und nach dessen Abschluss verlassen wurden, darin wiederfinden könnten.

Wenn man in seine biografische Vergangenheit zurückblickt, aktiviert man die damals erworbene Neurosignatur und holt sich bei entsprechender Intensität auch die damaligen Gefühle in die Gegenwart – nur: Die Gegenwart ist nicht die Vergangenheit. Es fehlen die Akteure, die Begleitumstände – und man selbst ist auch nicht mehr der oder die Alte.

Wenn man sich nun »schöne Gefühle« aus der Vergangenheit auf diese Weise bewusst zum erneuten Genuss wieder ins Gedächtnis holt, ist dagegen nichts einzuwenden – man muss nur wissen, dass es eine Form von Mentaltraining ist und keine magische Technik zur Wiederherstellung des alten Zustands, wie es in manchen Esoterikratgebern dargestellt wird. Holt man sich aber auf diese Weise Negativgefühle – »Leichen im Keller« – hervor, mindert man seine Immunkräfte – man verbraucht Energie zum Unterdrücken dieser geistigen Zombies – und man schädigt seine psychische und in der Folge auch physische Gesundheit.

Die Erziehungswissenschaftlerin Marianne Gronemeyer (*1941) verweist auf den Kirchenvater Augustinus, der der Überzeugung war, die Zeit entstehe und wohne in der Seele: »Die Vergangenheit *ist* nicht, denn ihr Wesen besteht darin, dass sie *nicht mehr* ist. Die Zukunft *ist* ebenfalls nicht, denn sie enthält alles, was *noch nicht* ist. Und die Gegenwart ist von so unendlich kurzer Dauer, dass sie selbst keine Ausdehnung hat«, und sie zitiert Augustinus mit seinen Worten: » … nicht eigentlich lässt sich sagen: Zeiten ›sind‹ drei: Vergangenheit, Gegenwart und Zukunft; vielmehr sollte man genau genommen etwa sagen: Zeiten ›sind‹ drei: eine Gegenwart von Vergangenem, eine Gegenwart von Gegenwärtigem, eine Gegenwart von Künftigem. Denn es sind diese Zeiten als eine Art Dreiheit in der Seele, und anderswo sehe ich sie nicht: und zwar ist da Gegenwart von Vergangenem, nämlich Erinnerung; Gegenwart von Gegenwärtigem, nämlich Augenschein (contuitus); Gegenwart von Künftigem, nämlich Erwartung.«[323]

Wortmagie

Worte haben Wirkkraft: Sie können als selbsterfüllende Prophezeiungen Flüche sein oder Segen. Sie zeichnen aber immer im »biologischen Heimkino«, nämlich im Denkapparat, geistige Bilder samt begleitender Gefühlsmusik, und das führt meist dazu, dass man diese Konstruktionen für wahr hält (so wie im Kino auch). Dann interpretiert man freudige Blicke gleich als Heiratsantrag und schmerzverzerrte Züge als Wut, schlechtes Benehmen als Mobbing und Langeweile als Einsamkeit.

Nimmt man sich die Mühe, das jeweilige Gefühl mit der therapeutischen Frage »Was wäre das Ärgste, was daraus folgen kann?« zu verbinden, verliert die Szene im Kopfkino meist ihre Dramatik. Jedenfalls antworteten die meisten Menschen, denen ich diese Frage gestellt habe, mit einem »Na, eh nichts« und einem erleichterten Lachen. Um eben diesen Fehldeutungen Wirksamkeit zu entziehen, lohnt sich die Selbstbefragung: »Kann ich das, was ich annehme, auch vor Gericht beweisen?« Die Antwort lautet fast immer »Nein« – allerdings mit trotzigem Verweis auf das »Bauchgefühl«.

Das mag zwar als Ahnung bzw. Intuition durchaus in die passende Richtung weisen – nur: Beweis ist es keiner.

Schon der niederländische Philosoph Baruch de Spinoza (1632–1677) zeigte auf, dass Daseinsformen bzw. Eigenschaften wie z. B. bestimmte Erregungen (Affekte) nicht unabdingbar zu den Ausprägungen (Attributen, damit meinte er beispielsweise unsere sichtbare Welt) der Ursubstanz (dem Urgrund alles Existierenden, das, was wir als Gott bezeichnen) gehören – sie sind veränderbar. Es liegt daran, ob man etwas aus dem Aspekt der »Ausdehnung«, also als Körper, oder unter dem Aspekt des »Denkens«, also des Geistig-Seelischen betrachtet, ob man es als veränderlich oder starr erlebt – es ist beides gleichzeitig. Spinoza schritt also von der aristotelischen Sicht einer Zweiheit der Welt zur Sicht auf die Welteinheit voraus – eine Sichtweise, die heute Standard in der Theoretischen Physik darstellt. Kurz gesagt: Wir selbst entscheiden, ob wir uns als etwas Fixes betrachten oder als etwas Gestaltbares.

Die meisten Menschen sind sich ihrer Gedanken bewusst: Sie stehen im inneren Dialog mit sich selbst, betreiben Widerreden gegen ihre »Kopfbewohner«, singen innerlich mit ihren »Ohrwürmern« mit und geben sich selbst Anleitungen und Kommentare. Viele sind im Laufe der Zeit von »irgendwoher« erworben und unkritisch beibehalten. Dazu zählen die Bewertungen von Erfahrungen der Einsamkeit wie von Gemeinsamkeiten. Jede Bewertung ist aber wiederum eine Grenzziehung zum jeweiligen Gegenteil.

Allein wenn wir Sätze bilden, kann sich der Sinn je nach Betonung – und das ist auch eine Grenzziehung – ändern. Oder nach der Wortwahl – so wie in dem Witz, wo ein Politiker der Frau eines ausländischen Diplomaten auf deren Frage nach Feinheiten der deutschen Sprache doppeldeutig erklärt: »Sehen Sie – Ihr Mann ist ein Gesandter – aber kein ›Geschickter‹ …«. Ähnlich verhält es sich mit dem Wort »einsam«: Wir sind immer einsam, nämlich als Individuum, was im Lateinischen »unteilbar, ungeteilt« bedeutet. Im Sinne Spinozas könnten wir auf dieses Wort eigentlich verzichten, weil es als körperliche Tatsache nicht betont werden muss, als Gefühl jedoch unsere eigene Konstruktion ist.

Wenn schon konstruieren, dann bitte poetisch, lustvoll und gesundheitsfördernd!

Es reicht aber, sich der Grenzziehungen bewusst zu werden, mit denen wir unser Ich wichtiger machen wollen, als es ist: Es ist ein kleiner Teil eines großen Ganzen. »Heute sind es weniger die ›widerwärtigen Eigenschaften und unerträglichen Fehler‹ des anderen, die uns auf Abstand halten, es ist vielmehr unser aufgeblähtes Selbst, das keinen Raum mehr lässt für Nähe«, konstatiert Ursula Nuber.[324]

Die Natur weiß nichts von dieser verrückten Welt der Grenzen, schreibt Ken Wilber, denn in der Natur gibt es keine Mauern oder Zäune, nur wir Menschen scheinen fast völlig in einer Welt der Grenzen, der Mauern und Einschränkungen zu leben.[325]

Ob man diese als Summe von Einzelstückchen sieht, wie bei einem Kaleidoskop, oder als ungeteiltes Ganzes, ist allein eine Form der Ein- oder Ausblendung – wie bei einem Fotoapparat. Wir entscheiden, ob wir unsere Augen auf einen Punkt fokussieren – bis zum Schielen! – oder ob wir unsere Augenachsen zur Blickweitung parallel stellen (was eine Methode zur Wahrnehmung von Lichtabstrahlungen darstellt). Oder ob wir überhaupt nicht mehr wahrnehmen wollen, sondern alles videotechnisch speichern, um es irgendwann – wenn wir »Zeit haben«, was gleichbedeutend ist mit »lange Weile« und »leerer« Zeit, wo wir doch eigentlich alle die gleiche Zeit haben! – nachvollziehen zu können. Falls wir dann noch leben.

Im Brief des Jakobus 4,13–15 heißt es: »Und nun ihr, die ihr sagt: heute oder morgen wollen wir in die oder die Stadt gehen und wollen ein Jahr dort zubringen und Handel treiben und Gewinn machen –, und wisst nicht, was morgen sein wird. Was ist euer Leben? Ein Rauch seid ihr, der eine kleine Zeit bleibt und dann verschwindet. Dagegen sollt ihr sagen: Wenn der Herr will, werden wir leben und dies oder das tun«, und weiter in 16 und 17: »Nun aber rühmt ihr euch in eurem Übermut. All solches Rühmen ist böse. *Wer nur weiß, Gutes zu tun, und tut's nicht, dem ist's Sünde.*«

Entschleunigen

Wahr-nehmen ist Gutes tun – den anderen wie sich selbst. Denn Wahrnehmung bedeutet Offenheit – der Augen, der Ohren, des Herzens. Aber sie braucht Zeit. »Es gibt Formen der Hinwendung zum anderen Menschen, zur Welt und zu sich selbst, die ihrem innersten Wesen nach zur Beschleunigung untauglich sind. Das Denken gehört dazu, das Empfinden, die Besinnung, die Betrachtung, die Befreundung und Befremdung, die Erfahrung, das Vertrauen, das Mitgefühl, auch der Hass und die Trauer«, mahnt Marianne Gronemeyer, denn »all diesen Zuwendungen ist gemeinsam, dass sie ihren Gegenstand als ein ebenbürtiges Gegenüber ansehen, das an der Gestaltung der Begegnung gleichberechtigt mitwirkt.«[326] Sie setzt dem aber gegenüber, dass kalte Indifferenz die Voraussetzung für eine ebenso kalte Zerstörungsbereitschaft bildet.[327] Genau deswegen wird ja warmherzige Zuwendung zu anderen Menschen oder der gesamten Schöpfung, vor allem aber Fürsorglichkeit für sich selbst!, von all denjenigen unterbunden, die Menschen nur als Mittel für ihr Gewinnstreben (ge)brauchen und damit verdinglichen.

Ken Wilber sieht in der Spaltung zwischen dem Sehenden und dem Gesehenen – Subjekt und Objekt – die erste Trennungsgrenze, die er Urgrenze nennt. Er mahnt: »Die Urgrenze, diese andauernd aktive erste Ursache, ist *unser* Tun in *diesem* Augenblick.«[328] Es ist unsere Verantwortung, ob wir uns auf eine Beziehung einlassen oder eigene wie fremde »soziale Bedürftigkeit«[329] ausblenden. Da protestieren manche, weil sie sich nicht als bedürftig empfinden, weil das in ihrer Interpretation Schwäche signalisieren würde. Bedürftig bedeutet aber aus meiner Sicht, dass wir einen Bedarf an Gesundheit förderndem sozialen Austausch haben und dass dessen

Mangel Negativfolgen zeitigt. Ohne soziale Unterstützung tendieren wir zu Überwachsamkeit und Übermisstrauen, wir befinden uns ja gleichsam in einer potenziellen Kampfsituation. Das zeigen auch die Vorbilder in Film und Fernsehen vor, wo Männer wie zunehmend auch Frauen, die Pistole im Anschlag, von Deckung zu Deckung hechtend, sich gegen die jeweiligen Feinde durchsetzen, meist erfolgreich, außer das Drehbuch zielt auf Tränen beim Publikum ... Damit wird gleichzeitig eine bestimmte Form von Atmung initiiert: Man passt sich in »atemloser Spannung« den Helden und Heldinnen an, und nur gelegentlich wird während der »Action« nach Luft geschnappt. Das ist aber auch der Atemrhythmus, in dem immer mehr Menschen zu arbeiten gezwungen werden – der Feind ist in diesem Fall der im Rücken drängende Vorgesetzte.

So höre ich seit Jahren von Sozialarbeitern, dass ihre Vorgesetzten – Juristen – nicht verstehen, dass Entscheidungen über eine Kindsabnahme nicht gleich schnell getroffen werden können (und sollen!) wie die Umreihung von Akten. Und dass Einigung über psychosozial korrekte Vorgehensweisen ebenso einen qualitativen Erkundungsprozess darstellt und daher dauert – und nicht mit einer politischen Abstimmung gleichzusetzen ist.

Ähnlich werden auch von manchen Unternehmensberatern in der sogenannten »bedarfsorientierten« Beratungs-, Betreuungs-, Erziehungs- oder Pflegeplanung qualitative Leistungen quantifiziert – eine totale Verkennung der Ziele und Methoden. Genau diese Leistungen stellen Beziehungsarbeit dar. Die Veränderung, die in dem jeweiligen Beruf das Lern- oder Gesundungsvorhaben ist, wird erst möglich, wenn Einklang über das jeweilige Ziel herrscht. In Teams wie in privaten Partnerschaften ist das nicht anders. »Die Beschleunigung, insbesondere die maschinelle, hat un-

Wir sind immer einsam, nämlich als Individuum, was im Lateinischen »unteilbar, ungeteilt« bedeutet.

weigerlich die *Verrohung aller Beziehungen* zur Folge«, schreibt Marianne Gronemeyer.[330] Das lässt sich an derem zunehmenden Misslingen beobachten. Auseinanderleben heißt vielfach: zu wenig Zeit zum Zusammenfinden gehabt.

Dort, wo jemand in Partnerschaft mit der Natur arbeitet, wie Gärtner, Förster oder auch Tierpfleger, herrscht hingegen Beziehungszeit. Zerstören – z. B. Büsche mit der Heckenschere begradigen, geht schnell. Aufpäppeln im Gegenteil nicht. Deswegen haben beispielsweise auch Mönche und Nonnen diese Berufe gewählt und nicht solche, die durch inhumanen Zeitdruck charakterisiert sind. Deswegen haben auch deren Gesänge und Gebete einen anderen Atemrhythmus als die zeitgeistige Popmusik. Deswegen besitzt die Atemkontrolle auch in den östlichen Meditationsformen so große Bedeutung.

Je langsamer, je tiefer unsere Atmung, je weiter unser Herz, desto eher gelangen wir in den Zustand des Flow und damit zur Entgrenzung.

Lieben

Lieben bedeutet, dass die sinnliche Wahrnehmung des Geliebten – was und wer immer das auch sein mag – bei einem das gleichmäßig strömende Gefühl der Einigkeit auslöst, verbunden mit der Empfindung der Wärme im Herzen, wie sie die Erweiterung der Herzkranzgefäße begleitet. »Aber das ist doch Verliebtheit!« protestierte einmal spöttisch eine Journalistin, als ich mich mühte, Liebe, Verliebtheit, Begehren voneinander zu unterscheiden. Nein, das ist es nicht – denn Verliebtheit drängt »schnell« und »flatternd« zu dem anderen hin und will ihn oder sie haben, enthält daher eine Komponente von besitzen wollen, doch die fehlt bei Liebe. Liebe will nicht besitzen; Liebe »flattert« auch nicht. Liebe will nur lieben – und das kann ohnedies niemand verhindern.

Begehren hingegen will nur den Augenblick der Lust – allerdings kann diese Lust auch nur im Triumph der Eroberung liegen und weniger im sexuellen Genuss oder in der macht-vollen Selbst-verwirklichung in einer romantischen Inszenierung. Für alle diese Emotionen gilt: »Die Liebe ist eine besonders heftige, zauber-hafte Form von neurobiologischer und psychologischer Resonanz«, wie Joachim Bauer formuliert, aber: »Wer sich nicht intuitiv auf andere einlassen, *deren Empfindungen in sich selbst nicht spontan zum Schwingen bringen, Gefühle nicht spiegeln kann*, der hat es in der Liebe schwer.«[331] (Hervorhebungen von mir – R.A.P.) Ein wesentliches Moment der Liebe, so der Neuroimmunologe, besteht darin, die Befindlichkeit, die emotionale Gestimmtheit und die Wünsche des geliebten Menschen wahrzunehmen, zu spiegeln und durch eine Geste oder Handlung so darauf zu reagieren, dass für die andere Person Resonanz und Zuneigung spürbar wird. Bauer sieht darin einen »überwiegend intuitiven, ohne das Gefühl der Mühe, auch ohne gedankliche Turnübungen und Willensakte ablaufenden Vor-gang«.[332] Außer, ergänze ich trocken, bei Heiratsschwindlern und anderen auf Verführung spezialisierten Imitatoren.

Will man, dass Liebe länger währt, heißt das, Spannungen aus-halten und Enttäuschungen hinnehmen, mahnt Bauer[333], und Mar-kus Preiter plädiert für »Trennungs- und Distanzertragungskompe-tenz«[334]. Man kann »einig« sein, ohne aufeinanderzukleben. Ich weiß von etlichen Paaren, die trotz Trennung über große Distanzen – sogar zwischen Europa und Übersee – ihren innigen Gefühls-austausch zelebrieren konnten, ohne technische Hilfsmittel zu be-nötigen. Bauer weiß dazu: »Auch vieles, was mysteriösen telepathi-schen Fähigkeiten zugeschrieben wird, findet hier seine Erklärung. Menschen in enger emotionaler Verbundenheit kennen die ›Lauf-wege‹ derer, denen sie nahestehen. So versorgt uns unser Gehirn auch dann, wenn sich ein von uns geliebter Mensch an einem ent-fernten Ort befindet, mit intuitiven Annahmen darüber, was der oder die andere jetzt wohl gerade tun könnte.«[335] Ich kenne kon-krete Fälle, wo sogar – und im Nachhinein nachweisbar – die an-dere Person vor dem geistigen Auge erblickt wurde.

Im Gegensatz zu Verliebtheit und Begehren kann man kontinu-ierlich lieben – solange man eben diesen Zustand bewahren kann, und das kann man einüben. So wie Opernsänger oft eine unglaub-lich lange Zeit einen der Normalstimmlage kaum zugänglichen Ton »halten« können oder Ballett-Tänzerinnen im Spagat verharren, kann man auch den »seelischen Spagat« erlernen, um mit »offe-nem Herzen« lieben, loslassen oder trauern zu können.

Aber so wie darstellende Sänger und Tänzer täglich trainieren müssen, weil sie sonst die Fähigkeit wieder verlieren, muss man auch Lieben üben. Genau so schreibt auch Mihaly Csikszentmihalyi: »Es reicht nicht, zu *wissen*, wie man es tut, man muss es *tun*, unauf-hörlich, genau wie Sportler und Musiker immer wieder üben müs-sen, was sie theoretisch genau wissen. Und das ist meistens leicht.«[336]

Lieben allein setzt aber noch nicht in Beziehung – es erweitert nur die Wahrnehmung; Meditation bewirkt das meist auch. So spricht der Meditationslehrer Bernhard Müller-Elmau (1916–2007) von »einem beträchtlichen Anstieg der Erlebnisfähigkeit«[337] und formuliert: »Mit verfeinerter Wahrnehmung wächst von selbst die Unterscheidungsfähigkeit zwischen eigenmächtigem Treiben gegen die höhere Natur oder dumpfem Getriebensein sowie schöp-fungsmäßigem Geführtsein von und in ihr, zwischen blinder Will-kür und sehendem Ge-horsam.«[338]

Um in Beziehung zu lieben, braucht man auch die Fähigkeit zur Empathie. Carl Rogers schreibt dazu: »Der Zustand der Empathie oder empathisch sein bedeutet, das innere Bezugssystem eines an-deren genau und mit den entsprechenden Komponenten und Be-deutungen so wahrnehmen, als ob man die Person selbst wäre, ohne jedoch die ›Als-ob‹-Situation aufzugeben. Das bedeutet, das Verletztsein oder das Vergnügen des anderen so zu empfinden, wie

Lieben bedeutet Selbsthingabe.

er es empfindet, und deren Ursachen so wahrzunehmen, wie er sie wahrnimmt, ohne jedoch jemals zu vergessen, dass wir dies tun, *als ob* wir verletzt oder vergnügt usw. wären. Geht dieses ›als ob‹ verloren, dann wird daraus Identifikation.«[339]

Sich mit jemand anderem zu identifizieren, bedeutet seine eigene Identität nicht zu entwickeln und damit die Bestimmung des eigenen Seins zu verfehlen. Wer als Kind darauf trainiert wurde, sich mit einem Elternteil zu identifizieren, wird später Gefahr laufen, sich aus lauter Harmoniesehnsucht »in den anderen zu entleeren« und leer zurückzubleiben. Dabei fällt eine Geschlechterdifferenz auf: So schreibt Ursula Nuber, dass das, was für Jungen identitätsstiftend sei, nämlich sich in Konflikten und Auseinandersetzungen zu erproben, für Mädchen große Verunsicherung bedeuten könne, wenn es von ihnen verlangt werde.[340] Nicht nur Verunsicherung, setze ich dazu, sondern es missachtet, dass friedliche Konfliktlösungskompetenz für viele Frauen wichtiger Bestandteil ihres Wertesystems und ihrer Identität darstellt. Sie geraten damit in ein Dilemma zwischen dem Sehnsuchtsgefühl nach Einheit und dem Widerstandsgefühl nach Selbstbehauptung – nur: »Gefühle werden gehabt, Liebe geschieht«, betont Martin Buber.[341] Man kann auch mit diesem innerseelischen Konflikt ein liebenswerter Mensch sein – nämlich für sich selbst! Denn leben müssen wir immer zuerst einmal mit uns selber – so wie Stefanie Werger singt: »Nur der kann Liebe geb'n | der zu sich selber steht, | was zählt is sei ehrliches G'fühl. | Mir is oft hör'n und seh'n vergangen, | aber des Lachen net – desweg'n steh' i so auf mi, desweg'n steh' i so auf mi!«[342]

Die Beglückung der Liebe erfolgt dann, wenn man von ihr im Herzen erfüllt ist – nicht im Kopf und nicht im Unterleib.

Alleinheit

»Aber ist nicht auch die Einsamkeit eine Pforte?«, fragt Martin Buber. »Tut sich nicht zuweilen im stillsten Alleinsein ein unvermutetes Schauen auf?« Er unterscheidet zweierlei Einsamkeit nach dem, wovon sie getrennt ist: Die eine besteht darin, sich von Bestehendem zu lösen, was aus seiner Sicht erforderlich ist, um sich überhaupt auf eine Beziehung einzulassen. Die andere ist die desjenigen, der verlassen wurde. Buber schreibt in der für ihn so charakteristischen poetischen Sprache: »Wen die Wesen, zu denen er das wahre Du sprach, verlassen haben, wird von Gott aufgenommen, nicht so, wer die Wesen verließ. Verhaftet etwelchen unter ihnen ist nur, wer Gier trägt, sie zu gebrauchen; wer in der Kraft der Vergegenwärtigung lebt, kann ihnen nur verbunden sein. Der Verbundene aber, der allein ist der für Gott Bereite.« Buber will damit zeigen, dass der Mensch, der zu einer anderen Person in einer wahrhaft liebenden Beziehung stand und von ihr verlassen wurde, wenn er sich nicht an die Vergangenheit klammert, in der Gegenwart weiter ein Liebender bleibt und sich in diesem Erleben der Gotterfahrung nähern kann.

Buber unterscheidet aber noch ein weiteres Zweierlei der Einsamkeit nach dem, wozu sie sich wendet: Einerseits spricht er von der Einsamkeit als Ort der Reinigung, bevor jemand das Allerheiligste betritt – andererseits beschreibt er die Absonderung, »wo der Mensch mit sich selbst Zwiesprache führt, nicht um sich für das Erwartende zu prüfen und zu meistern, sondern im Selbstgenuss seiner Seelenfiguration: Dies ist der eigentliche Abfall des Geistes zur Geistigkeit. Der sich bis zur letzten Abgründlichkeit steigern kann, wo der Selbstbetörte wähnt, Gott in sich zu haben und mit ihm zu reden. Aber so wahr Gott uns umfasst und in uns wohnt: Wir haben ihn in uns nie. Und wir reden mit ihm nur, wenn es in uns nicht mehr redet.«[343]

Buber warnt vor der narzisstischen Selbsttäuschung, Gott – gemeint ist der Gott der Juden und der Christen, von dem man sich bekanntlich kein Bild machen soll – aus solch einer Projektion heraus »fassen« zu können. Gott ist kein Gegenüber und kein Innendrin – Gott ist Alles.

Im 1. Johannesbrief 4,16 heißt es: »Gott ist die Liebe; und wer in der Liebe bleibt, der bleibt in Gott und Gott in ihm.« Das ist eine Erfahrung, die sich kaum in Worte fassen lässt – so wie eben Liebe auch, aber wenn man »in der Liebe ist«, merkt man das selbst und andere merken es auch. Worte sind dann nicht mehr nötig. Man muss nicht schweigen – man braucht nicht mehr zu reden.

Martin Buber versucht dennoch eine Erklärung, um zu verdeutlichen, was er meint: »Wer ein Weib, ihr Leben im eignen vergegenwärtigt, liebt: das Du ihrer Augen lässt ihn in einen Strahl des ewigen Du schauen. Aber wer nach der ›immer neuen Überwältigung‹ begierig ist, – seiner Begier wollt ihr ein Phantom des Ewigen hinhalten? Wer einem Volk, aufglühend in unermesslichem Schicksal, dient: wenn er sich ihm hingeben will, meint er Gott. Wem aber die Nation ein Götze ist, dem er alles dienstbar machen möchte, weil er in diesem Bild das eigne erhöht, – wähnt ihr, ihr brauchtet es ihm nur zu verleiden und er schaute die Wahrheit?«[344] Wenn man »etwas« – eine bestimmte Ansicht, Musik, Landschaft – liebt, besteht diese Gefahr weniger – außer man will sie unbedingt verändern; dann schleicht sich nämlich Gewalt im Sinne von walten wollen ein – und genau das zerstört die Liebe und das Lieben, denn wenn man etwas »will«, fokussiert man sich auf ein Ziel und wird leicht waffengleich. Lieben bedeutet aber Selbsthingabe. Buber formuliert denn auch: »Erst in zwei Menschen, von denen jeder, wenn er den andern meint, zugleich das Höchste meint, das eben diesem zubestimmt ist, und der Erfüllung der Bestimmung dient, ohne dem anderen etwas von der eigenen Realisierung auferlegen zu wollen, stellt sich die dynamische Herrlichkeit des Menschenwesens *leibhaft* dar.«[345] (Hervorhebung von mir – R. A. P.) Dann wird Liebe verkörpert – und dann ist man mit »Gott« verbunden und daher nie ein-sam.

Epilog
12 Schritte aus der Einsamkeit

1. Perfektionismusvorstellungen verabschieden

Wir alle lernen an Vorbildern, und zwar nicht nur, wie man etwas macht, sondern auch, wie etwas sein soll – denn um neue Wege zu erproben, braucht es Fantasie und Mut, und beides wird selten von klein auf gefördert.

Das Wort perfekt heißt, dass etwas abgeschlossen ist – die Bedeutung von Vollkommenheit ist eine Bewertung, die nicht immer zutrifft. Was perfekt ist, lässt keine Veränderung und Verbesserung zu – und das ist eine Illusion, wie die tagtägliche Erfahrung zeigt. Solange wir leben, können wir uns weiterentwickeln.

Es gilt also, die geistige Vorstellung von »perfekter« Zweierbeziehung durch die Vorstellung von eigener Bereitschaft zu vielen oberflächlichen und einigen wenigen tiefgehenden Beziehungen zu ersetzen. Jede Beziehung beginnt an der »Oberfläche« – Tiefenarbeit braucht Zeit, Geduld und ist oft sehr mühselig. So wie wenn man sich in die Erdtiefe vorarbeitet, ist es oft klug, das Vorhaben aufzugeben, wenn man auf »Granit« stößt. Wenn man liebt, lässt man Granit Granit sein und vermeidet Sprengungen – und hoffentlich weiß das »Granit« zu schätzen (man kann es ihm oder ihr ja auch diskret sagen).

2. Verbotene Kindheitswünsche anerkennen

Gleich und gleich gesellt sich gerne, weiß der Volksmund, und das bezieht sich auf Interessen und Vorlieben (denn bei der Erotik gilt: Gegensätze ziehen sich an). Vielfach scheitert die Suche nach Menschen, mit denen Austausch bereichern könnte, daran, dass man weder Interesse an deren Innenleben besitzt noch sein eigenes

herzeigt. Aber solange man sich nicht um eine Tiefenbeziehung bemüht, reicht das oberflächliche Erkunden des Lebensstils der anderen – bewusst Mehrzahl!

Man muss sich selbst präsentieren – aber andere nicht mit
Selbstdarstellungen überfahren, im Gegenteil aber auch nicht aus-
fragen, »verhören«, ausspionieren. Die goldene Mitte zu finden,
gleicht einem Slalom, bei dem man leicht anecken kann. Je weniger
wichtig jemand einem ist, desto weniger problematisch sind wohl
Rempeleien – aber sie zu vermeiden, ist eine gute Übung für »später«, wenn irgendjemand wichtig wird und man Ungeschick (oder
Unschicklichkeiten) vermeiden möchte.

Als kleinen Kindern wird uns oft Nähe befohlen, wo wir sie nicht
wünschen, und andererseits verboten, wo wir sie bräuchten. Ich
höre von meinen Klienten – männlich wie weiblich – immer wieder
Klagen über mangelnde Zärtlichkeit der Eltern. »Nie haben sie
mich in den Arme genommen« oder »Auf den Schoß genommen
haben sie mich nur für Fotos!« etc. Ja, so war das bis in die 1970er
Jahre – und damals kippte der *Mut zur Zärtlichkeit*[346] oft in sexuelle
Übergriffigkeit. Diese kindlichen Wünsche nach Nähe oder Distanz
tragen wir immer in uns, und je nach Situation können diese alten
Neurosignaturen belebt werden.

Ich finde es hilfreich, sich diese Erfahrungen bewusst zu machen
– und bei passender Gelegenheit (also nicht auf die »Mit-der-
Tür-ins-Haus-fallen-Methode«) mit anderen auszutauschen. Man
merkt dann die Generationenunterschiede und kann üben, andere
besser zu verstehen und sein zu lassen, wie sie sind.

3. Sich selbst erkennen

Dass Selbsterkenntnis wie auch Selbstentwicklung ein wertschät-
zendes spiegelndes Du braucht, findet man als Hinweis in Sagen,
Dichtwerken und vielen Fachschriften. Wertschätzung durch andere wie auch durch sich selbst besteht aber nicht in Lob und Selbst-
gefälligkeit, sondern in respektvoller Kenntnisnahme von Wir-

kung: Wie empfindet mich jemand anderer – passt das zu meiner Sicht von mir selbst? Oder stoße ich auf einen blinden Fleck von mir?

Wenn man jemanden wertschätzt, traut man ihm oder ihr auch zu, unangenehme Hinweise auszuhalten. Das gilt auch für die Selbsterkenntnis! Wenn etwas nicht gut gelaufen ist, gilt es, dies in Ordnung zu bringen. Wenn man merkt, dass man etwas – noch! – nicht kann, gilt es, dies zu lernen (und zu üben). Wenn man etwas nicht weiß, gilt es, jemand Kundigen zu fragen.

Viele haben Angst, dann als unfähig, inkompetent oder dumm dazustehen. Das sind aber nur Selbstbeschimpfungen aus dem »Wortschatz« von Sätzen, die einem irgendeinmal irgendjemand an den Kopf geworfen hat. Wir sollten uns selbst so behandeln, wie ideal gute Eltern ihren kleinen Kindern liebevolle Hinweise und Anleitungen geben, sich zu verbessern. Daher ist es wichtig, auf den »inneren Dialog« zu achten und Sätze, durch die man herabgesetzt wird, in eine seelenfördernde Sprachform zu »dolmetschen«.

4. Verlust- und Verlassenheitserlebnisse betrauern, nicht verdrängen

Wenn man etwas verliert – und das beginnt bei den »lieben Sachen« in der Kindheit –, ist das traurig, aber keine Katastrophe. Viele Eltern dramatisieren – so wie sie es seinerzeit selbst erlebt haben – wo andere, »gelassene« Reaktionen hilfreich wären. Salutogen – Gesundheit fördernd – ist es, zu überlegen, wie etwas korrigiert, repariert, ersetzt oder auf alternative Weise bewältigt werden kann. Wenn all das zu keiner Mut machenden Zukunftssicht führt, ist das angemessene Gefühl, traurig zu sein – und das ist ein innerer Gemütszustand, in dem man spürt, wie es einem das Herz zusammenzieht, denn man will sich ja vor der schmerzhaften Leere schützen. Genau diese hilft aber bei der Bewältigung von Verlusterlebnissen: Atmen! Das Herz wieder öffnen. Sich die Zeit geben, den Körper »austrauern« zu lassen.

Wenn wir etwas Dingliches verlieren, geht ein Abschnitt zu Ende

– die Zeit, in der wir etwas »in Besitz« hatten. Danach lohnt es sich zu fragen, ob wir in Hinkunft etwas Gleiches »tatsächlich« noch brauchen ... Denn ideell, also in unserer Erinnerung, »haben« wir es immer: Es ist in unseren Neurosignaturen verankert.

Menschen »haben« wir nie. Sie »gehören« nicht uns – sie gehören sich selbst. Selbst wenn jemand versklavt wird, bleibt er immer Inhaber seines Geistes – selbst bei Gehirnwäschen kann man sich äußerlich anpassen, aber innerlich »bei sich« bleiben, allerdings nur, wenn man eine starke spirituelle Verbindung aufrechterhalten kann. (Spirituell meine ich hier nicht ausschließlich religiös!)

Heute wird Trauer kaum zugelassen. Arbeitnehmer bekommen einen Tag oder sogar nur Halbtag frei für ein Begräbnis, und das auch nur bei nahen Blutsverwandten – obwohl man oft zu ganz anderen Menschen eine enge Verbindung gehabt hat. Man muss also selbst dafür sorgen, sich ausreichend Trauerzeit zu gewähren. Rituale helfen. Auch Begräbnisfeierlichkeiten sind ja Rituale, die das Loslassen samt Abgrenzung erleichtern sollen. Es gibt also bewährte Modelle.

5. Mut und Geduld, sich finden lassen

John Selby (* 1945) rät in seinem Buch *Einander finden*, man möge sich wie ein Indianer auf der Jagd in das angepeilte Wild einfühlen, indem man den »Blick des Jägers« übt und das Verhalten der ersehnten Jagdbeute imitiert. Dem widerspreche ich: Das ist nur eine Abart von Manipulation; außerdem sind Menschen keine Tiere und selbst die wittern die Gefahr, erlegt zu werden, wenn die Jägerschaft sich unvorsichtig – das bedeutet: menschlich – verhält.

Meine Erfahrung aus vielen Stunden mit Klientinnen ist, dass sie, wenn sie – unbewusst in Entsprechung der Anregung Selbys – männliches Verhalten imitieren, nur Kampf ernten: Abwehr, Flucht oder Niederlagen, aber keine dauerhafte Beziehung. Männer aber, die »weibliche« (ich meine: tatsächlich menschliche!) Einfühlung praktizierten, waren entweder »professionelle« Casanovas und nach Erfolg ihrer Verführungskünste bald wieder weg; sie kamen nur in Beratung oder Therapie, wenn sie von Verflossenen gestalkt oder juristisch verfolgt wurden. Die anderen wurden nach einiger Zeit als »Softies« und »zu wenig männlich« abgewertet – was wiederum nur aufzeigt, wie wenig Sensibilität wertgeschätzt wird.

Ich habe beobachten können, dass diejenigen, die ohne viel Nachdenken und Strategien einfach das Leben angenommen haben, wie es eben war, und ihre eigenen Fantasien, Wünsche und Erwartungen zwar als solche wahrgenommen, aber nicht weiter verfolgt haben, genug Freiraum bewahrten, dass sich Ungeplantes ergeben konnte.

Dem eigenen Lebensweg zu folgen und nicht den anderer zu verfolgen, wirkt deswegen anziehend, weil dieses Verhalten authentisch ist – und Echtheit ist in unserer gegenwärtigen Scheinwelt der geschminkten, gelifteten, bodygestylten Maskenmenschen eher selten und kostbar.

6. Interesse an anderen Menschen

Masken sind nicht interessant – aber viele glauben, ohne Einheitsmasken wie beispielsweise die von Barbie und Ken unattraktiv zu sein. Nur: Wenn man selbst kein Ken ist, ist Barbie nicht die passende Ergänzung (außer man ist sehr reich und kauft sich so ein Modell) und umgekehrt. Es gibt genug psychologische Untersuchungen mit dem Ergebnis, dass die Testpersonen aus einer Reihe von wild durcheinander gemischten Fotos die zueinander gehörigen Partner herausfanden – sie waren daran erkennbar, dass sie gleiche optische Anziehungsattribute besaßen. Dies ist aber nur ein Hinweis, weshalb Begegnungen in Hinblick auf eine haltbare Partnerschaft misslingen: Wir verkörpern ja auch unser So-Sein, daher sind auch die biografischen Erfahrungen »auf den Leib geschrieben«[347] ersichtlich: Ob sich jemand viel gegrämt hat oder das Leben nur heiter genommen hat (was oft mangelnde Ernsthaftigkeit signalisiert), ob jemand verspannt ist oder »unheimlich locker« etc., kann man »ansehen«.

Wenn man daher wirkliches Interesse an jemand anderem hat, wird man wohl auch Interesse daran haben, was sich an Gesichtsausdruck und Körperhaltung vermittelt – und nicht nur vom Aussehen her abschätzen, ob die andere Person sich als passendes Beiwerk zum eigenen großen Auftritt im Freundeskreis eignet.

Beziehung gelingt dann, wenn man sich dem anderen voll Interesse öffnet und bereit ist, dessen »Informationen« (im kybernetischen Sinn, also nicht nur Worte und Handlungen, sondern auch Gefühle und Empfindungen, die ja über die Neurotransmitterausschüttungen erfahrbar sind, wenn man sich diesen Wahrnehmungen nicht verschließt) in sich aufzunehmen. Das gilt nicht nur für potenzielle Liebesbeziehungen – das gilt besonders gegenüber Kindern, aber auch der Kollegenschaft und überhaupt allen Menschen, mit denen man in Kontakt kommt, denn Wahrnehmung gelingt auch oberflächlich, nicht nur im vertieften Austausch – nur nimmt sich üblicherweise kaum jemand die Zeit dafür.

7. Abbau von Dominanzverlockungen

Von unseren Liebesobjekten der ersten Lebensjahre kennen wir Anweisungen, Gebote, Verbote, Warnungen usw. Vieles davon bewahren wir allezeit, ohne zu prüfen, ob es für spätere Situationen noch passend ist, und wenden es auf die Personen an, mit denen wir ähnliche Beziehungen aufbauen wollen, wie wir sie »von daheim« kennen.

Daheim – im Eltern- oder Großelternhaushalt – sieht man üblicherweise Beziehungsmuster, die einer Vater-Tochter- oder Mutter-Sohn-Beziehung gleichen, also Dominanz von oben herab oder Anpassung und Unterwerfung von unten hinauf symbolisieren; eine dritte Möglichkeit ist die auf ein gemeinsames Ziel ausgerichtete Seite-an-Seite-Geschwisterbeziehung, die zerbricht, wenn das Ziel – beispielsweise Kindererziehung – wegfällt.

Eine dynamische Mann-Frau-Beziehung sieht man selten. (Ich benütze hier die heterosexuellen Beispiele, weil die Dynamiken aus meiner – zugegebenermaßen diesbezüglich geringen – therapeutischen Erfahrung auch bei homosexuellen Paaren die gleichen Muster, wie sie in den Herkunftsfamilien vorherrschen, widergespiegelt haben, nur beobachtete ich dort ehrliches Bemühen um Verbesserungen in Richtung Machtgleichheit bzw. Verzicht auf starre Dominanzmuster.) Sie ist ja auch voll Erotik und Leidenschaft und daher nicht für die Augen der Öffentlichkeit, die eigenen Kinder inbegriffen, bestimmt. Dass es schwierig ist, diese Zeiteinheiten – denn das ist ja kein 24-Stunden-Programm – in einer Alltagsbeziehung unterzubringen, ist die zweite Problematik neben dem Dominanzproblem. Wenn man auf – zeitlicher und/oder räumlicher – Distanz lebt, lässt sich beides allerdings leichter auch auf Dauer in Einklang bringen.

Meist beginnen Menschen zu sinnieren, wie der andere sein sollte, statt zu überprüfen, wie das Kommunikationsmuster abläuft. Damit beschädigt man aber sein eigenes Wohlgefallen am anderen und damit die Freude an dessen Da-Sein.

8. Auf den eigenen Weg schauen

Mir fällt immer wieder auf, dass sich Partnersuchende in Vergleichen mit anderen verfangen. Oft sind es Geschwister, Kollegen und Kolleginnen, manchmal aber auch Zeitungsmeldungen oder Filmstorys, die als generelles Modell angesehen werden. »Warum klappt das bei mir nicht?«, heißt es dann, und das vor allem bei Frauen, die dem gängigen Schönheitsmodell entsprechen und daher bei sich keine Mängel entdecken. An ihre Stimme, ihre Art des Sprechens – was beides ja viel mehr über einen Menschen aussagt als sein möglicherweise geschöntes Aussehen – denken sie nicht und schon gar nicht an ihre Form, wie sie Menschen begegnen. Ob sie einfühlsam sind und echt an der anderen Person interessiert, und nicht nur an »einem Mann«. Bei Männern klingt die entsprechende Klage ähnlich, aber verkehrt herum: Sie beziehen sich auf andere, unattraktivere Männer und wundern sich, wieso diese Partnerinnen höherer Attraktivität an ihrer Seite haben – so wie Frauen oft fragen, wieso ein schöner Mann eine »graue Maus« als Frau gewählt hat.

Ich sehe in diesen Reaktionen die Folgen einer Mode- und Kosmetikwerbung, die Aussehen überbewertet, um ihre Produkte und Dienstleistungen zu verkaufen. Sie spricht die narzisstischen Bedürfnisse der Menschen an, die hier verunsicherbar sind. Die therapeutische Arbeit bringt dann die Verletzungen zutage, die durch Eltern oder andere Anverwandte, durch Schulkollegen oder auch manche Partnerpersonen verursacht wurden. Wenn man Selbstsicherheit und Seelenfrieden durch die Paarung mit jemand anderem zu erlangen hofft, verfehlt man aber den Weg, beides in sich selbst zu finden – und das gelingt, wenn man sich geistig wie auch körperlich aufrichtet, den Trotz der frühen Kindheit aktiviert – da braucht man ihn nämlich! – und kontrolliert, wer welchen Vorteil daraus bezieht, wenn er oder sie einem einzureden versucht, wie man sein sollte.

Von der heute leider in Vergessenheit geratenen österreichischen Schriftstellerin Annemarie Selinko gibt es einen Roman namens *Ich war ein hässliches Mädchen*, in dem die Titelheldin sich abmüht, für einen angebeteten Mann mithilfe aller kosmetischen und modischen Tricks schön zu werden – aber am Schluss, als sie krank und daher ungeschminkt und scheinbar schlafend im Spital liegt, bekommt sie erst zu hören, dass sie geliebt wird, so wie sie ist – ohne Maske.

Erst wenn die Masken fallen, kann man halbwegs sicher sein, dass nicht die Fassade geschätzt wird, sondern das, was dahinter liegt.

9. Verlockungen erkennen und vermeiden

Das Zeitalter der Industrialisierung hat sich in eine Ära der allumfassenden Kommerzialisierung ausgeweitet: Es wird die Sichtweise propagiert, alles sei machbar und alles sei käuflich. Sogar – ich erinnere an den Werbeslogan mit Bild eines lernenden Kindes – »die klügsten Köpfe kommen aus der Apotheke«.

»Make or buy« – selber machen oder zukaufen, lautet denn auch ein Spruch, mit dem zeitgestresste Manager aufgefordert werden, Arbeit abzugeben. Hausfrauen fordert niemand dazu auf, die wenigsten hätten ja auch ein Budget für solche Zukäufe fremder Arbeitskraft, und traditionelle Ehemänner – die aber langsam immer weniger werden – pflegen sich meist nur in der Zeit ihrer Werbung, also vor der Hochzeit, am Haushalt zu beteiligen.

Zu den Verlockungen des Ratgebermarktes gehören die How-to-do-Checklisten. Ich bin mir bewusst, dass ich in diesem »Nachwort« Gefahr laufe, ebenfalls so eine zu produzieren – ich passe mich damit der Aufforderung an, »marktgerecht« zu schreiben. Ich hoffe aber, dass erkennbar ist, dass es mir nicht um Rezepte geht, sondern um Anregungen zur Überprüfung der eigenen Gedanken wie auch der fremden, die über die Medienkanäle unser Denken beeinflussen.

Tipps, wie man sich präsentieren solle, lenken nur von der eigenen Hilflosigkeit ab – und wer diese nicht achtet und als Ehrlichkeit wertschätzt, dem oder der sollten wir uns nicht anvertrauen. Dass wir es dennoch tun, auch wenn wir oft enttäuscht und oft auch verletzt werden, ehrt uns wegen unserer Vertrauensbereitschaft. Es sind die anderen, die sich disqualifizieren!

Die größere Verlockung besteht aber darin, den jeweils anderen die Verantwortung zuzuschieben, wenn sie uns nicht so glücklich machen, wie wir es irrigerweise erwartet haben – statt die eigenen Verhaltensmuster kritisch zu überprüfen und zu verändern.

10. Geduld und Gelassenheit einüben
In einem Gedicht von Serge Falck heißt es:

Schau nicht nur auf des ander'n Schuld
Geh auch in dich und mit Geduld
Es ist so leicht, den Bock zu finden
Der Sünden trägt – sich selbst entbinden.[348]

Der Weg der Liebe geht vom Ich zum Du und dann auch zum Wir: Zuerst muss man sich selbst akzeptieren und aushalten mit all den Schwächen und Fehlern, anstatt sie zu verleugnen und auf andere zu projizieren, sonst hat man ja keinen Ansatz für die fälligen Verbesserungen. Außerdem übt man dadurch auch die Güte, andere nicht als spendende oder verdammende Übermenschen zu sehen, sondern als genauso Suchende und Irrende wie alle anderen auch, und ihnen nicht böse zu sein, wenn sie sich gar nicht die Mühe gemacht haben, einen wirklich kennen – und vielleicht auch lieben – zu lernen. Manche sprechen mit gespaltener Zunge und manche haben einen verzerrten Blick, hören nicht zu und spüren nichts. Das ist bedauernswert für diese, aber kein Grund, ihnen deswegen übelzuwollen. Schade um den Energieaufwand.

Ich erlebe auch selbst immer wieder, wie manche Menschen sich gegen die nettesten diskreten Hinweise, dass sie Grenzen des guten Benehmens überschritten haben – in meinem Fall beispielsweise erst unlängst, als sich eine mir unbekannte Frau mit Beratungsbedarf zwecks Kostenersparnis in mein Privatleben drängen wollte –, empört wehren. Diese Schamabwehr verstehe ich gut als Versuch, die eigene Selbstachtung aufrechtzuerhalten, wenn diese von dem Wahn abhängt, fehlerfrei sein zu müssen.

Ähnliches höre ich von vielen Klientinnen, die von Vorgesetzten als Trösterin deren einsamer Nachtstunden ins Hotel eingeladen werden: Statt sich zu entschuldigen, dass sie die Persönlichkeit der Mitarbeiterin so grob fehleingeschätzt hatten, heißt es dann,

Frauen verstünden keinen Spaß. Ähnliches erleben Frauen auch, die einen Lebenspartner suchen und auf einen »neu-gierigen« Seitenspringer stoßen.

Ja, Behutsamkeit, Achtsamkeit, Respekt gehen heute immer mehr verloren – aber deswegen muss man andere – und auch sich selbst – nicht kritisieren oder gar bestrafen. Es reicht, in Ruhe mitzuteilen, dass man andere Erwartungen hat oder einen anderen Lebensstil bevorzugt und daher die unerfreuliche Situation beenden möchte –, und sie dann auch zu beenden, egal, wie die andere Person reagiert.

11. Erfahrungsoffen werden und bleiben

Wenn man sich einsam fühlt und weiß, dass man selbst von innen heraus seine Gefühle verändern kann, liegt es meist an fehlender Motivation, selbst die Verantwortung für seine Lebensgestaltung zu übernehmen und nach Verbesserungen zu suchen – beispielsweise indem man andere fragt, wie sie ähnliche Situationen bewältigt haben. Die meisten Menschen tun das deswegen nicht, weil sie kein Vorbild dazu haben: Sie haben noch nie gesehen oder zugehört, wenn das jemand anderer getan hat. Sie befürchten abgewertet und isoliert zu werden, wenn sie »anderen zur Last fallen« oder »auf die Nerven gehen« – dabei freuen sich im Gegenteil fast alle Menschen, wenn sie etwas für andere tun können.

Es liegt an der üblichen Erziehung zum Konkurrieren, dass wir auf Solidaritätsgesten oder Bitten um Unterstützung verzichten. In der Bibel heißt es (Mt 7,7): »Bittet, dann wird euch gegeben; suchet, dann werdet ihr finden; klopft an, dann wird euch geöffnet.« Damit ist aber nicht gemeint, dass man hektisch suchend nach irgendeinem Wunschding oder Wunschmenschen umhereilen soll, sondern Vertrauen zu haben, dass der oder die Nächste Hilfe, Antwort und Zuflucht geben kann und auch wird. Es genügt, herzoffen zu bleiben – einfach nur deswegen, weil dieser Zustand ehrenvoll ist und auch gesund.

12. Salutogen leben

Salutogenese umfasst im Gegensatz zur Pathogenese – allem, was krank macht – alles, was Gesundheit aufbauen und bewahren hilft. In meiner Interpretation bedeutet dies, wahrzunehmen, was man tut – denkt, spricht, aber auch liest, wie man sich ernährt, Bewegung pflegt und welche Menschen man wie nah an sich heranlässt. »Wahr«nehmen heißt in diesem Zusammenhang auch, sich selbst nicht zu belügen, beispielsweise mit Verharmlosungen oder Dramatisierungen. Zu Letzteren gehört, sich in einem Zustand von Beleidigtsein, dass einen niemand mit Zuwendung »versorgt«, einzurichten; um liebgehabt zu werden, muss man liebenswert sein. Beleidigt sein, Vorwürfe und Schuldgefühle machen, jammern oder sticheln treibt andere von einem weg, wenn diese nur ein bisschen Gespür für die eigene seelische Gesundheit besitzen. Aber als bloße Information – ohne Absicht, eine bestimmte Reaktion hervorzurufen – mitzuteilen, wie man sich fühlt und auf diese Weise den ersten Schritt zur Veränderung zu tun, hilft, Empfindungen und Gefühle auszudrücken – im wahrsten Sinn des Wortes: aus sich heraus zu drücken.

Wenn man erkannt hat, welches Verhalten weder die körperliche, seelische oder geistige Gesundheit fördert, gilt es, alternative Verhaltensweisen zu suchen, zu finden und allenfalls auch zu erfinden. Verhalten bedeutet in diesem Zusammenhang nicht nur sichtbares Tun oder Unterlassen, sondern umfasst auch die Entscheidung, mit welchen Gefühlen man eine Situation durchleben will: ob man sich entscheiden will, sich zu kränken oder zu ärgern, zu amüsieren oder beobachtend gelassen abzuwarten oder sich nachdenklich Zeit zu lassen ... All diese Beispiele sind von körperlichen Empfindungen begleitet, die sich verändern, je nachdem, welche Bezeichnung wir ihnen geben.

Wenn man sich nun entschieden hat, beispielsweise mit dem Gefühl ruhiger Gelassenheit abzuwarten, wie sich eine Situation entwickelt, und nur mitzuteilen, ob man mit dem Verlauf zufrieden oder unzufrieden ist und welche Veränderungen man wünscht, schafft man für sich wie für die anderen mehr Zeit und Raum nachzufühlen, was im Augenblick verwirklicht werden will oder kann. Man verliert sich nicht in geistige Wunschbilder einer ersehnten fernen Zukunft oder ehemaligen Vergangenheit, sondern spürt sich selbst in eigener Lebendigkeit – und kann den Körper die nächsten Schritte und ihre Richtung entscheiden lassen (außer man befindet sich in der Alltagshetze von Berufspflichten).

Nur wenn man ganz bei sich ist und in Ruhe, erkennt man bisher unbekannte Richtungsweisungen. In vielen Märchen wird die Botschaft vermittelt, durch Hilfe für andere die Helfer zu gewinnen, die man braucht, um sich in Irrwegen zurechtzufinden, und dass Prüfungen und Tests nützen, Falschspieler und Betrüger zu enttarnen. Wir sollten mehr auf die Lehren in diesen urtümlichen Psychologielehrbüchern achten.

Literatur

Alberoni, Francesco: Erotik. Weibliche Erotik, männliche Erotik – was ist das?
  Piper, München 1987/91.

Andersen, Hans Christian: Märchen. Droemer Knaur, Berlin 1938.

Andreski, Iris und Stanislaw: Isolation. Die Malaise der Zivilisation. Jugend und
  Volk, Wien 1975.

Anonymus: Mit aller Macht. Ullstein, München 2008.

Antonovsky, Aaron: Salutogenese. Zur Entmystifizierung von Gesundheit. dgvt-Ver-
  lag, Tübingen 1997.

Asper, Karin: Verlassenheit und Selbstentfremdung. Neue Zugänge zum therapeutischen Verständnis. dtv, München 1990/94 (4.).

Assmann, Jan: Das kulturelle Gedächtnis. Schrift, Erinnerung und politische Identität in frühen Hochkulturen. C. H. Beck, München 1992/2007 (6.).

Bauer, Joachim: Schmerzgrenze. Vom Ursprung alltäglicher und globaler Gewalt.
  Karl Blessing, München 2011.

Bauer, Joachim: Warum ich fühle, was du fühlst. Intuitive Kommunikation und das
  Geheimnis der Spiegelneurone. Hoffmann und Campe, Hamburg 2005/06 (9.).

Beer, Ulrich: Kraft aus der Einsamkeit. Kreuz Verlag, Stuttgart 1990.

Bluhm, Wanda: Spirituelle Heilung nach sexueller Gewalt. Orlanda Frauenverlag,
  Berlin 2007.

Brecht, Bertolt: Geschichten vom Herrn Keuner. Suhrkamp, Frankfurt/M. 1967/72.

Buber, Martin: Das dialogische Prinzip. Verlag Lambert Schneider, Heidelberg 1984.

Burton, Robert: Anatomie der Melancholie. Über die Allgegenwart der Schwermut,
  ihre Ursachen und Symptome sowie die Kunst, es mit ihr auszuhalten. Artemis
  Verlag, Zürich und München 1988 (2.).

Canacakis, Jorgos: Ich sehe deine Tränen. Trauern, Klagen, Leben können. Kreuz
  Verlag, Stuttgart 1997/91 (5.).

Caruso, Igor: Die Trennung der Liebenden. Eine Phänomenologie des Todes. Fischer
  Geist und Psyche, Frankfurt/M. 1983/86.

Clarus, Ingeborg: Das Opfer. Archaische Riten modern gedeutet. Patmos, Düsseldorf
  2005.

Conrady, Karl Otto (Hg.): Der neue Conrady. Das große deutsche Gedichtbuch.
  Von den Anfängen bis zur Gegenwart. Artemis & Winkler/Patmos, Düsseldorf-
  Zürich 2000/01 (2.).

Covitz, Joel: Der Familienfluch. Seelische Kindesmisshandlung. Walter Verlag, Olten
  1992.

Cremerius, Johannes: Die psychoanalytische Behandlung der Reichen und der
  Mächtigen. In: Johannes Cremerius, Vom Handwerk des Psychoanalytikers. Das
  Werkzeug der psychoanalytischen Technik. Band 2. problemata frommann-holz-
  boog, Stuttgart 1984.

Crepet, Paolo: Das tödliche Gefühl der Leere. Suizid bei Jugendlichen. Rowohlt, Reinbek 1996.

Csikszentmihalyi, Mihaly: Flow. Das Geheimnis des Glücks, Klett-Cotta, 1990/2008 (12.).

Emoto, Masaru: Wasserkristalle. Was das Wasser zu sagen hat. Koha, Burgrain 2001/03 (4.).

Ennenbach, Matthias: Buddhistische Psychotherapie. Ein Leitfaden für heilsame Veränderungen. Windpferd, Oberstdorf 2010.

Eliacheff, Caroline: Das Kind, das eine Katze sein wollte. Psychoanalytische Arbeit mit Säuglingen und Kleinkindern. Antje Kunstmann, München 1994.

Elias, Norbert/Scotson, John L.: Etablierte und Außenseiter. Suhrkamp, Frankfurt/M. 1990.

Es war einmal. Märchen aus aller Welt, Band 201, herausgegeben von Schuldirektor R. Stecher. Dresdner Jugendschriften-Verlag, Dresden o. A.

Foucault, Michel: Überwachen und Strafen. Die Geburt des Gefängnisses. Suhrkamp, Frankfurt/M. 1994.

Freud, Sigmund: Das Unbehagen in der Kultur (1929/30). In: Sigmund Freud Studienausgabe, Fragen der Gesellschaft/Ursprünge der Religion. S. Fischer Verlag, Frankfurt/M. 1974/2003 (10.).

Fromm, Erich: Haben oder Sein. Die seelischen Grundlagen einer neuen Gesellschaft. dtv, München 1979/80 (3.).

Fuchs, Anneliese: Mein Charakter ist nicht mein Schicksal. Grundmuster des Lebens für sich nützen. Böhlau Verlag, Wien 2007.

Gemoll, Wilhelm: Griechisch-Deutsches Schul- und Handwörterbuch, durchgesehen und erweitert von Dr. Karl Vretska. G. Freytag Verlag/Hölder-Pichler-Tempsky, München Wien 1957.

Gennep, Arnold van: Übergangsriten (Les rites de passage). Campus, Frankfurt/M. 1986.

Gideon, Bruno: Diktatoren sind einsam. Einfühlungsvermögen und Selbstbewusstsein – der Weg zu echter Überzeugungskraft. Ein Trainingsprogramm für Beruf und Alltag. Oesch Verlag, Zürich 1995.

Gilligan, Carol: Die andere Stimme. Lebenskonflikte und Moral der Frau. Piper, München 1984/88 (3.).

Goffman, Erving: Stigma: Über Techniken der Bewältigung beschädigter Identität. Suhrkamp, Frankfurt/ M. 1975/88 (8.).

Golas, Thaddeus: Der Erleuchtung ist es egal, wie du sie erlangst. Sphinx Verlag, Basel 1979/83 (3.).

Goulding, Mary: »Kopfbewohner« oder: Wer bestimmt dein Denken? Wie du Feindschaft gegen dich selbst mit Spaß und Leichtigkeit in Freundschaft verwandelst. Junfermann Verlag, Paderborn 1991/93 (4.).

Greisinger, Manfred: Sehnsucht nach Tiefe. Auf der erkenntnisreichen Suche nach den inneren Augen der Wahrhaftigkeit. Edition Stoareich, Allentsteig 1995.

Gronemeyer, Marianne: Das Leben als letzte Gelegenheit. Sicherheitsbedürfnisse und Zeitknappheit. Primus Verlag, Darmstadt 1993/96 (2).

Herman, Judith Lewis: Die Narben der Gewalt. Traumatische Erfahrungen verstehen und überwinden. Kindler, München 1993.

Jacobi, Jolande: Die Psychologie C. G. Jungs. Eine Einführung in das Gesamtwerk, mit einer Einführung von C. G. Jung. Fischer Verlag, Frankfurt/M. 1977/82 (4.).

Kohls, Nikola Boris: Außergewöhnliche Erfahrungen – Blinder Fleck der Psychologie? Eine Auseinandersetzung mit außergewöhnlichen Erfahrungen und ihrem Zusammenhang mit geistiger Gesundheit. LIT Verlag, Berlin 2011.

Kornbichler, Thomas: Die Sucht, ganz oben zu sein. Fischer Verlag, Frankfurt/M. 1996.

Krause, Hans-Ullrich: Kinderspiel mit dem Tod. Votum Verlag, Münster 1994.

Krenzlin, Manuel: Exorzistische Handlungskonzepte in Beratung, Seelsorge und Therapie. LIT Verlag, Hamburg 2007.

Kuh, Anton: Von Goethe abwärts. Aphorismen. Essays. Kleine Prosa. Forum Verlag, Wien-Hannover-Bern 1963.

Lattmann, Dieter: Die Einsamkeit des Politikers. Kindler, München 1977.

Laqueur, Thomas: Auf den Leib geschrieben. Die Inszenierung der Geschlechter von der Antike bis Freud. Frankfurt/M., Campus, 1992.

Leitner, Thea: Fürstin, Dame, Armes Weib. Ungewöhnliche Frauen im Wien der Jahrhundertwende. Piper, München 1994.

Lewin, Bertram D.: Das Hochgefühl. Zur Psychoanalyse der gehobenen, hypomanischen und manischen Stimmung. Suhrkamp, Frankfurt/M. 1982.

Luther, Martin: Der große Katechismus. Geistliche Lieder. Goldmann Verlag, München o. A.

Märchen der Brüder Grimm. Droemer Knaur, Berlin 1937.

Miller, Alice: Das Drama des begabten Kindes und die Suche nach dem wahren Selbst. Suhrkamp, Frankfurt/M. 1979/81.

Müller, Thomas: Bestie Mensch. Tarnung – Lüge – Strategie. Ecowin Verlag, Salzburg 2004.

Müller-Elmau, Bernhard: Kräfte aus der Stille. Die transzendentale Meditation. Econ Verlag, Düsseldorf 1984.

Münch, Karten/Munz, Dietrich/Springer, Anne (Hg.): Die Fähigkeit, allein zu sein. Zwischen psychoanalytischem Ideal und gesellschaftlicher Realität. Psychosozial-Verlag, Gießen 2009.

Norwood, Robin: Wenn Frauen zu sehr lieben. Die heimliche Sucht, gebraucht zu werden. Rowohlt, Reinbek 1986/87 (3.)

Nuber, Ursula: Die Egoismus-Falle. Warum Selbstverwirklichung so oft einsam macht. Kreuz Verlag, Zürich 1993.

Ötsch, Walter: Haider light. Handbuch für Demagogie. Czernin Verlag, Wien 2000.

Packard, Vance: Die Pyramidenkletterer, Econ Verlag, Düsseldorf Wien 1963.

Parlow, Georg: Zart besaitet. Selbstverständnis, Selbstachtung und Selbsthilfe für hochempfindliche Menschen. Festland Verlag, Wien 2003.

Pennington, Margot: Memento mori. Eine Kulturgeschichte des Todes. Kreuz Verlag, Stuttgart 2001.

Perner, Rotraud A.: Der erschöpfte Mensch. Residenz Verlag, St. Pölten 2012 a.

Perner, Rotraud A.: Heute schon geliebt? Sexualität und Salutogenese. edition roesner, Mödling 2012 b.

Perner, Rotraud A.: Kaktusmenschen. Über den Umgang mit verletzendem Verhalten. ORAC, Wien 2011.

Perner, Rotraud A.: Sein wie Gott. Von der Macht der Heiler. Priester – Psycho-therapeuten – Politiker. Kösel, München 2002.

Perner, Rotraud A.: Ungeduld des Leibes. Die Zeitrhythmen der Liebe. ORAC, Wien 1994.

Pflüger, Peter-Michael (Hg.): Trennung und Abschied – Chance zu neuem Leben. Verlag Adolf Bonz, Fellbach-Oeffingen 1984.

Pilgrim, Volker Elis: Dressur zum Bösen. Warum wir uns selber und andere kaputt machen. Rowohlt, Reinbek 1974/86.

Preiter, Markus: Die Logik des Verrücktseins. Einblicke in die geheimen Räume unserer Psyche. Kösel, München 2010.

Ransmayr, Christoph: Die letzte Welt. Fischer, Frankfurt/M. 1991.

Redvoort, Peter: Pornos machen traurig. BoD, Norderstedt 2011.

Reich, Wilhelm, Die Entdeckung des Orgons I. Die Funktion des Orgasmus. Fischer Verlag, Frankfurt/M. 1972/83.

Reich, Wilhelm: Die Entdeckung des Orgons II. Der Krebs. Fischer Verlag, Frankfurt/M. 1976/81.

Riemann, Fritz: Grundformen der Angst. Eine tiefenpsychologische Studie. Ernst Reinhardt Verlag, München-Basel 1984.

Riesman, David/Denney, Reuel/Glazer, Nathan: Die einsame Masse. Eine Unter-suchung der Wandlungen des amerikanischen Charakters. Rowohlt, Hamburg 1958/62 (6.).

Ringelnatz, Joachim, Ausgewählte Gedichte. Rororo Taschenbuch Ausgabe, Hamburg 1952.

Ritter, Werner H./ Wolf, Bernhard (Hg.): Heilung – Energie – Geist. Heilung zwischen Wissenschaft, Religion und Geschäft. Vandenhoeck & Ruprecht, Göttingen 2005.

Rogers, Carl R./Rosenberg, Rachel L.: Die Person als Mittelpunkt der Wirklichkeit. Klett-Cotta, Stuttgart 1980.

Rutschky, Katharina (Hg.): Schwarze Pädagogik. Quellen zur Naturgeschichte der bürgerlichen Erziehung. Ullstein, Frankfurt/M.-Berlin, 1977/97.

Saint-Exupéry, Antoine de: Der Kleine Prinz. Die Arche, Zürich, 1983.

Satir, Virginia: Selbstwert und Kommunikation. Familientherapie für Berater und zur Selbsthilfe. Pfeiffer, München 1975/85 (6.).

Schaef, Anne Wilson: Die Flucht vor der Nähe. Warum Liebe, die süchtig macht, keine Liebe ist. dtv, München 1992/94 (4.).

Schaper, Edzard (Hg.): Der einsame Mensch – Peter Moens Tagebuch. Die Arche, Zürich 1950.

Schmid, Peter F.: Personale Begegnung. Der personzentrierte Ansatz in Psychothera-pie, Beratung, Gruppenarbeit und Seelsorge. Echter Verlag, Würzburg 1989.

Schmidbauer, Wolfgang: Die hilflosen Helfer. Über die seelische Problematik der helfenden Berufe. Rowohlt, Reinbek 1977/90.

Schreiber, Hermann: Die zehn Gebote. Der Mensch und sein Recht. Deutsche Buchgemeinschaft, Berlin-Darmstadt-Wien 1962.

Schultz, Hans Jürgen (Hg.): Einsamkeit. Kreuz Verlag, Stuttgart 1980.

Schultz, Hans Jürgen (Hg.): Trennung. Kreuz Verlag, Stuttgart 1984.

Schwab, Gustav: Die schönsten Sagen des klassischen Altertums. Österreichische Buchgemeinschaft, Wien 1955.

Seel, Martin: Paradoxien der Erfüllung. Philosophische Essays. Fischer Verlag, Frankfurt/M. 2006.

Selby, John: Einander finden. Übungen zur Psychologie der Begegnung in Freundschaft, Beruf und Liebe. Rowohlt, Reinbek 1986.

Seligman, S.: Die Zauberkraft des Auges und das Berufen. J. Couvreur o. A.

Selinko, Annemarie: Ich war ein hässliches Mädchen. Th. Kirchner Verlag, Wien 1937.

Sennett, Richard: Der flexible Mensch. Die Kultur des neuen Kapitalismus. Berlin Verlag, Berlin 1998 (3.).

Shneidman, Edwin: In grenzenloser Unempfindlichkeit. Briefe und Zeugnisse von Menschen, die ihren Tod erwarten. Knaur TB, München 1989.

Spitz, René: Vom Säugling zum Kleinkind. Naturgeschichte der Mutter-Kind-Beziehungen im ersten Lebensjahr. Klett-Cotta, Stuttgart 1983 (7.).

Steiner, Claude: Wie man Lebenspläne verändert. Die Arbeit mit Skripts in der Transaktionsanalyse. Junfermann Verlag, Paderborn 1982/85 (4.).

Suchy, Irene: Litanei gottloser Gebete. Verlag Bibliothek der Provinz, Wien 2013.

Tiedemann, Jens L.: Scham. Psychosozial-Verlag, Gießen 2013.

Torberg, Friedrich: Die Tante Jolesch oder Der Untergang des Abendlandes in Anekdoten. LangenMüller, München 1975/96 (17.).

Watzlawick, Paul/Beavin, Janet H./Jackson, Don D.: Menschliche Kommunikation. Formen, Störungen, Paradoxien. Verlag Hans Huber, Bern-Stuttgart-Wien 1969/82 (6.).

Watzlawick, Paul/Weakland, John H./Fisch, Richard: Lösungen. Zur Theorie und Praxis menschlichen Wandels. Verlag Hans Huber, Bern-Stuttgart-Wien 1974/84 (3.).

Wilber, Ken: Integrale Spiritualität. Spirituelle Intelligenz rettet die Welt. Kösel, München 2007 (2.).

Wilber, Ken: Wege zum Selbst. Östliche und westliche Ansätze zum persönlichen Wachstum. Goldmann, München, 1991.

Winnicott, Donald W.: Die Fähigkeit zum Alleinsein. In: D. W. Winnicott, Reifungsprozesse und fördernde Umwelt. Psychosozial-Verlag, Gießen 2001/06.

Wittgenstein, Ludwig: Tractatus logico-philosophicus. Logisch-philosophische Abhandlung. Suhrkamp, Frankfurt/M. 1963.

Zehentbauer, Josef: Körpereigene Drogen. Die ungenutzten Fähigkeiten unseres Gehirns. Artemis & Winkler, München 1992/93 (2.)

Anmerkungen

1 U. Langendorf, in: K. Münch u. a., S. 103.
2 Mitteilung der ORF-Enterprise vom 17. Juli 2014 auf Anfrage der Autorin.
3 G. Schneider, in: K. Münch u. a., S. 56.
4 *Kurier*, 24. August 2014, S. 14.
5 V. Packard, S. 308 ff.
6 I. Suchy, S. 48.
7 Entstehung von Leben.
8 W. Reich, Der Krebs, S. 70.
9 Zu Deutsch: »Gott aus der Maschine« – eine Formulierung, die an die in Theaterstücken kunstvoll vom Schnurboden herabgelassenen Götter- und Engelsgestalten anknüpft – ein Trick, den heute manche Popstars (z. B. Robbie Williams oder Justin Bieber) anwenden, um ihre Fans in Verzückung zu setzen.
10 J. Ringelnatz, S. 12.
11 W. Reich, Die Funktion des Orgasmus, S. 38.
12 S. Freud, S. 209.
13 J. Bauer 2011, S. 69.
14 M. Mitscherlich-Nielsen, in: H. J. Schultz 1980, S. 212.
15 S. Freud, S. 197.
16 S. Freud, S. 204.
17 S. Freud, S. 199.
18 Vgl. Markus 10,7–8: Darum wird der Mann Vater und Mutter verlassen, und die zwei werden ein Fleisch sein. Sie sind also nicht mehr zwei, sondern eins.
19 F. Alberoni, S. 13 f.
20 Ebd., S. 16.
21 Ebd., S. 18.
22 J. Bauer 2005, S. 85.
23 Vgl. K. Rutschky.
24 C. Steiner, S. 305 ff.
25 M. Goulding, S. 20.
26 R. A. Perner 1994, S. 66 ff.
27 K. O. Conrady, S. 323.
28 Vgl. J. Assmann.
29 Vgl. E. Pilgrim, S. 99.
30 M. Seel, S. 118.
31 Vgl. C. Eliacheff.
32 P. Watzlawick u. a. 1974, S. 51 ff.
33 D. W. Winnicott, S. 40.
34 D. W. Winnicott, S. 41.
35 K. Münch u. a., S. 248 f.

36 J. Bauer 2005, S. 115 f.
37 L. Keppler, in: H. J. Schultz 1980, S. 181.
38 Vgl. J. Covitz, S. 67 ff.
39 J. Bauer 2005, S. 92.
40 J. Bauer 2005, S. 93.
41 Widerstandskraft und Seelenstärke (siehe unten S. 148).
42 F. Riemann, S. 37 f.
43 G. Schwab, S. 114 f.
44 U. Nuber, S. 23.
45 J. Bauer 2011, S. 109.
46 J. Bauer 2011, S. 108.
47 J. Bauer 2011, S. 61.
48 Im Gegensatz zu der sogenannten GFK (gewaltfreien Kommunikation),
    promotet von Marshall Rosenberg, propagiere ich den bewussten Gewaltver-
    zicht; Gewaltfreiheit sehe ich nämlich als Illusion: Wenn man sie als zwischen-
    menschliches Gut herstellen will, ist man bereits gewalttätig, weil man andere
    dazu bringen will. Man kann nur für sich selbst auf Gewalt verzichten und das
    bedeutet Selbstkontrolle, Training – und Wiedergutmachung, wenn es einem
    nicht gelingt.
49 A. v. Gennep, S. 21.
50 J. L. Tiedemann, S. 20 f.
51 J. L. Tiedemann, S. 33.
52 M. Hirsch, in: K. Münch u. a., S. 277.
53 M. Hirsch s. o., S. 282.
54 Z. Bauman, in: K. Münch u. a., S. 27.
55 Z. Bauman, ebd., S. 28.
56 J. Bauer 2011, S. 110.
57 G. Bovensiepen, in: K. Münch u. a., S. 230 f.
58 R. Sennett, S. 191.
59 S. Freud 1929/30, S. 214.
60 A. W. Schaef, S. 10 f.
61 A. W. Schaef, S. 107.
62 R. Norwood, S. 221.
63 A. W. Schaef, S. 29.
64 A. W. Schaef, S. 83.
65 B. D. Lewin, S. 36 f.
66 S. Freud 1929/30, S. 199.
67 J. Zehentbauer, S. 75 ff.
68 S. Freud 1929/30, S. 199 f.
69 Zitiert nach T. Leitner, S. 229.
70 5 Mose 8,3 und Matthäus 4,4.
71 1 Johannes 4,16.
72 M. Csikszentmihalyi, S. 42.

73 S. www.salutogenese.or.at

74 M. Csikszentmihalyi, S. 38.

75 J. Bauer 2011, S. 44.

76 U. Beer, S. 55.

77 A. W. Schaef, S. 59.

78 B. Brecht, S. 33.

79 A. W. Schaef, S. 19.

80 1989–1993

81 A. W. Schaef, S. 107.

82 P. Redvoort, S. 11.

83 U. Nuber, S. 157.

84 G. Schneider, in: K. Münch u. a., S. 67.

85 A. W. Schaef, S. 10.

86 A. W. Schaef, S. 83.

87 J. Bauer 2011, S. 111.

88 A. W. Schaef, S. 104

89 A. Ehrenberg, in: K. Münch u. a., S. 46.

90 A. W. Schaef, S. 95.

91 D. Sölle, in: H. J. Schultz, S. 51.

92 G. Schneider, in: K. Münch u. a., S. 56.

93 K. Münch u. a., S. 126.

94 I. Suchy, S. 72.

95 N. Elias/J. L. Scotson, S. 24.

96 J. Bauer 2011, S. 58 f.

97 J. Bauer 2011, S. 60.

98 J. Bauer 2011, S. 49.

99 J. Bauer 2011, S. 57.

100 R. A. Perner 2012 a, S. 66 ff.

101 V. Satir, S. 89 f.

102 J. Bauer 2011, S. 194.

103 G. Parlow, S. 14.

104 G: Parlow, S. 15.

105 H. C. Andersen, S. 173.

106 H. C. Andersen, S. 175.

107 H. C. Andersen, S. 177.

108 H. C. Andersen, S. 179.

109 F. Torberg, S. 26.

110 D. Sölle, in: H. J. Schultz, S. 46.

111 D. Sölle, in: H. J. Schultz, S. 47.

112 A. Miller, S. 164.

113 A. Miller, S. 171.

114 A. Miller, S. 48.

115 A. Miller, S. 129.

116 F. Schiller, Wilhelm Tell, 1. Aufzug, 3. Szene.

117 A. Miller, S. 59.

118 A. Miller, S. 60.

119 J. Bauer 2011, S. 41.

120 Vgl. W. Ötsch, Haider light.

121 N. Elias/J. L. Scotson, S. 12 f.

122 I. Suchy, S. 82.

123 I. Suchy, S. 81.

124 N. Elias/J. L. Scotson, S. 18.

125 N. Elias/J. L. Scotson, S. 21 f.

126 I. Suchy, S. 80.

127 G. Parlow, S. 17 ff.

128 A. Miller, S. 71.

129 M. Krenzlin, S. 39.

130 I. Suchy, S. 49.

131 D. W. Winnicott, S. 36.

132 J. Bauer 2011, S. 31.

133 J. L. Herman, S. 34.

134 L. Wittgenstein, S. 115.

135 J. Cremerius, S. 221.

136 J. Cremerius, S. 221 f.

137 J. Cremerius, S. 227.

138 J. L. Herman, S. 18 f.

139 J. L. Herman, S. 56.

140 J. L. Herman, S. 65.

141 J. L. Herman, S. 9.

142 J. Tiedemann, S. 8.

143 J. Tiedemann, S. 13.

144 J. Tiedemann, S. 9.

145 U. Streeck, in: K. Münch u. a., S. 187 f.

146 »Es war einmal. Märchen aus aller Welt« Band 201, S. 49 ff.

147 Der Begriff Coaching – ursprünglich aus dem Fußballsport abgeleitet – hat sich seit den 1990er Jahren inflationär ausgeweitet: Es gibt Beziehungscoaches, Erziehungscoaches, Mediencoaches, Partnerschaftscoaches usw. Wer sich aber Wirtschaftscoach nennt, braucht sowohl eine juristische oder betriebswirtschaftliche als auch eine psychologische Ausbildung und praktische Erfahrung »im Feld«. Nur psychotherapeutisches Wissen ist ebenso wenig ausreichend wie »Erfahrung durch den Aufbau eines eigenen Unternehmens« – man muss selbst nachweislich erfolgreich ausgeübt haben, was man anderen verkaufen will.

148 Der primäre ist die Produktion, der sekundäre der Handel, der tertiäre umfasst z. B. solche qualifizierten Dienstleistungen wie im Bank- und Versicherungswesen.

149 Vgl. oben Anm. 98.

150 J. Bauer 2011, S. 72.

151 J. Bauer 2011, S. 75.

152 J. Bauer 2011, S. 77.

153 Dauerhafte Störung der Schlafruhe gilt nach der Rechtssprechung als schwere Körperverletzung!

154 J. Bauer 2011, S. 194.

155 Mobbing besteht in der korrekten Definition in regelmäßigen – mindestens einmal in der Woche – feindseligen Akten über einen langen Zeitraum – mehrere Monate –, die gezielt die Erfüllung von Pflichten verhindern. Sie sind damit deutlich von gelegentlichem schlechten Benehmen zu unterscheiden.

156 N. Elias/J. L. Scotson, S. 14.

157 T. Müller, S. 176.

158 Vgl. W. Ötsch, S. 63 ff.

159 N. Elias/J. L. Scotson, S. 18.

160 J. L. Hermann, S. 19 f.

161 I. Clarus, S. 164.

162 I. Clarus, S. 179.

163 S. Freud 1929/30, S. 209.

164 In der griechischen Sagenwelt lauern Skylla, ein menschenfressendes Meerungeheuer mit weiblichem Oberkörper und sechs Hundeköpfen und -pfoten als Unterkörper, und Charybdis, ein gestaltloses Meerungeheuer, das ganze Schiffe einsaugte und nach einiger Zeit wieder ausspuckte, zu beiden Seiten einer engen Felsdurchfahrt. Ausführlich beschrieben werden sie in der Odyssee.

165 U. Beer, S. 178.

166 T. Kornbichler, S. 18.

167 W. Schmidbauer, S. 7.

168 W. Schmidbauer, S. 57.

169 U. Beer, S. 179.

170 Triebenergie

171 S. Freud 1929, S. 233.

172 Die sechs sind neben der Arbeit (und, aber nicht nur Beruf) soziale Kontakte – emotionale Bindungen – intellektuelle Entwicklungen – körperliche Gesundheit – Spiritualität, und aus meiner Sicht als siebentes unbedingt noch Kunst und Kultur. (Vgl. R. A. Perner 2012 a, S. 171.)

173 Vgl. R. A. Perner 2012.

174 D. Lattmann, S. 7.

175 Vgl. R. A. Perner 2002.

176 T. Kornbichler, S. 62.

177 Lateinisch: »dem elenden Pöbel«.

178 B. Gideon, S. 15.

179 U. Beer, S. 179.

180 R.A. Perner 2011, S. 13.

181 M. Foucault, S. 140 ff.

182 E. Goffman, S. 42 f.

183 E. Goffman, S. 63.

184 E. Goffman, S. 47.

185 J. Bauer 2011, S. 67.

186 *Salzburger Nachrichten*, 11. Juli 2014, S. 16.

187 E. Goffman, S. 83.

188 A. Miller, S. 89.

189 Im Tagebuch am 31. Tag seiner Inhaftierung in Oslo als politischer Gefangener durch die Nationalsozialisten, herausgegeben von Edzard Schaper, S. 34.

190 Vgl. J. Bauer 2011, S. 58.

191 S. Freud, S. 225,

192 Märchen der Brüder Grimm, S. 62

193 D. Sölle, in: H. J. Schultz 1980, S. 47.

194 D. Sölle, ebd.

195 C. Ransmayr, S. 9 f.

196 C. Ransmayr, S. 12.

197 http://de.wikipedia.org/wiki/Des_Fremdlings_Abendlied

198 H. Schreiber, S. 167 f.

199 H. Schreiber, S. 168.

200 H. Schreiber, S. 169.

201 M. Emoto, S. 59.

202 Leider war es mir trotz mehrfacher Versuche nicht möglich, vom ORF eine Kopie dieser Passage zum Zweck des universitären Unterrichts von Lehrkräften zu erhalten.

203 1973–1987 s. www.perner.info

204 M. Buber, S. 32.

205 S. Seligman, S. 16 ff.

206 H. Schreiber, S. 181.

207 *Österreich*, 15. März 2014, S. 13.

208 H. U. Krause, S. 172 f.

209 Wie z. B. *Warum ich fühle, was du fühlst.*

210 J. Bauer 2011, S. 31.

211 R. Spitz, S. 281.

212 R. Spitz, S. 284.

213 R. Spitz, S. 285.

214 R. Spitz, S. 293 f.

215 *Der Standard*, 22. Juli 2014, S. 3. und S. 26.

216 J. Covitz, S. 158.

217 J. Covitz, S. 171.

218 R. Haubl, in: K. Münch, S. 123.

219 J. L. Tiedemann, S. 38.

220 www.zitate-online.de/literaturzitate/allgemein/19826/wenn-du-vor-mir-stehst-und-mich-ansiehst.html

221 A. Kuh, S. 12.

222 U. Langendorf, in: K. Münch u. a., S. 89 f.

223 E. Goffman, S. 145.

224 Joh 8,32.

225 Dies ist auch ein Beispiel für die Anwendung der von mir konzipierten Methode PROvokativpädagogik/PROvokativmethodik s. www.perner.info.

226 W. Gemoll, S. 689.

227 E. Goffman, S. 9.

228 E. Goffman, S. 149.

229 www.songtexte.com/songtext/rainhard-fendrich/macho-macho-63dcfa3b.html

230 C.R. Rogers, in: C. R. Rogers/ R. L. Rosenberg, S. 100.

231 E. Goffman, S. 158.

232 P.F. Schmid, S. 53.

233 H. Schelsky, Einführung, in: D. Riesman, S. 9 f.

234 R. Sennett, S. 159.

235 E. Goffman, S. 73 f.

236 Es ist das Verdienst von Sigmund Freud und seiner Schülerschaft, die Symptomsprache des Körpers verstehbar gemacht zu haben; leider haben Halbgebildete dazu in der Art des Ägyptischen Traumbuchs Symptomentschlüsselungslisten erstellt, vor denen nur gewarnt werden kann. Die subjektive Deutungsarbeit kann nicht durch »objektive« Checklisten ersetzt werden. Sie sagen mehr über den Autor aus als über den Symptomträger.

237 A. Miller, S. 68 f.

238 www.songtexte.com/songtext/falco/out-of-the-dark-7bdc8ea0.html

239 M. Preiter, S. 38.

240 M. Preiter, S. 38.

241 J. Bauer 2011, S. 29.

242 M. Preiter, S. 70.

243 Diese Formulierung wähle ich als Gegensatz zu dem Buchtitel *In grenzenloser Unempfindsamkeit* des amerikanischen Thanatologen Edwin Shneidman.

244 *Defusing* ist eine psychologische Krisenintervention, um Verstörungen durch Gewalterfahrungen zu vermindern. *Debriefing* ist eine gesprächstherapeutische Methode, um posttraumatische Gesundheitsschäden nach psychischen oder Umweltkatastrophen zu verhindern bzw. klein zu halten.

245 M. Preiter, S. 205.

246 Zu Deutsch: Kunst des Sterbens.

247 U. Beer, S. 180.

248 M. Greisinger, S. 112.

249 E. Shneidman, S. 13.

250 E. Shneidman, S. 18.

251 M. Greisinger, S. 87.

252 M. Pennington, S. 69.

253 M. Pennington, S. 69 f.

254 J. Canacakis, S. 91 ff.

255 J. Canacakis, S. 98.

256 M. Pennington, S. 71.

257 M. Pennington, S. 13.

258 R. A. Perner 2012 b, S. 153 ff.

259 M. Pennington, S. 156.

260 P. Crepet, S. 166 f.

261 www.golyr.de/kris-kristofferson/songtext-help-me-make-it-through-the-night-53716.html

262 www.songtexte.com/songtext/sts/go-du-bleibst-heut-nacht-bei-mir-2bdcf846.html

263 J. Jacobi, S. 20 ff.

264 Vgl. Anm. 9.

265 M. Pennington, S. 175 f.

266 R. Burton, S. 187.

267 A. W. Schaef, S. 132.

268 U. Beer, S. 123 f.

269 www.sts-page.com/text.aspx:10

270 *Der Standard*, 5./6. Juli 2014, S. 23.

271 J. L. Tiedemann, S. 105.

272 *Kurier*, 6. Juli 2014, S. 35.

273 J. L. Tiedemann, S. 33.

274 J. L. Tiedemann, S. 73.

275 1989–1993.

276 E. Fromm, S. 27 f.

277 E. Fromm, S. 30.

278 E. Fromm, S. 31.

279 F. Alberoni, S. 56.

280 F. Alberoni, S. 56.

281 U. Beer, S. 125.

282 F. Alberoni, S. 140.

283 J. Bauer 2011, S. 109.

284 *Containing* bedeutet die Fähigkeit, Impulse bzw. Energie bei sich zu behalten.

285 J. Covitz, S. 27.

286 T. Golas, S. 38.

287 J. L. Tiedemann, S. 95.

288 S. L. Andreski, S. 11.

289 S. L. Andreski, S. 12.

290 R. Sennett, S. 11.

291 R. Sennett, S. 12.

292 R. Sennett, S. 37.

293 Selbstbestimmung und unabhängige Selbstversorgung.

294 U. Beer, S. 117.

295 Damit meint Preiter reaktive Variationen in der Wahrnehmung des Raum-Zeit-Gitters wie beispielsweise Halluzinationen. Preiter schreibt auch: »Als reaktiv bezeichnet man eine psychische Erkrankung dann, wenn die Ursache im Außen begründet, aber nicht stofflich ist, ein Beispiel wäre die depressive Reaktion nach unfreiwiliger Trennung.« (S. 72)

296 M. Preiter, S. 72.

297 G. Schneider, in: K. Münch u. a., S. 55.

298 M. Pennington, S. 142.

299 U. Nuber, S. 37.

300 M. Pennington, S. 166 f.

301 M. Pennington, S. 166.

302 E. Goffman, S. 138.

303 E. Goffman, S. 151.

304 M. Pennington, S. 90.

305 Mit diesen Bausteinen Angst und Vertrauen wird ersatzweise in Sado-Maso-Spielen experimentiert – ein Zeichen, dass durchaus eine Ahnung von diesem Phänomen besteht.

306 A. Antonovsky, S. 36.

307 Vgl. oben S. 161 f.

308 D. Sölle, in: H. J. Schultz, S. 47.

309 M. Greisinger, S. 97.

310 I. Suchy, S. 74.

311 S. Freud 1929/30, S. 231.

312 P. Watzlawick u. a. 1969, S. 83.

313 J. Covitz, S. 95.

314 M. Luther, S. 22.

315 M. Ennenbach, S. 280 ff.

316 M. Czikszentmihalyi, S. 33.

317 U. Beer, S. 109 f.

318 U. Beer, S. 65.

319 K. Wilber 2007, S. 69.

320 R. A. Perner 1994, S. 145.

321 U. Beer, S. 180 f.

322 *Die Furche* 1/1988.

323 M. Gronemeyer, S. 83.

324 U. Nuber, S. 51.

325 K. Wilber 1991, S. 99.

326 M. Gronemeyer, S. 136.

327 M. Gronemeyer, S. 137.

328 K. Wilber 1991, S. 100.

329 U. Nuber, S. 16.

330 M. Gronemeyer, S. 138.
331 J. Bauer 2005, S. 95.
332 J. Bauer 2005, S. 97.
333 J. Bauer 2005, S. 103.
334 M. Preiter, S. 53.
335 J. Bauer 2005, S. 32.
336 M. Csikszentmihalyi, S. 38. Vgl. oben S. 54.
337 B. Müller-Elmau, S. 104.
338 B. Müller-Elmau, S. 106.
339 C. R. Rogers, S. 77 f.
340 U. Nuber, S. 141.
341 M. Buber, S. 18.
342 www.stefaniewerger.at/index.php/deswegen-steh-i-so-auf-mi
343 M. Buber, S. 106 f.
344 M. Buber, S. 107.
345 M. Buber, S. 291 f.
346 So der Titel des Buches von Ulrike Kurzlieb, Anneliese Schmidt, Leonhard
    Walczak und Bernhard Weber aus 1977, das eine Zusammenstellung von
    sexualpädagogischen Übungen und Reflexionsanleitungen enthält.
347 So der Titel des Buches von Thomas Laqueur.
348 Im Besitz der Autorin.

BENEDIKT FELSINGER O.PRAEM.

Für Leib und Seele

Tipps vom Kräuterpfarrer

184 Seiten, mit zahlr. Abbildungen
ISBN 978-3-85002-870-7

77 heimische Pflanzen und Heilkräuter, die helfen und heilen

Ob Gartenkräuter, Bäume oder wildwachsende Blütenträger –
sie alle haben eines gemeinsam: ihre positive Wirkung auf Leib
und Seele des Menschen. Heilkräuter und Heilpflanzen können
helfen, der Hektik des Alltags zu entfliehen und zu körperlichem
wie seelischem Wohlbefinden zurückzufinden. Dem Lauf der
Jahreszeiten folgend stellt Kräuterpfarrer Benedikt Felsinger
77 heimische Pflanzen und Kräuter vor. Mit praktischen Tipps
zur Anwendung sowie Rezepten für Tees, Bäder und Tinkturen.

www.amalthea.at

RUTH BRAUER-KVAM

Mit guten Gedanken kann man fliegen!

104 Seiten, durchgehend farbig bebildert
ISBN 978-3-85002-873-8

Glücksmomente für jeden Tag

»Du brauchst nur einen guten Gedanken – und schon kannst du fliegen! Habe nur einen guten Gedanken und dein Herz wird für immer Flügel tragen!«

Ruth Brauer-Kvam, Schauspielerin und Sängerin aus Leidenschaft, lebt nach diesen Worten von Peter Pan. Ihre bezaubernden Bilder und Texte sind Inspiration, die kleinsten zu den schönsten Momenten im Leben zu machen.

www.amalthea.at

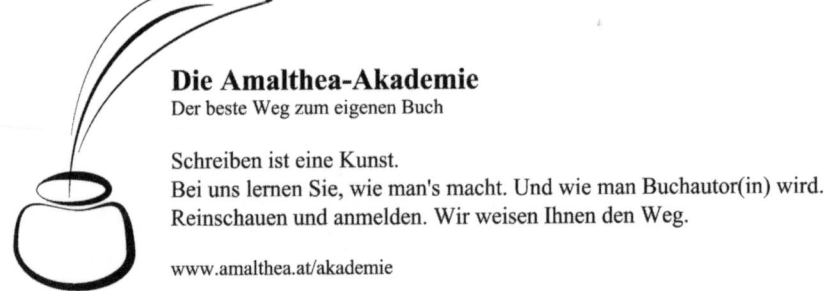

Die Amalthea-Akademie
Der beste Weg zum eigenen Buch

Schreiben ist eine Kunst.
Bei uns lernen Sie, wie man's macht. Und wie man Buchautor(in) wird.
Reinschauen und anmelden. Wir weisen Ihnen den Weg.

www.amalthea.at/akademie